张文京 编著

特殊教育 探新

教育康复整合课程和专业建设

JIAOYU KANGFU ZHENGHE KECHENG
HE ZHUANYE JIANSHE

TESHU JIAOYU
TANXIN

重庆大学出版社

图书在版编目（CIP）数据

特殊教育探新：教育康复整合课程和专业建设 /张
文京编著. -- 重庆：重庆大学出版社，2017.9（2018.7重印）
（特殊儿童教育康复文库）
ISBN 978-7-5689-0741-5

Ⅰ.①特…　Ⅱ.①张…　Ⅲ.①特殊教育—教育康复—教
学研究　Ⅳ.①G76

中国版本图书馆CIP数据核字（2017）第222932号

特殊教育探新：教育康复整合课程和专业建设

张文京　编著

策划编辑：陈　曦

责任编辑：陈　曦　　版式设计：张　晗
责任校对：陈　力　　责任印制：张　策

＊

重庆大学出版社出版发行
出版人：易树平
社址：重庆市沙坪坝区大学城西路21号
邮编：401331
电话：（023）88617190　88617185（中小学）
传真：（023）88617186　88617166
网址：http://www.cqup.com.cn
邮箱：fxk@cqup.com.cn（营销中心）
全国新华书店经销
重庆共创印务有限公司印刷

＊

开本：787mm×1092mm　1/16　印张：14.5　字数：260千　插页：6开2页
2017年9月第1版　　2018年7月第2次印刷
ISBN 978-7-5689-0741-5　定价：39.00元

教育康复是我国特殊教育近年的工作热点,也引发了诸多问题与探讨。教育康复指教育与康复的结合。在特殊教育专业化成长中借助现成康复理论和技术,增进特殊教育服务品质,即让特殊儿童身心通过更完善的教育康复服务,过上高品质的生活。

目前,我国教育康复工作一方面在一线特殊教育学校实施,另一方面在高等师范院校特殊教育专业或康复专业开设相关课程。教育康复作为新专业处在起始和探索阶段,从实践到理论均需从头开始步步累积。

作为高等特殊教育专业的一员,我们近十年来在过去二十多年的全日制特殊儿童实验学校基础上,陆续建立了专门的动作训练、语言训练、艺术调理、应用行为分析、融合教育和沙盘治疗等教育康复研究平台。形成了教育康复整合的专业机构,并在特教大学生、研究生教育中增开康复课程。聘请世界各地的语言治疗、动作治疗、艺术调理、应用行为分析、融合教育等专门人员来我院进行系统化的专业培训。学院年青教师在原有的专业背景下,增加第二专业强化性学习和实践。

本书从教育康复课程和高等特殊教育中的教育康复新专业建设角度记录了我们的思考和工作。本书各章内容如下。

第一章教育康复整合课程建设概述。介绍了教育康复整合课程建设的国家政策大背景和教育康复服务现状。本章归纳了教育康复的特点,突出了教育康复课程的以人为本,以特殊教育为基础,整合康复,整合多学科的专业性、操作性、实证性,本课程旨在促进学生自我成长,追求生活质量。本章对教育康复的家庭支持、社区支持有专门的介绍。本章撰写人:张文京第1—3节;许家成、张文京第4节。

第二章教育康复整合课程理论与运用。着重介绍特殊儿童全人教育理论、教育神经学理论和特殊儿童发展理论。本章撰写人:张文京。

第三章教育康复整合课程形成的基本策略。主要为工作分析和环境分析策略。本章撰写人:张文京。

第四章教育康复整合课程结构。本章呈现了特殊教育课程、康复课程与个别化教育教学联结的教康整合课程三部分构成的可操作模式。在个别化主线上运用教育康复课程,形成个别化教育计划和支持计划并实施。本章撰写人:张文京、李宝珍。

第五章教育康复整合教学活动实施。目前主要有教育、康复各自行事的单一模式和教育康复融合模式及教育康复深入整合三式,本章给出了后两式范例。本章撰写人:李宝珍、朱秋雷、周千勇、余勇可、张文京及广州越秀培智学校相关教师。

第六章高等教育康复专业建设。本章有政策依据、专业反思、专业定位、性质、特点、系统和教育康复专业建设的行为分析与内容介绍。本章撰写人:张文京。

第七章教育康复教师的专业发展。这是该专业发展的关键问题。在对教育康复专业教师发展概述的基础上就教师的态度、知识、能力,探讨了内容、途径、方法，并给出了专业教师培养案例。本章撰写人：张文京、陈凯鸣、谢立瑶。

第八章教育康复整合课程及专业建设案例。本章以民间机构教育康复实践与师资培训、师范院校教育康复专业成长、医学院校教育康复专业成长为基础，用案例的方式对教育康复专业成长进行了实证。本章撰写人：张文京、李宝珍、朱光燕、廖诗芳、严小琴、徐静、李丹、周巧、谭雪莲、洪显利、徐胜、徐先金等。

教育康复是新专业，需大量的学习和创造。该新专业涉及的专业门类多，参与人员广泛。新专业建设绝非一日之功，一路走来我们得到太多的支持与帮助。

首先感谢江津向阳儿童发展中心方武、李宝珍老师的真知灼见和倾力相助。感谢向阳所有教师对我们历届大学生、研究生和实习生全力以赴的传、帮、带。率先启动的动作训练由胡菡老师来重庆师范大学负责同学们每周五、周六、周日的动作教学。金容老师负责对我们实习学生的指导，这么多年来，无一次耽误。正是动作训练开启了教育康复工作，使我们有了零的突破。而后有了语言、艺术等平台的建立。岁月悠悠，精诚所至、金石为开。

谢谢台湾物理治疗师叶仓甫老师，艺术治疗师苏庆元老师、于佩懿老师，语言治疗师曾淑芬老师、王道伟老师，应用行为分析师白嘉惠老师。感谢广州音乐教育陈玮静老师，广州越秀启智学校陈凯鸣校长、刘劲老师，成都双流特殊学校石彩霞校长，他们多次来重庆师范大学进行了系统持续的相关培训。

感谢美国加州大学圣巴巴拉分校王勉教授、台湾彰化师范大学凤华教授作为本专业客座教授给予的常年支持、帮助。感谢台湾东华大学林坤灿教授、杨炽康教授，彰化师范大学徐享良教授经年累月的学术交流与互动。

感谢蔡明尚、曹照琪两位老校长每学期必来几次重庆师范大学，就融合教育教学活动设计等与学生们的交流沟通，寒来暑往，迎来送走各届实习生。她们不光做教育教学指导，还教做事与做人。两位校长是我们永远的蔡妈、曹妈。

这些年我们与国内各兄弟院校、特殊教育一线学校就教育康复有诸多交流与合作。细数有上百所学校机构给予我们支持和帮助。在此一并致以深深的谢意。

面对教育康复这一新专业，需要新思维、新创造、新行动。毛主席的诗句"雄关漫道真如铁，而今迈步从头越"是对我们进行教育康复课程与专业建设的最好鼓励和鞭策。

本书撰写得到重庆江津向阳儿童发展中心、广州越秀启智学校、山东滨州医学院及重庆市高校特殊儿童心理诊断与教育技术重点实验室、重庆师范大学特殊教育各研究平台的大力协助与支持。

本书是重庆市文史研究馆学术专著项目，得到了市文史馆出版经费及专业研究的支持。在此特向文史馆领导、各位专家评审、各位工作人员深深致谢！

感谢研究生肖君凤、翁盛、陈建军、于晓辉、李利、张嫛、谢莹、生辉为整理书稿付出的辛勤劳动，谢谢你们。

本书出版意在抛砖引玉，希望能和各位同行探讨教育康复问题。不当之处，敬请批评和指正。

张文京　于重庆沙坪坝·北碚

2015年至2017年

目录

第一章

教育康复整合课程建设概述 ◁▷

第一节　教育康复整合课程建设背景

一、国家对特殊教育的重视

（一）国家对教育的关注

随着我国的改革开放、社会进步，国家提倡"努力办好人民满意的教育"。教育是民族振兴和社会进步的基石，事关国家未来。要深化教育领域综合改革，不断提高教育现代化水平。教师是立教之本、兴教之源，广大教师要时刻铭记教书育人的使命，以人格魅力引导学生心灵，以学术造诣开启学生智慧之门。努力发展全民教育、终身教育，建设学术型社会，努力让全国人民享有更好的公平教育。

（二）国家法律规定是特殊教育发展的保障

我国宪法、教育法、残疾人保护法明确了对残疾人的生存、发展、受教育权利的维护。2010 年《国家中长期教育改革和发展规划纲要》（2010—2020）（以下简称《纲要》）提出加快推进特殊教育发展，大力提升特殊教育水平，这是切实保障残疾人受教育权利的又一重要体现。《纲要》将特殊教育单列一章（第十章），提出"关心和支持特殊教育""完善特殊教育体系""健全特殊教育保障机制"等要求。特殊教育第一次与学前教育、职业教育、民族教育并列，而不是顺带提及。特殊教育进入"正册"是一个里程碑的向前，标志着我国现代化教育的完善。特殊教育也会以自身的成长，为我国教育现代化贡献不可或缺的力量、书写美丽篇章。

在《纲要》的导引下，各省、市、自治区制定的"十二五"中长期教育发展规划，均将发展特殊教育单列一章，保障特殊教育发展从国家到地方的贯彻与落实。随着《纲要》的发布，教育部、发展改革委、民政部、财政部、人力资源社会保障部、卫生计生委、中国残联的《特殊教育提升计划（2014—2016年）》明确指出："支持特殊教育学校配备必要的教学、康复训练等仪器设备，开展医教结合，实验、探索教育与康复相结合的特殊教育模式，加大对薄弱特殊教育学校配备教育教学和康复设施的支持力度。"

二、特殊教育之春已来临

（一）特殊教育面的扩展，经费、设备的投入

《纲要》指出每三十万人口区域办一所特殊教育学校，这使得我国目前有特殊教育公办校两千余所，高等特殊专业院所七十余家。近些年国家加大对特殊教育的投入，除学生学费全免、教师提高工资待遇外，还让所有特殊教育公办学校或重建、或改建、或新建，且给各特殊教育公办校配置了新的设施设备，包括教育教学设施设备及医疗、康复仪器设备。教育部公布了"义务教育阶段特殊学校（盲、聋、培智）教学与康复仪器设备配备标准"，如：盲校的定向行走，低视力医疗康复，运动功能医疗康复，感觉统合训练，心理康复等设备；聋校的听力检测、补偿与听觉医疗康复，言语医疗康复，语言康复，运动功能医疗康复，感觉统合训练，认知康复，心理康复等设备；培智学校的运动功能医疗康复，感觉统合训练，言语－语言医疗康复，音乐治疗，心理康复，认知干预等设备。在高等特殊教育专业方面，国家以每所院校六七千万的投入在数十所院校建特殊教育楼及配套数百万计经费的设施设备。

（二）特殊教育高品质服务追求

我国特殊教育经历量的扩大、面的拓展后，现已进入向特殊教育要服务品质的深度发展期。

1. 借鉴与反思

我国特殊教育学校在量的增加基础上，反思过往经验，意识到现行课程与生活脱节，学生不能获得语言、动作等系统康复服务，错失成长良机，教学品质不高。高等特殊教育存在简单拷贝教育学、心理学，理论脱离实践的问题。特殊教育面临发展中的瓶颈，需要突破。出路只有一条：加强自身专业化建设，提升服务品质。

其中选择教育与康复整合（以下简称教康整合）之路，成为特殊教育学校和高等特殊教育的明智之举。

2. 国家特殊教育课程设置方案与课程标准均将教育康复纳入

各校正在开展此项工作。国家教育部基教 2007〔1〕号文件公布了盲、聋、培智学校义务教育课程设置方案，其中聋教育增设的"沟通与交往"实践活动课程主要含感觉训练、口语训练、手语训练、书面语训练及其他沟通方式和沟通技能训练。旨在帮助聋生掌握多元的沟通交往技能与方式，促进聋生语言和交往能力的发展。盲教育课程结合我国国情，借鉴吸收国外视力残疾儿童教育经验，力求教育与医疗、教育与康复、教育与训练、教育与心理辅导等相结合，让学生学会学习、学会做事、学会共处、学会做人。盲教育的康复课程含定向行走、综合康复，从生理、心理、社会支持、科技辅具支持进行有效服务培养学生的社会适应能力。培智教育课程考虑智障生生理、心理特点，既有教育服务又有康复服务，还需教育和康复结合，多学科、跨专业整合服务，因而在教育类课程外还开设选择性课程（含康复课程），目的在于针对性地进行各类康复训练、咨询、治疗和辅导，使学生的身心缺陷有一定程度改善，受损器官功能得到一定恢复，使身心状况、身心素质、健康水平得到提高，因而有语言康复、动作康复、心理辅导、情绪行为处理等康复课程开设。

在国家教育部的特殊教育课程标准改革方案中，盲、聋、培智均有教育康复的相关目标内容。全国特殊教育学校正在逐步开展教育与康复整合的教学活动。

3. 特殊教育在职教师培训的广泛开展

国家在对特殊教育硬件投入后将目光转向特殊教育教师的培养，全国启动了特殊教育的国家培养（训）项目，让各特殊教育学校教师有机会接受国家级培训，并形成省培、市培、县培及学校自培的在职师资培养（训）机制。各高校和师资培训机构也开展了全年不间断的多元师资培训（含教康整合教师培训）。教育部基础教育司"关于在特殊教育学校建立'医教结合'实验基地的通知"中提及了千百十工程：组织 1000 名校长培训，100 名研究生培训，确定 10 所左右实验学校，办六七期康复教师培训班，每期 30 人，国内学习三个月、美国学习一个月，为推进今后的医教结合工作准备师资力量。

各特殊教育学校将教康整合内容作为学校教师培训和教师专业成长的重要内容。一是将教师送出去接受相关培训；二是将专业人员请进学校做教康整合培训。各特殊教育学校除送出去、请进来的教师培训模式外，还积极引进康复人才，同时着力打造本校教师的第二专业学习，成为自己学校的教康整合人才，并组建团队，以期能在学校永久性开展工作。

（三）高等特殊教育专业的教育康复整合行动

1. 高等特殊教育开设相关课程

我国高等特殊教育专业有如华东师范大学、北京联合大学、南京特殊教育师范学院、天津体育学院、重庆师范大学等开设的言语听力学、动作训练、教育康复等专业。国内其他高等特殊教育专业也部分开设教育康复课程。意在培养服务特殊教育学校、机构的相关人员，让特殊教育教师获得多学科、跨专业的新知新能。

2. 国家教育部批准建立教育康复新专业

教育部批准建立教育康复专业。这一新专业的正式建立，说明国家的重视和对该新专业的认定。由此全国各高等特殊教育专业纷纷响应，教育康复专业发展其势蔚然。

3. 教育康复新专业建设

开设教育康复专业和开设教育康复课程的院校进行了教康整合的课程设置、教学模式探讨、教材编写、教学实施、教师培养等具体的实作性新专业建设工作。

三、教康整合服务现状

（一）社会发展、科学进步

1. 儿童患病类型发生改变

由于我国儿童感染性疾病发生率下降，遗传性疾病的存活率上升（如：早产儿、极低体重儿、先天畸形儿等），有给予早期教育、康复的要求。

2. 早发现、早诊断、早干预

特殊儿童的筛查、鉴定等技术和制度的建立，比如我国规定的对新生儿疾病筛查而进行的神经心理发育评估，规定的对唐氏综合症、甲状腺功能减低症、苯丙酮尿症、听力障碍等的筛查评估工作，能够尽早发现特殊需求儿童而进行早期的教育康复干预。

（二）特殊教育学校学生发生改变

由于早发现、早干预的工作成效，又加之我国融合教育的实施，多数适龄的轻度障碍儿童进入融合教育普通小学就读。特殊教育学校已很难收到轻度障碍儿童了，进入特殊教育学校的学生多是中重度、多重障碍儿童，而中重度特殊需求儿童对教育康复的要求尤为强烈。学生的改变使得特殊学校需要有教康整合课程应对。

（三）学校康复人员奇缺

面对特殊儿童、家庭、社会对教育康复的迫切需求，现有医学院校培养的康复人员供不应求，因此，要通过新途径、新办法，培养教育康复人员，以应急需。

四、教育与康复整合发展历程

（一）教康整合的渐进过程

教育与康复结合有一个成长过程，其发展可追溯到几百年前。

法国医生依塔德（Itard，1775—1838）受教育家洛克、卢梭等教育思想影响，对 12 岁的在法国阿维龙森林里发现的与野兽一起长大的野孩子维克多进行教育，他通过理想的教育促进其本性发展。依塔德为维克多拟订了一个为期 5 年的训练计划，训练内容、训练环境均经过精心设计，从感官训练入手，结合医疗进行。依塔德开了智障儿童个别化教育的先河，他为维克多制订的个别教育计划给后来者极大的启示。

爱德华·谢根（Edonard Seguin，1812—1880）是依塔德的学生，法国人。他在教育智障儿童方面创造了辉煌的成绩，被誉为"智障的福音"。他认为感觉和运动训练在早期教育中是最为重要的，特别是在一种适当兼顾个性的教育中尤其如此。他认为：活动教育在前，知识教育在后，最后教育进入意志和自我道德训练。他坚持认为整体存在于各部分之中，结果酝酿在开始中。1887 年他在巴黎创办了世界第一所智障儿童训练学校，他的教育计划、训练方法系统、全面、科学，影响了 19 世纪整个特殊教育界。

法国人比奈 (Binet) 自 1895 年以来对区别天生智力差的儿童与后天由于不良环境或缺乏照顾而智力落后的儿童很感兴趣，他与西蒙 (Simon) 合作，发展多方面测验，对制定心理年龄（智龄）标准做出了贡献。比奈 – 西蒙或斯坦弗 – 比奈测验的技术代替了以往的识别法。智力测验检测出智力落后儿童，推动了智障教育的发展，引起了社会对智障教育的关注。

20 世纪最初 10 年承接上一个世纪，教育的力量如赫胥黎和斯宾塞宣扬的那样产生了很大影响，教育理论家赫尔巴特和福禄倍尔的理论也发挥了很大作用，紧接着出现了许多教育方面的改革和立法。我们看到了人们对心理欠缺儿童的注意，人们了解到教育、环境、营养与这些方面不能分开。蒙台梭利（Maria Montessori），意大利人，医生，后从事智障儿童及正常幼儿教育，1899—1901

年管理了一所有缺陷儿童的学校。后来她在"幼儿之家"上发表了保护儿童的见解，她认为"心理缺陷儿童和精神病患主要是教育而不是医学问题"，教育训练比医疗更有效。她受政府委托在罗马建立一所特殊儿童学校，共收智障儿童22名，亲自主持教育训练和实验研究。蒙台梭利彻底研究了依塔德和谢根的教育思想，并应用于临床教育实践中。她抄完了谢根的600页法文版书，她认为"谢根的声音像从荒野传来的先驱者的呼声，使我精神振奋，意识到我所从事的工作必将成为改革学校教育的巨大力量"。蒙台梭利总结了自己在罗马进行的关于缺陷儿童的实验，又做了两年缺陷儿临床教学工作。在依塔德、谢根著作指导下制作各种教具并深切感到"重要的不是靠教材而是靠我对他们呼唤的声音，唤醒孩子、鼓励孩子使用这些教材。我在工作中遵循两点：一是深深尊重他们；二是接受他们，强调调动儿童内在潜力"。她又说："必须对精神起作用这一信念有如一把打开秘密的钥匙，使我解开了谢根精辟分析一系列教学实验的秘密。"蒙台梭利认识到"使智障儿童成长为智力正常人的方法应该是从幼儿时期帮助他发展，给他以适合形成正常人全部个性的一种健康教育"。后来她把教育智障儿童的方法用到正常儿童的幼儿教育中大获成功。蒙台梭利教育理论和教学法在世界各国广为流行。她一生著作颇丰，代表作有《蒙台梭利方法》《高级蒙台梭利方法》。

20世纪中后期特殊教育逐渐走出隔离式养护机构模式而有了回归主流的理论与行动。又由于临床医学、康复学的发展而有了药物、专门的康复技术、科技辅具的支持，并有早期疗育机构的建立。中国也开始了聋儿语训工作，该项工作最先进入医院、医学院校，再进入康复机构，后进入特殊教育学校（聋校）。

（二）教育康复整合的大发展

1. 融合教育深入开展

进入21世纪，特殊教育有了长足的进步，尤其是近年融合教育取得了实质性发展，资源教室、资源教师进入普通学校。相关服务人员的跟进均会促进教康整合的发展。

2. 特殊教育自身成长

特殊教育自身成长的意识更加明确，学习机会大大增加，特殊教育眼界、胸怀均已拓宽。特殊教育要追求更强、更优质的服务能力。

3. 相关专业的发展

与特殊教育联系紧密的专业如医学、康复、心理咨询、科技辅具的快速发展、语言治疗、动作治疗、作业治疗、艺术治疗等多专业和专业人员的成长使特殊教育直接受益。医疗机构先一步向教育要人才，一些心理学科、特殊教育专业毕业生进入儿童医院、儿保机构、康复机构参加工作。特殊教育机构、学校也希望医疗、康复人员的加盟。但获得这类人员很困难，这就有了在自己学校在职教师中培养康复人员的思考与行动。教育与康复的整合因时、因地、因人应运而生。教育康复整合既为特殊儿童及家庭需求，也已条件齐备，成为可能。

五、相关名词和概念

（一）教育

广义的教育泛指一切有目的地影响人身心发展的社会实践活动。狭义的教育主要指学校教育，即教育者依一定社会要求和受教育者的发展规律，有计划、有目的、有组织地对受教育者身心发展施加影响，期望受教育者发生预期的变化。

（二）康复

1. 康复所指

2001 年《国际功能残疾和健康分类（ICF）》对康复的描述：（康复）是一种健康策略，促进人在与环境互动中健康状况得以改善。是促进受康复者身体的、感官的、智能的、精神的和社会生活功能达到和保持在力所能及的最佳水平，从而使特殊儿童借助一些措施和手段改变其生活而增加自立能力。康复含重建或恢复功能，提供补偿功能缺失或受限的各种手段以"提高生活质量，重返社会"为目的。

2. 康复医学

康复医学是一门研究伤病者、残疾者身体和精神康复的应用科学，是一门由医学与残疾学、心理学、社会学、工程学等相互渗透的综合学科，包括康复预防、康复评定和康复治疗三部分。

3. 康复工程

康复工程是指利用工程学原理和手段恢复、弥补、重建患者功能。如设计制造假肢、矫形器、康复训练器械为患者配置沟通辅具、生活辅具或进行环境改造、无障碍设施建设等，以补偿残障者丧失的功能，提高生活质量和社会参与度。

（三）教育康复整合

1. 教育康复所指

教育康复是指教育与康复的结合。从实践看，指在特殊儿童教育中阶段性吸纳融进康复。从学科和专业建设看，特殊教育是人文科学和自然科学兼容的边缘性交叉学科。基于特殊教育实践中学生生理、心理、社会的发展需求，结合特殊教育专业化建设的深入发展，考虑特殊教育专业化成长，借助现代康复理念和技术，用他山之石，让特殊教育能力倍增，提高服务品质，达至教育康复新专业形成。其终极目的是让特殊儿童在身心发展历程中得到更完善的服务，过上高质量的生活。

2. 教育、康复的关系

教育与康复的相同之处在于，二者都是介入式的，是特殊儿童成长的外部支持，具服务性，目的均是增加特殊儿童的自身内力。面对特殊儿童时，教育与康复往往会针对同一个案的感知、粗大动作、精细动作、语言、认知、生活自理、社会各方面等，同样会在其成长的各阶段和各环境中介入。

教育与康复的不同之处在于时间长短、效果和作用等方面。教育是长期的、养成性的，对全人格的影响是渐进、持续的过程。见效较为缓慢，除知识、能力形成外还关心精神、心灵的成长。教育是针对人的一生贯通的、影响式的点点滴滴，无处不在的浸润塑造如时雨春风，十年树木、百年树人，故有教化之说。康复是针对健康问题，通过各种措施帮助病、伤、残障者恢复或补偿功能，针对技能、能力而做的较为集中的强化练习，能在一定时间内见到具功能性的结果。

教育康复是特殊儿童成长发展的要求，因为特殊儿童是生理的人、心理的人、身心整合在社会生活中成长的人，往往因身心障碍使其对教育和康复的需求尤为期待。

在对智障儿童的分类上曾有可教育、可训练、需监护之说。随着特殊教育的发展，此种说法已被"一个也不能少""不让一个孩子掉队""让每个孩子成功"、依需求提供教育康复、建立多学科、跨专业支持服务等理念和行为替代。

3. 教育康复整合是新的突破，是新专业的产生

当教育和康复单兵作战时是各自孤立的单个"1"，在面对特殊儿童的诸多需求时常显得力不从心，所以曾有"医学的终点是教育的起点"的慨叹。经历岁月沧桑，进入现代化社会，教育康复整合出拳，做了"1+1大于2"的加法。这标志着教育的进步，康复的进步，教育康复携手合作，创建新的专业。

（四）多学科、跨专业团队

特殊教育学科性质决定其是多学科、跨专业团队组合，有时还是大跨度、多界别团队，否则难于解决问题。在教康整合的课程理论与实践当中常涉及多学科、跨专业团队的建设与实践运作的问题。

（五）相关服务

针对特殊儿童个别化教育计划，相关服务会成为个别化支持计划的一部分，这是比教育康复整合更宽泛的概念。准确地说，教育与相关服务更合理，其涵盖面更宽。但是，为突出康复，为约定俗成，本书称为教育康复整合。在实际操作中还是应启动广泛的相关支持服务。

第二节　教育康复整合课程建设特点

一、教育康复整合课程建设的特点

教育康复整合课程建设是新课程的产生，具如下特点。

（一）以生活质量为导向

1. 教育康复整合课程意在提供有效服务

教育康复整合课程的形成是为了在原有的单一教育、单一康复基础上联手合作，提升服务能力和服务的有效性。

2. 有效性服务的终极目的是让特殊儿童过上有质量的生活

所谓有效性服务的终极目的是面对特殊儿童的生活，既面对其生活现状，又要提供支持服务，改善现状，过上更美好的、有质量的生活。千万注意教育康复要紧紧联结学生的生活，避免教育的隔离、康复的游离，教康整合最终要融于学生生活当中，成为生活常态。

（二）尊重学生，促进学生自我成长

1. 尊重学生是教育康复放在首位的态度和原则

教学是双方平等共进、合作的关系，要相互尊重理解。

2. 促进学生自我成长

教育康复的最高境界是培养出一个有自我成长能力的学生，所以尊重学生的教育康复需求，尊重学生的感兴趣的学习康复方式，与学生一起确定计划，让学生知晓教康安排，自觉主动完成教康任务，做自我教康成果评议均是教导学生自我成长的举措。

（三）具有实证性与操作性，是促进成长发展的课程

教育康复课程有理论论证和理论引领，是在重要的理论导向下可以实际操作、实际运用、促进成长发展的课程。

1. 高等院校教育康复人才培养课程

在培养教育康复人才的高等教育课程设置中强调开设实作性课程，增加教学实习、实作的时间和角度。选任懂操作的专业教师，选用或编写相关课程教材、教具，与实习学校、康复机构密切联系合作，培养教育康复专业学生的实作能力是本专业的要求。

2. 特殊教育学校（机构）教康整合课程

各特殊教育学校和康复机构也要加紧对教康整合的知识、技能的学习，确定自己学校（机构）可以提供的教康服务，建立自己的教育康复课程系统。

3. 是促进成长发展的课程

教育康复整合课程关注学生成长发展，尤其重视发展期的干预，是促进成长发展的课程。

（四）以个案引领，实施个别化教育与教学

教育康复课程以个案引领，是通过个别化教育教学实施的。

1. 教康整合个别化教育教学流程

教康整合个别化教育教学的流程是：诊断、评估→拟订个别化教育计划、方案（含支持计划）→设计教学活动→实施教学活动（通过一对一单训、小组活动或集体教学活动）→再评量→修正教学。

2. 具体过程中的教康整合

①诊断、评量中教育、康复综合性项目设置有生理、心理方面为教育、康复提供依据的项目，如：生理情况调查，认知能力、动作能力、沟通能力、社会适应、情绪评估、课程评量。

②在个案会拟订个别化教育计划与个别化支持计划（以康复、相关服务为主），个案讨论会后的个别化教育计划是为学生个人成长发展拟订的目标与内容。与个别化教育计划匹配的个别化支持计划，从人、物、环境资源等角度予以规划，从内容、步骤、策略等给予协助与服务。个别化教育计划与支持计划从自我成长与支持协助两方面入手，涉及教育、康复的整合。

③设计、实施个别化教学活动（教育、康复相整合的教学活动），依个别化

教育计划，通过一对一和小组集体教学活动设计与实施，采用教育和康复整合的干预措施，比如：情境教学、工作分析、语言训练、动作训练等方法促进学生成长。

（五）多学科跨专业团队共同合作

教育康复本身就需要多学科跨专业团队共同合作才能完成工作任务，其合作贯穿在所有工作中（含个别化教育教学当中），再形成整合课程。

1. 跨专业团队参加学生的诊断、评量

学生的诊断评量需要多学科团队分别从多方面入手，各自发展本专业专长。诊断评量除做全人评量外，还有对学生障碍困难处的专门、专业评量。

2. 多学科跨专业团队相关服务人员参加学生的个案研讨会

在个案研讨会上，各学科相关服务人员报告个案在本专业的测评情况，同时了解个案的家庭、学校、社会生活环境及个案在其他方面的全面、整体成长情况，从而明确本专业与其他专业的相互关系，大家共同提出方案、建议，促进该个案成长方向性和核心关键问题及内容的落实。

3. 参与个案的个别化教育计划及个别化支持计划拟订会

相关服务人员在个案的个别化教育计划会议上可以从本专业角度发表意见，并执行和完成本专业角度的相关支持，且与其他专业人员配合，相互沟通，将相关服务落到实处。在个别化教育计划拟订、执行与终评等活动中，相关服务人员均需参与。

4. 进入对个案的实际教育、训练

多学科相关服务团队成员按个别化教育计划进入个案的相应教育教学活动和相关的康复训练活动当中，且主动为个案成长做好教育康复的整合，又与其他学科和专业人员的讨论、合作、共进。比如，语言治疗人员实训中与某儿童的特殊教育教师的沟通，与动作训练人员的交流。

（六）教育康复课程进入学生一日生活

1. 教育康复整合课程进入学生一日生活

教康整合课程既包括一日的各项显性课程活动（如学科教学、音、体、美等），也包括一日日常生活活动（如进餐、如厕、就寝等），还含一些隐性课程活动（如课间休息、班务活动、娱乐休闲等）。相关课程均自然融入其中，以丰富教学活动、拓展多元方法、增强教学能力、收获教学效果，这是在相关服务介入后课程实施的追求。

2. 教育康复量的安排

学生的某阶段需求有时间与量的规定，比如某脑瘫儿童的动作训练有一天的时间总量和各计划分项的频率（每分钟或每个时间段动作次数的要求）。

3. 教育康复的时间、地点、人员、资源

学生的教育训练时间、地点、人员的安排：如8点在教室，晨间活动（由班主任带领）；10点到感统室由康复教师训练；晚上在家辅导、训练一个半小时（家长协助）等。资源包括在教育、康复相应环境中的教材、所用辅具如梯背架、楔形垫等资源的准备。

4. 教育康复课程与一日功课表的拟订

依教育康复整合的综合性课程模式将教康目标内容进入一日各类活动当中，含集体、小组、个别活动，排定一日功课表。

5. 教育康复整合课程进入学生的一日家庭、社区生活

教育康复课程支持特殊儿童在学校执行，还要支持家庭，提供家庭的咨询服务、心理辅导、转介服务以及为家庭提供教育康复的方法和策略等。在自然环境中，协调多专业人员与家庭相结合，相互合作进行教育康复技术转移，通过家庭、家长而至特殊需要儿童。学生的个别化教育计划执行时，专业人员以合作方式与家庭、家长、社区共同完成。

（七）教育康复整合，面对学生成长各阶段关键问题

1. 教康整合的阶段性任务

教康整合的阶段分为学前、学龄和职业教育阶段，下面我们就从这三个阶段分别讲述。

（1）学前教育阶段

特殊儿童学前阶段处在个别化生涯发展前端，是人生基础期、奠基期、关键期，是教康整合的重点，是学生家长、社会的关注点。此阶段核心能力凝聚度高，专业含量丰富，也是特殊教育专业化聚合点，此阶段儿童发展主要含粗大动作、精细动作、感官知觉、语言、生活自理、认知、社会适应等教育，还包括注意力、记忆力、听从指令、模仿、适应力等基本学习能力培养及各类障碍儿童的教育训练及教育、康复整合性运作。以感官知觉、粗大动作、精细动作为主要领域，语言、生活自理为相关领域，其余为次要领域。

（2）学龄期教育（义务教育）

义务教育阶段是学生成长发展，逐步走向社会，适应社会身心快速发展的时期。这个时期学习内容多，有大量的适应能力教育训练，如沟通、自我照顾、居家生活、社交技能、使用社区、自我引导、健康安全、休闲娱乐、生活等诸多方面的成长，教育康复除基础能力训练外还有心理辅导、科技辅具等运用，同时重视学生自我成长能力的培养。以沟通、生活自理、认知为主要领域，感官动作为相关领域。

（3）职业教育阶段

职业教育阶段是特殊需求人群发展继早期教育、义务教育之后的阶段。职业教育与生涯发展紧密联系，其社会性强、复杂度高，面对的问题既是特殊教育中的重点，又是难点。主要含工作人格、职业能力、社区独立生活技能等，从教康整合角度强调与社会和职业重建相关的能力培养。本阶段以社会技能为主要领域，其他领域为相关和次要领域。

2. 针对关键问题的教育重点和优先目标确立

特殊儿童成长发展中某阶段某一时期会有关键的问题需要面对，教育康复整合课程既面对每个学生全人的整体发展的普遍规律，又要找到学生个人的障碍、困难之处，并积极面对，解决问题，因而有了针对个案关键问题，确立教育重点和优先目标的思路。

（1）如何确定教育重点

遵从学生发展的顺序。以儿童动作发展为例，儿童粗大动作发展的顺序是抬头→坐→爬→站→走→双脚跳→单脚跳→跑，而精细动作、口腔动作的发展与粗大动作的发展是紧密相关的。如果儿童目前尚处于坐的阶段，对应的手部动作的发展可能处于手臂活动阶段，而口腔运动属于远端动作发展，故该儿童目前在动作板块发展的重点应该是扶物高跪、爬行、跪走、站、抓握等，口腔运动暂不列入重点。

分析学生所处的生态环境选择目标。为了发展学生的生活适应能力，教育目标来源于生活，同时也需要在生活中练习、应用。在拟订教育重点时，应考虑学生所处的生态环境，拟订常用、需用、实用的重点。如交通安全板块的目标，生活在城市的学生需要学习认识斑马线、红绿灯，而边远农村少有斑马线、红绿灯。

此外，还可以结合学生现有年龄来确定发展重点和教育重点。

（2）教育重点涵盖的内容 *

①学生教育生涯中每一阶段安置评估。如学前、学龄、学后阶段的衔接，以

---

* 来自江津向阳启智教育咨询教师工作营 2012 年资料。

及正常化的最大可能。

②每一安置阶段的学习重点：该生各发展领域目前已发展的能力，下一阶段应发展的能力。

③需长期关心、培养的能力。如工作人格养成、视力问题的解决、手功能障碍的处理等。

④影响各领域能力往下一阶段发展的因素及相互关系（关键能力或优先领域），这些关键能力建立以后可以带动的相关能力。

（3）教育重点的来源

①课程评量，如双溪心智障碍儿童课程评量、早期疗育手册、重庆师范大学特殊儿童适应性功能教育课程、职业教育课程等。

②学生特点包括年龄段、兴趣、学习特点等。

③对学生现有水平的预估。

④生态环境（家庭、社区、学校）。理论上讲，未达满分的项目均是候选目标，但是，这些候选目标不一定适合该学生，所以要结合学生自身状况及其所处的环境才能制订适合该生的教育方案。

3. 教育康复整合课程对优先目标、相关目标、次要目标的解释

（1）优先目标

优先目标是指经专业团队共同认可的关键能力。关键能力建立了或突破了才能带来下一阶段的发展，如脑瘫儿童、粗大动作的具体细目标。

（2）相关目标

相关目标是指在练习优先目标的同时训练相关领域的目标。如练粗大动作目标活动时会同时用到感觉、认知、语言、社会情绪等。

（3）次要目标

次要目标指不受关键能力影响的其他目标。可以和关键能力同时发展，如脑瘫学生认知领域的具体目标；已发展出来的能力的整合性、功能性应用，比如脑瘫学生动作可及的生活自理目标。

（八）教育康复课程实施环境

教育康复课程实施在一日、一月、一年的环境中，如前所述，含家庭、学校、社区全部生活；含学前、学龄、职业全生涯的各种各类环境；含特殊教育校班和普通学校融合教育多元环境。

（九）特殊儿童全人教育中教育与相关服务整合

教育中引入相关支持服务、引入康复，使相关服务有更多的教育思考，在全人教育观念统领下，康复人员领悟到治疗本身也是一种教育，即动作的教育、语言的教育。物理治疗师叶仓甫认为，若能明白神经发展各项能力的顺序，使其能掌握学习的重点，就能拿捏得当要求与支持的学习标准及运用愉快轻松的学习情境，在诱导与激励的个别化教育下达成教育目标，尽力架构最有效率且稳定的教学模式。教育本身也领悟到全人教育并非在各领域平均使用力量，而是依据学生的个别化需求，从学生整体发展中处理某阶段成长中的重点，且充分借助相关服务之力，调动学生自身能力进而达至全人发展。

（十）教育康复整合相关服务课程不只是简单的个别补救教学活动

在学校活动中教康整合相关服务课程有部分通过个别补救教学活动进行，或强化式密集训练进行，但并不止于此。相关服务课程更是在与一般教学活动相配合中完成，在多种丰富的轻松、快乐的学习情景和生活情景中进行。这一点也是我们要做的整合与努力。

二、教育康复课程有效性要素

（一）理论指导

对特殊教育理论、康复理论、教育康复理论有深入的理解与领悟，能够将理论运用并指导教育康复实践。

（二）精专的专业能力和专业人员

1. 需要专业人员

教育康复需要有对特殊教育从理论到实际运作深入而熟练的专业人员，需要有对康复理论与实际运作深入而熟练的专业人员，还需要能将教育康复新专业理论整合并能对教育康复新专业实践做探究、有发现、寻规律，能形成实作系统的、能创造、有成长的专业人员。

2. 专业人员培养

专业人员培养首先是从教育出发，且从以教育为核心的康复出发，培养专精于某方面的专业人员，或是在原有的特教教师教育教学基础上学习第二专业，如学习语言训练、动作训练。形成在某方面的精专是很重要也很必要的，否则，缺乏整合的基础能力。专业人员需具一项或几项基础能力才有可能进行教育康复的整合。

（三）以教育为核心的教育康复整合课程及教师

1. 以教育为核心的教育康复整合相关服务课程

这里的"相关服务课程"又可称为"新专业整合课程"，是以教育为核心开展的，在学前教育、学龄教育、成人教育中主要通过学校背景，由学校领导、学校教师团队，以学校在校学生和部分校外特殊儿童为服务对象，整合校内具特教专业知能，具第二专业知能的教师或聘请相关领域专业人员组成联动团队，称为"多学科跨专业团队"提供的整合型相关服务。

2. 相关服务课程实践

相关服务课程的实践主要是组建相关服务团队，其流程如下所述。

①由学校出面决定开展相关服务项目。是开展动作训练，语言训练，还是全面开展相关服务？一所学校和机构要做到相关服务全面开展，目前存在一定困难。可就学校实际情况，拟出可以提供的服务内容。

②确定服务团队成员。相关服务团队的组成人员分为负责人、执行人。即谁做语言训练？谁做动作训练？

③选取服务模式。相关服务是个别服务，还是团体、小组服务形式？是全日服务，还是半日？是抽离式还是融入活动和日常生活中？是单项服务还是整合服务？诸如此类的问题，需要有讨论有规划地抉择。

④服务场地和资源配置。要提供服务需有相应的场地，同时需有动作训练资源、语言训练资源、音乐治疗资源、心理辅导资源等，涉及场地落实、场地建设、资源的规划配置。

3. 相关服务课程教师培养定位

相关服务课程教师培养通过以下方式开展：相关专业人员到学校培养将在职教师送至各专业院所或机构中培养，进行职前教师培养。与专门的康复师或辅具制作师等培养的区别是：相关服务课程教师以学校环境为背景，以特殊学校机构的特殊学生为对象；不是学习普遍性康复知识，而是针对性强的以特殊学生需要为引导的专门技能学习，比如脑瘫儿童动作训练、语言障碍儿童语言训练，及相关辅助技术运用及开发；在将学生用于一对一的相应训练的同时还要将所学纳入日常的教育教学情景，进入日常的教学和课堂。相关服务课程教师还需有将教育与各专业作整合，即多学科整合的特殊教育运用能力。

4. 我国相关服务课程处于启始阶段，尚不成熟

我国相关服务课程多处在引入学习阶段，课程内容和课程体系均在形成过程中。相关服务课程教师经验不足，教练级、骨干级教师欠缺，相关服务课程教师数量缺口大。

处于启始阶段的相关服务课程目前很稚嫩，很不成熟，因而每门课程的专门教师引入，骨干教师培训成为首要解决的问题，同时形成每门课程的教育教学系统，推进新课程专业化建设，也是急需着手的工作。

当然相关课程的启动意味着每门课程均存在发展的大空间和潜能，有众多宝藏等待我们去发掘。相关课程使特殊教育服务能力倍增，我们期待着相关服务课程和相关服务的踏实前进。

（四）团结合作的专业团队是教育康复整合课程的有效性保证

教康整合，贵在合。教育康复整合首先是人的整合，其次是事、物的整合。

1. 合作对象

教康整合首推教育康复多学科跨专业团队内部的整合，该团队的各类专业人员，如教师，心理咨询人员，语言、动作、艺术治疗等各类人员之间的协调、合作。除了专业团队内部的整合还有与家长、与社会相关人员的合作，此处着重谈专业人员内部的整合。

2. 合作理由

教康整合专业团队由各类专业人员组成，他们要共同面对同一个案，分别从各自专业的角度给这一个案以帮助，每个专业都有自己的专业角度及内容、方法，都能对个案产生专业影响力。但每个专业都有局限性，各专业之间是相互关联，相互影响的，只有各专业联合起来，形成合力，取长补短，相依相生。专业间的合作不是简单的相加，而是相互沟通、理解、容纳，这样才能产生一加一大于二的有效度的教康整合结果。

3. 合作品质

合作品质主要含：专业能力、尊重、平等、负责任、信任、呼吁、真诚等。

（1）专业能力

专业能力是专业合作的基础，专业团队是由各种具有专业能力的人带着他们的专业内容、专业方法策略、专业思维和专业行为方式进来的，可以说每个专业人员都有他自己不同于其他人的"十八般武艺"和本专业的话语权。

（2）尊重平等

各专业人员之间相互尊重、平等交往，每个专业和学科都有自己的规律性、特征性、专门性等，尊重其他专业的意见，平等相待，以谋对特殊教育需求学生的最佳方案和最佳效果。切忌专业偏执造成个案在各执一词的专业权威下花费了大量的时间而无所适从。

尊重平等还表现在各专业人员与学生、家长、社会相关人员的关系上。专业人员与学生家长是服务与被服务的关系，这不是高与低、上和下的关系，双方需相互关心、互相尊重。人敬人高，对别人尊重是自重的表示。尊重平等是合作的重要前提。

（3）真诚信任

真诚是人际交往的良好品质要求。各专业人员间应该真诚相见，实事求是、明辨是非、有坚持性、有创造力；能表明自己的观点立场，同时能虚心学习，犯了错误能主动承认，及时改正错误；与其他专业人员坦诚相见，并能共同携手解决问题；相信自己的能力，也相信他人的努力；言必信，行必果，以诚信为本地与跨专业多学科多专业人员的合作。与教师、学生的合作，成就教育康复的有效性收获。

（4）负责任与呼吁

教育康复工作是多学科跨专业人员共同承担、合力共进的，合作是专业人员的工作责任与行动。合作交流成为教育康复的工作常态，多学科专业人员能共同面对个案，面对问题和困难，能共同经历个别化教育诊断评量到修正教学的全部过程，确保对学生成长发展的全部关照。这是负责任的具体体现：在困难与挫折面前敢于面对，勇于为专业呼吁、说明、捍卫、坚守，有拍案担当的勇气与魄力。

4. 合作行动

教康整合中多学科跨专业团队的行动具体体现在该团队进入个别化教育教学全程。该团队能共同面对同一个个案，拿出自己的专业建议并了解、理解配合支持其他专业和学科的教康行动，在合作中勇挑重担、互帮、协同。能有各专业、跨学科团队共同的课程以利于对个案的评量，进而对个案整体、深入了解并有共同的对策。各专业人员之间的广泛、经常的沟通、讨论（针对诊断、评量、个别化教育与教学等问题）。

（五）教育康复整合的渐进发展

教育康复的整合是渐进发展的，在不断探索当中完善，一般经历以下过程：

首先，教育、康复各自独立运行，即教育和康复元素都有，但各自运行，没有太多交集。

然后，教育、康复部分融合，康复在部分情况下进入教育，如进入晨间活动、体操活动中。

最后，教育康复多元融合，康复进入学校一日的大部分活动，进入家庭、社会生活中。

各学校、机构需有意识地促进教康整合这一渐进过程，获得一步一步的成长。

第三节　教育康复家庭支持

一、特殊儿童家庭支持

特殊儿童家庭支持是指由社会（含特殊教育学校、康复机构等）对特殊儿童家庭、家长和学生提供的支持与服务。家庭支持服务提供者有学校、医院、康复机构、社区等，具体有教师、医生、康复师、社工、义工等。接受支持的有家庭中的父母及其他家庭成员、特殊儿童本人等。家庭支持包括非正式支持和正式支持。如朋友、亲戚、同事的支持称为非正式支持；正式支持指计划性、组织性强的如学校支持，康复机构支持，医院支持，残疾人联合会支持，民政、教委、当地政府等支持。支持还有自然支持、社会支持、自我支持。自然支持指自然形成的人际之间的支持；社会支持指除社会范围所及之外的支持（如相关单位、社会人员），还含多学科跨专业的支持。自我支持包含各家庭之间、家长之间以及本家庭内部的相互支持。支持的内容很广泛，有生理的、心理的，教育的、社会的，精神的、物质的，有关特殊教育康复态度的、知识的、技能等的支持。支持服务形式有对家长团体的、家长小组和一对一家庭或家长的支持服务，有对特殊儿童家长在孩子就读学校机构里进行的相关支持，还有教康人员走出学校、机构到特殊需求儿童家庭而做的到家服务。

二、特殊儿童家庭支持目的

从教育康复角度对特殊儿童家庭进行教康整合支持的目的有：满足特殊儿童及家庭的教育康复需求，给予特殊儿童家庭与家长教育康复的相关态度、知识与技能，做好教育康复知识的转移，让家长能在家庭环境里操作并实施家庭教育康复，与家长一起面对问题、解决问题、获得成果及勇气，促进家长成长及支持提供者跨专业团队的共同成长，增长家庭、家长的信心与内力促进家长成长为教育康复的参与者、倡导者、推动者、关爱者、践行者、捍卫者，获得并享有有质量的家庭生活。

三、谁提供家庭教育康复支持服务

家庭教育康复服务的提供者主要是教师、康复人员、教康整合人员以及多学科跨专业相关人员。当然也含社工、义工及接受服务的家庭及成员本身。

四、教康整合家庭支持的意义

教康整合家庭支持的意义在于让教育康复除在学校环境运行外，能深入学生更为广阔和实质性的家庭生活、社会生活当中。教育康复的服务能经由家校合作支持途径，惠及学生的全生涯、全部生活。具有学校、家庭、社会互动整合的家庭支持能使家庭获得教康整合意识与行动。

五、家庭、家长参与教康整合的重要性

家庭、家长参与教康整合当中，既是家长的权利又是家长的责任。家长、家庭在专业人员指导下，拓展教育康复的家庭活动，增加教育康复有效剂量，更容易收获教育康复的效果。家长具有教育康复的原动力主动性，是自然支持、自我支持的核心。

六、特殊儿童家庭支持的国际国内关注

（一）国际社会对特殊儿童的家庭支持

国际社会对特殊儿童家庭支持从心理动态研究、社会心理学研究，发展到在生态文化领域运用思维哲学观进行多层面、多角度的研究。早期多是对家长压力从负面影响层面进行的研究。压力越大，支持力度也越大，而家长经自我修复后转为积极面，压力转为动力，研究则转向对家长的积极心态、积极行为的关注。从消极面转向积极面是值得重视的研究角度转向，从以前支持的专业人员为主导后转为专业人员与家长合作。专业人员服务于家长，对专业人员的培训从早期偏

重于知识技能，到现在关注于培训与家长的沟通交流上，促使专业人员更好地与家长（含特殊儿童家长和普通儿童家长）的合作。在提供支持的人员上，改变只从专业人员对家长的支持转向家长间的互助与支持，含特殊儿童家长之间的理解、支持，特殊儿童家长与普通儿童家长间的互动。很明显，这是从专家中心到专家、家庭联盟，再到家庭为中心的转变历程，这一历程反映了家庭主动性、自主性的提升及对家庭个性化、家庭权利的尊重。同时关注有效的家庭支持模式研究，推进家庭支持的效能及优化性。

（二）国内特殊儿童家庭支持

国内特殊儿童家庭支持经历的是从实践需求出发，同时有理论研究的非正式支持与正式支持并行且相互合作的历程。家庭支持最初起源于家长之间的自助自救而形成非正式的家长间的联系、支持，产生小型的非正式家长团体，进而推动了正式的家长组织。比如残联领导下的智障者家长亲友会及各障别协会中，专业人员进入家庭支持。对家庭支持的研究有与国际同类研究发展的相似趋势，在有效的家庭支持模式上从哲学观、文化观、社会观、生态观出发，探索了适合中国国情及不同地域、不同文化背景的多元家庭支持模式。当前，努力开展的是多学科跨专业团队对家庭的支持、家庭支持的学校、社区整合服务以及生活品质研究。我国教育康复家庭支持从理论到实践均需往纵深发展，尚有许多工作要做。

七、教育康复家庭支持的具体服务内容

（一）家庭访谈

教师康复师到儿童家中与家长交谈、与家长沟通，了解儿童情况，共谋教康大计。家访含学生入学前、就学中和离校后的家访。家访要有计划、有目的地安排，要守时守信，大方、自然、诚恳，建立家长信心，尊重家长、理解家长、帮助支持家长解决一定的问题。

教育康复的家庭访谈力图了解家庭的基本状况、家庭的教育康复需求以及家庭的心理、家庭的价值取向，对教育康复、对孩子的期望。家访中应对家长的一些问题予以解答，给予孩子教康整合的专业技术技能的指导，提供相关的信息，比如就医、就教、职业培训等，还能通过家访给家长信心；以教育康复的态度引导、对其参与性的肯定，表现专业人员对家长、家庭的关心、理解与支持，同时与家长建立尊重、平等、相互合作的关系；共同面对孩子的困难、障碍，共谋对策和

方法。家庭访谈，是教育康复家校合作的一个面向。

（二）家长咨询

家长咨询指特殊儿童家长向教师康复员提出问题，以求解答。而教康人员针对家长的提问应答回馈。教师教康员做家长咨询的目的在于：解决家长在子女教育康复中的疑难问题，帮助家长确立子女教康整合中的正确态度，教给家长教育康复子女的方法与技能，给予家长倾诉的环境、满足家长倾诉的需求。家长来咨询的目的通常是向老师、教康人员了解教育子女的方法技能和正确态度，向教康人员了解自己孩子的学习、康复情况、生活情况，了解学校的教育康复内容、计划、目标，以便督促、协助、修正并参与教育计划的执行。家长在咨询服务中还可向教康人员表达自己对孩子的态度、情感希望并求得心理上孩子教育康复中来自教康人员的关心、理解与支持。

教育康复家长咨询服务运作广泛且频度很高。在针对教育康复相关问题时，家长最急切的是为什么要做、做什么，尤其是怎么做及做得怎样的问题。而其中存在的最大困惑是：缺乏判断适当的教育康复资源和判断孩子学习、康复重点的问题。由于教育康复的资源不足，或资源信息的杂陈，家长存在病急乱投医的现象。

因此，在教育康复的咨询服务中，教师康复师很有必要对家长讲清楚某类儿童的教育训练的基本原理原则，比如脑瘫儿童的动作训练、自闭症儿童的行为训练等。家长若没有对教育康复原理原则的了解和认知则会出现盲目追风、出现何种药物办法均一一尝试，而导致巨额花费或滋生更多更严重问题的后果，或因不堪重负而放弃疗育。

此外，因教育康复内容较为复杂，孩子在不同的发展阶段有不同的教育康复重点。由于不同的障碍类别和不同的障碍程度，有不同的需求，家长常常处在孩子的教育与康复孰轻孰重的两难当中，因此，教师康复师的建议和指导就很重要了。比如，建议家长对年龄较小的脑瘫儿童以发展大动作为主，为进入课业作准备；对能力较好的脑瘫儿童，至少训练到行走基本无异常姿势，同时还应抽出适量时间进行训练；对能力较差的脑瘫儿童，年龄较小时尽量以动作发展为主，年龄较大时再入学校，同时发展语言认知等能力。对于聋儿在年龄较小时助听器的验配、集中强化的语训当为教康重点。

教育康复家长咨询除判断、选择、决定教育重点外，还有诸多来自生活、学习、工作，以及学校、家庭、社区的问题。教育康复人员要有较高修养、足够的专业知识与能力，要准确掌握班级及每个学生的教育康复情况及多种教育康复策略及方法。同时熟练运用咨询服务的知识与技能，以关怀、坦诚之心，采用适当的咨询服务方式，开展有效的教康咨询服务。

（三）家长培训

家长培训主要指由学校机构组织，由教师、康复师主持，对家长作有关正确对待孩子的方法及教育康复措施与方法的专门训练。家长培训就是对家长的教育和训练，家长培训目的在于支持家长，促进家长成长。因教育康复有许多新知新能，家长培训显得更加重要与迫切。

对家长进行教育康复培训的意义在于让家长建立正确的家庭教育态度。家长要学习并获得教育康复相关态度知识能力，主动配合学校开展较为有效的教育康复家庭活动，从而增强对子女进行教育康复的能力与信心，促进亲子关系，密切家庭成员的关系，建立家庭与学校、家长与康复人员之间的支持与合作关系。

家长培训的内容选择主要包含：儿童生长发育基本知能、家长的自身需求、教育康复基本知能、家长较为欠缺的家庭教育康复中突然或阶段性发生的急待解决的问题。

对家长做教育康复培训应该心中有数，有目的地拟订培训计划。一般情况下，培训计划包括培训内容选择，其遵循的原则是，最需解决的问题放在第一顺位。尽量估计大多数家长的需要，设置培训内容，在培训内容中家长的态度应放在重要位置。比如：家长对孩子的尊重、平等，能正确理解和对待孩子，对孩子负责任，有要求有支持，家长以身作则。家庭教育贵在坚持，注重现场情景的家庭生态化教育康复，注重对孩子行为习惯、健康人格的培养。父母和家庭成员对孩子的要求要一致。家庭教育康复要有创意并给孩子成功的机会与体验。同时要有面对困难和障碍的准备与行为。

家庭支持中教康人员的专业知能转移传递应该是无保留，不自私的，"要把金针度予人"真心实意地用专业服务于家庭和家长。而家长在学习与自己孩子相关的专业知能时需要真诚、勤学、勤用。教康人员与家长要假以时间、空间，有计划、内容、步骤、学习、练习、运用、合作、沟通。这是教康人员与家长、家庭共同成长的历程，构成了教育康复家庭支持日常培训的教学双方基础关系。

教育康复家长培训还要有时间的安排和培训形式选择，可以拟出一学年或一学期一个月家长培训时间表。有时间、地点、主讲人、主持人、主题等的考虑与安排。教育康复家长培训有讲授式、互动式、集体式、小组式、个别式。又鉴于教育康复的实作性强，常采用案例分享，现场个案评估、讨论、拟订计划，实施现场实作点评、再评的临场培训模式。专业人员、家长、学生、社会工作者、义工等共同参与培训。

为方便家长培训工作的开展，编订教育康复家长培训手册也是很有必要的。家长培训手册可使家长有指引、有方向、有实际的操作依循。家长手册编制应简便易行直观形象、可操作、宜运用、能推行，突出家庭环境及区域性环境等原则。家庭培训手册内容涉及广泛，有教育康复态度的培训，对特殊儿童基本权利、就医、就学、就业的相关法规、相关政府机构、服务组织（公办、民办）的介绍，对特殊儿童身心特点、卫生保健、教育康复知识、技能技术的传授，同时还有家长之间的合作、互动与交流。

（四）家长会

这里专指由教师康复人员（班级）召集所在班级学生家长来参加的会议，一般分定期和临时会议，比如一月一次的例会和因特殊情况召开的临时会议。

家长会的目的和家庭访谈、家长咨询有相似之处。家访和家长咨询是教师面对一个家长，家长会则是教师康复人员面对一群家长，其目的有：密切教康人员与家长的关系，增加交流，共商教育大计，教康人员向家长介绍教学情况、安排、希望及要求，介绍班级状况，对家长开展咨询服务，听取家长意见以及对教育康复的建议和要求。家长向学校、机构、班级介绍自己孩子在家中的情况，家长督促教康人员完善班级工作。教康人员通报教育、康复中亟待解决的问题。开会应于三天前通知，便于家长准备安排；主持会议的教康人员应以诚恳、耐心、广泛征求意见的态度召开会议；家长也秉执诚恳、实事求是的态度参会。家长会要做好记录，问题及时作答、当场解决部分问题，或拿出解决意见。家长会要注意各位家长的情绪变化及对教育的评价倾向。家长会后需认真分析，对每位家长的意见均应有回答和回馈，给出处理方案以及处理的时间、过程、结果。

（五）家长组织

家长组织是家长集合起来，抱团取暖，为孩子的权利和发展形成的集体。家长组织的意义在于加强家长之间相互联系、交流，相互支持帮助。家长组织能增进家长与教康人员和学校的联系；家长组织还能促进家长与社会的联系，向社会呼吁获得帮助与支持；家长组织可以促进班级教师及学校工作，定期对教师、康复师工作进行评议。家长组织有家长团体、家长会、家长小组。家长组织可能由校方政府出面组建，也可由家长自己组建。我国现有残疾人联合会组织的智力残疾儿童亲友会，也有由某校某机构出面组织的家长团队。现有各地家长出面组织的如自闭症儿童家长会、脑瘫儿童家长会等。各类家长组织均有该家长组织的组织者，有明确的任务分工，并且开展相关活动。目前我国各类家长组织正日益成熟，表达着特殊儿童及家长的诉求，且提供着社会服务。

第四节　教育康复社区支持

一、我国的社区康复服务

教育康复社区支持工作在我国称为社区康复服务。我国的社区康复 1986—1990 年为起步阶段，在"七五"期间开展白内障、小儿麻痹后遗症手术治疗、聋儿语训，称为三项康复。国家民政部倡导在城市开展社区服务，中国残联的"三康"为社区康复奠定了基础。1990—1995 年国家制定《中国残疾人事业"八五"计划纲要》《社区康复实施方案》，提出推广社区康复、扩大社区康复实验点，在全国 62 个县（区）进行社区康复示范工作，在"三康"基础上增加了低视力康复、精神病防治与康复、智力残疾预防与康复、残疾人用品用具供应服务等。1991 年进行了社区康复立法，有了法律保障。1996—2000 年"九五"期间，《残疾人事业发展纲要》确定了康复工作目标，建立社会化康复体系，以社区和家庭为重点广泛开展康复训练，提出社区康复体系中为残疾儿童提供系统康复训练。2000—2009 年，社区康复多元化发展进入"十五"和"十一五"期间，提出 2015 年人人享有康复，社区康复上了新台阶，在原有基础上增设了康复协调员，让残疾人进入工作岗位。社区康复"十二五"规划期间，全国纷纷建立社区阳光之家，提供智障成人日间服务，增设就业辅导员岗位提供残疾人就业指导，开拓残疾人就业机会；各级地方残联启动并执行脑瘫儿童、自闭症等儿童的抢救性康复项目，由各公办民间机构合作执行。近年对康复员、康复协调员、职业辅导员、教师等的各级各类培训已成为日常工作。同时，对用品用具、科技辅具的开发运用有了更深入、广泛的开展。目前"十三五"规划提出"加快残疾人小康进程"帮助残疾人与全国人民共建共享全面小康社会，重点任务聚焦农村，提出"精准扶贫""生活更殷实、更有尊严"。提升专业化服务水平。重点政策实行最低生活保障制，困难残疾人生活补贴，残疾儿童康复救助，基本型辅助器具补贴，家庭无障碍环境改造，信息消费支持，实施阳光家园抚养服务，进行生活自理、社会适应能力训练，职业康复，劳动技能培训，辅助性就业服务。

二、社区康复的特点与原则

（一）社区康复的特点

我国社区康复的特点表现在管理方式社会化，政府领导、多部门参与，以大型康复机构为主导（如中残联康复中心、各省市康复中心），以社区康复机构为基础、家庭康复为依托的全覆盖格局，同时发扬非政府个人力量和社会力量的支持服务。社区服务层面多服务面广，不止于城市而遍及广大农村。服务对象广阔，含残疾人（儿童、成人）、老人、慢性病人，重视残疾人主动参与。技术支持系统是建立资源中心，成立专家指导、转介服务。教育及康复训练就地就近取材，突出生态化特点，收到较好效果与效益。

（二）社区康复原则及评估

1. 社区康复原则

社区康复主要遵循以社区为主，低成本、广覆盖、因地制宜、技术适用、教育康复对象主动参与等原则。

2. 社区康复评估

为确保社区教育康复的品质，评估是必要的途径。我国针对社区教育康复目标、过程和效果进行评估，制定了一系列的评估标准。注意评估的相关性、有效性、持久性，采用自评、互评、上级评、外界评，作出整体评估，采用定量分析与定性分析相结合、资料分析与考察相结合，从教育康复管理、实施过程、社会效益、康复效果等角度进行评估。

三、各级康复站的建设

（一）省市康复中心建设与社区家庭支持服务

特殊儿童教育康复工作除医疗机构服务外，从康复角度看政府交付残疾人联合会系统承担，中国残疾人联合会建立了中国聋儿康复中心，简称"中聋康"，又有以康复为中心的博爱医院。各省市均由残联建立了康复中心或站点。我国省市康复站的主要任务是为特殊儿童及家庭提供教育康复服务，同时具资源中心作用，又是当地教育康复人员培训中心、教育康复器材开发供应之地、鉴定中心、信息咨询中心，教育康复指导中心是教康兼容机构。

（二）县乡农村康复站的建立与社区家庭支持

中国残疾人联合会明确规定了县级康复站五项标准，县乡康复应为区域内特殊儿童建立康复档案，拟订康复训练计划，实施康复。但县级康复站只有少数儿童能进入，多数儿童因居住地离县城远，不能到康复站接受康复。因而县乡一级康复工作进入幼儿园、小学、家庭成为解决问题的举措。

四、社区家庭综合模式

基于社区取向的基本概念，残疾人属于社会公民，属于他们的家庭成员。家庭对其家庭成员有责任，同时社区对残疾人也有责任。社区需对残疾人开放，接纳成为自然而然的工作方法，要确保社区空间、活动、服务和人力资源让残疾人使用。

（一）关于社区资源

面对残疾儿童应寻求有助于儿童发展的资源，尤其是本地资源。教育资源有：幼儿园、学校、康复站、教师；家庭资源有：家长、亲戚、邻居、朋友；社区资源有：地方残联、社区组织、福利服务机构、医疗诊所等。其中家庭、父母是对孩子的发展肩负着最基本责任的人，亲戚帮助并分担一份抚养孩子的责任。还有邻居，融洽的关系常让他们对这个熟识的孩子负有一份责任感。教育作为服务部分存在于社区中，支持性教育成为残疾儿童享受社区教育资源的必要因素。公共服务为公共福利而设，一个社区有官方、民间组织，这样会发现对孩子有责任感，愿意与他们分享经历的人。社区还有比如康复、社会服务、医疗、义工等一系列的服务。我们需做更多的工作来发现、发掘这些有利的资源。

（二）个人计划

以生活质量为导向、社区家庭为基础的综合康复模式，关键在于个别化计划。

（三）计划的制订

依据儿童需求、生活环境中的活动和可提供服务支持的人、事来拟订计划，计划中还应有评估的设计。

（四）宣传

要把教育康复模式推广，就要把它介绍给相关的人，比如家庭成员、教师和康复训练人员及社区居民代表，他们都为残疾儿童日常生活作出了贡献。

五、实施社区家庭支持

社区家庭支持指学校、康复机构在社区引导下自然地对特殊儿童家庭提供的支持。家庭和儿童将得到家庭成员、亲属、朋友、同学、老师、康复员、社区居民的帮助。支持对象，一为特殊儿童，二为家庭。目的在于帮助儿童融入家庭、学校、社区生活。

（一）形成政府引导的支持性社区，建立社区服务项目

1. 在县、乡建立康复协会或学校、机构，开展社区服务、家庭服务

比如：陕西洛南县成立智障人参加的康复协会及残疾儿童康复学校；山西原平大牛镇神山四村创办智障儿童培训班，并为不能进入机构的智障儿童建立家庭训练点。这是在县、乡建立康复协会或学校、机构，开展社区服务、家庭服务的一些范例。各县乡还设有卫生和康复员协助开展工作。

2. 开展工作

从以下几个方面开展工作：①家庭调查（家访、家庭需求调查、家庭环境生活调查）；②教育安置（选择、编制家庭教育课程文本，家长参与个别化康复和家庭教育计划的拟订）；③社区资源开发利用。充分运用社区人力资源，比如教师、医生，物的资源，如场地、企业投资、国内外援助、完善康复网络，以及教具学具、康复设施设备等。

3. 得到支持

只有社区、家庭支持系统在运作中效果良好，才能得到家长、教师康复人员、社区居民的参与与好评，形成良性循环。

（二）形成民间社区家庭支持服务

民间服务机构正以丰富的形式、鲜明的个性进入特殊儿童教育康复领域，成为不可或缺的新生力量，获得了社会的理解支持，并为特殊儿童家庭及特殊儿童、为优化社会创建和谐贡献力量。

（三）现有的家庭家长支持

现有的家长支持服务形式有：家长咨询服务、家庭访谈、家长会、家长培训、家长组织等。

第二章

教育康复整合课程理论与运用 ◁▷

第一节　特殊儿童全人教育理论

一、全人教育理论的产生与发展

20 世纪 70 年代北美学界传承人本主义思想提出全人教育，代表人物有美国的隆·米勒、加拿大的约翰·米勒、英国的赫尔等。最早的提出者是日本教育家小原国芳，他在 1921 年将其表述为：全人教育就是塑造"完善的人"的教育，也是"全人格"的教育，人的多方面和谐发展的教育。主要包含学问、道德、艺术、宗教、身体和生活六个方面。学问的理想在于真，道德的理想在于善，艺术的理想在于美，宗教的理想在于圣，身体的理想在于健，生活的理想在于富。

通过多年来在普通中小学教育中的实践，全人教育被进一步理解为塑造全面发展的儿童，因而它既强调儿童本身的身体、情绪、社会性、认知能力、创造能力的发展，同时又认为儿童自身的发展与社会分不开，教育培养的是能在社会生活中具有认知力、创造力，保持情绪健康和身体健康的儿童。所以，全人教育是一种既重视社会价值又重视人的价值整合的教育观。

我国教育部基础教育司在《走进新课程——与课程实施者对话》中明确指出"课程从单纯传授知识转变为引导学生学会学习、学会合作、学会生存、学会做人，打破传统基于精英主义思想和升学取向过于狭窄的课程定位，关注学生全人发展"。

在普通教育实现全人教育理念获得进展的同时，对于身心发展障碍儿童，如何确立全人教育观，直面障碍、困难又不为障碍所累，突破缺陷、障碍的羁绊，获得全人的发展，也是当今特殊教育发展的主要趋势，是特殊教育亟须认真思考的问题。

二、全人教育的特殊教育含义

（一）共性与个性结合的全人特殊教育定位

1. 对共性与个性关系的理解

在理解特殊儿童与普通儿童的差异时，要首先明确"共"和"同"是特殊儿童与普通儿童的实质性特征，是考虑全人的特殊教育的基本出发点。与"同"相对应的"异"即特殊，是指部分身心障碍和特殊的教育需求，不可将此特殊夸大至极端，视差异为"异类"的表征。因此论及特殊儿童的个别差异时应谨记：所有的差异个性都包含在共性中，离开共性的个性是不存在的。同时，论及共性时亦不能忽略其个性和特殊需求，特别要强调个别化教育的贯彻与落实，体会到特殊儿童共性中有个性的表达，个性中有共性的追求。这些共性与个性、普遍性与特殊性构成了特殊儿童全人教育的基础。

2. 全人的特殊教育定位

特殊教育从人出发，经过适合于该生的个别化教育服务，促进学生成长为个人适应、社会适应、职业适应的平等参与社会生活的完全意义上的人，这是与个性结合的全人，是从教育起点到教育目的整合的全人。

（二）完整、动态的全人教育

1. 特殊儿童是身心合一、心物合一、知行合一的整体

所谓身心指的是个体的生理特征和心理特征。心物可以理解为主体的心理特征与客观外在环境（自然和社会）相关的关系；知行即是一定的心理与行为以及知识与技能的关系；特殊儿童是身心合一、心物合一、知行合一的整体。全人教育应考虑学生的身心关系、心物关系、知行关系。

特殊儿童机体某方面的障碍有时可能出现身心发展不平衡的状况但不导致身心分离，也不必然导致心理障碍的产生。他们是有自身特点的身心相互影响、相互制约、相互依存的完整全人。机体是特殊儿童身心发展的物质基础，承载着特殊儿童心理的成长和表达。心理又会反映和调节机体状态。我们看到因为机体障碍，部分特殊儿童需要医疗、保健、康复，他们第二次易罹性较普通儿童高。所以对特殊儿童身体健康以及安全的充分关注，是对身心发展基础的维护。因此在特殊教育课程中，有针对各类特殊教育需求儿童的生理、心理、社会学的界定；有对其成因、出现率的描述；有针对特殊儿童的感知、粗大动作、精细动作、沟通、认知、生活自理、社会的教育教学；还有满足各类特殊需求儿童的康复课程，如

聋生语训课、手语课、律动课，盲生的定向行走、生活自理课，智障儿童的语言训练、动作训练、作业治疗、游戏治疗、音乐治疗等的运用；有对脑瘫儿童的动作，对语言障碍儿童的动作、语言训练。所以特殊教育不是单一的教育，也不是单一的康复而是教康整合的全人教康服务。

特殊教育是身心合一、心物合一、知行合一的全人教育。更重要的是，在身与心、心与物、知与行的动态螺旋系统里，即有机体处于生活实践中，在环境的习染下，经教康介入而完成自我教育，最终形成了身心特征。心理调节支配着相应的行为，行为表征了该儿童对周围环境的适应性或障碍度。比如身心障碍儿童自卑、退缩或自强、奋进的个性和心理特征，取决于环境和实践、教育康复等变量。环境的建构、教育的调整、自我教育能力的获得带来身与心、知与行整体系统的改变，促进了克服障碍的过程。

2. 特殊儿童是意向活动和认识活动合一的主动的全人

人的基本心理活动如潘菽教授所指，由认识活动与意向活动构成。认识活动（包括感知、思维）是对客观世界的反映，认识活动反映了事物的本质、特点和规律，称为反映活动。意向活动（包括动机、需要、兴趣、注意、情绪、意志，还有人生观、世界观等）表明了人们对客观事物的态度，是人们的意愿所向，称为对待活动。认识活动指引着意向活动，使人们的态度更深入、更有目的、更主动。意向活动主导着认识活动，主导着反映客观事物的方向、强度、效果。认识活动与意向活动构成了全面、完整的心理活动，两者相辅相成，既相互促进，又相互制约。

特殊儿童有感知缺陷，抽象概括能力差。他们身上表现出的障碍，促使教育从感知、思维、语言训练入手，抓住起指引作用的认识活动，抓住重点。这在实践、理论论证中已反复强调。在此还应注意的是，意向活动在心理活动中所起的主导、关键、第一位的作用。只有当一个人有了认识事物的需要或兴趣，有了"我想做""我要做"的意愿时，才可能积极主动地感知思维。特殊儿童教育中，意向活动主动性的激发既难又重要，只有看到认识活动与意向活动的相互关系，用整体全人观把握，在特殊教育中认识活动与意向活动同步培养，而不仅仅是满足于技能技巧的传授，而是将意向活动、生活工作态度（如守时、守约、敬业、敬人等培养）放在突出位置，教育才会有实效。

特殊儿童各种生理心理的形成和发展是一个不可分割的整体。对其进行感知训练的同时要注意、记忆、情绪、思维、意志等参与，各种身心活动相互渗透、相互影响，在感知训练时也培养了注意、记忆、思维、情绪、意志等。感知训练的好坏可能与训练本身有关，也可能与注意、记忆有关，可以说各心理、生理活动之间，一荣俱荣、一损俱损，牵一发而动全身。

各身心活动具体存在于每个个体身上，因此个人的能力、性格等个性特征及自身的心理发展水平，将会对心理活动产生明显的影响。

3. 障碍与潜能共存

特殊儿童障碍与潜能共存，既看到障碍，又看到潜能才是全人教育。

（1）直面障碍

特殊儿童存在一定的障碍和困难，是特殊教育要直面的现实，不能回避也不能否认。全人教育中要有针对障碍的策略和方法。特殊教育本身就是为面对障碍和解决困难而生的。

（2）超越障碍是生命的本能

特殊儿童存在身心障碍是不争的事实，但任何一个身心障碍儿童，绝不甘心为障碍所困也是事实。正如鲁宾什坦所说："心理发展是儿童年龄阶段的一个特点，它可以突破任何机体的严重疾病。"这是生命的本质，生命的动力。

（3）超越障碍的途径

①发掘障碍感官的残余能力。特殊儿童的损伤或缺陷程度不一，大多数特殊儿童障碍部分尚存或多或少的能力，如盲生光感的运用和聋生调动残余听力就是例证。

②替代与补偿。特殊儿童成长发展中感官、机能缺陷会为健康感官或机能补偿替代，以满足不可抗拒的成长发展必然。所谓"这里关了一扇门，那里开了一扇窗"。替代、补偿是人体与生俱来的机制。但替代、补偿能力的形成却是特殊儿童在其生活实践当中不断学习、不断反复的结果。盲生发展触摸觉，其盲文摸读、以手代目速度可达到普通人视觉阅读速度。上肢残障者用脚代手握笔书写，摸读和脚书能力的获得，是机体潜能经实践而发展的。

③支持与辅助。特殊儿童想要超越障碍还需获得环境的支持、帮助。支持是多方面的，包含人、事、物，通常称之为支持辅助系统的建立。提供支持和辅助时应充分发挥自然支持系统的作用；在人的协助方面应组建多学科跨专业团队，提供多种专业技术。在物质的支持上，可提供辅具如助听器、助行器、沟通板、阅读机等。空间设置上关注如无障碍通道、环境的建构。这都能帮助特殊儿童降低困难度、障碍度，增进适应性。教育康复本身就是一种支持、辅助。教育康复的引导、开启、浸润，是特殊儿童最有力的支持基础。教育康复不仅给特殊儿童

带来发展的机会，而且最终要给予特殊儿童的是自我教育、自我发展的能力。处于支持系统中的特殊儿童，不是一个人面对挑战和困难。在系统的支持与网络辅助下，有许多缓解压力和减轻困难的因素，创设了一个可以超越障碍的良好客观环境。

（4）超越障碍的新探索

障碍的相对性与可变性。障碍是根据与环境的交互过程中表现出的不适应来判断的。用广泛的视野来看，障碍就是一个相对于环境的适应性的概念。环境的改变就会带来适应程度的变化；适应程度不同，障碍与否也随之改变。因此障碍不是一个专属于特殊儿童的词汇，任何一个普通人都要面临因为环境变化出现的"障碍"。

将对缺陷的注意力转向对潜能的注意力。在特殊教育中，人们一度在学生的障碍、缺陷、不会、不能、不足上停留过多，后改变为充分看到能力，发现优势，启动克服障碍的推力，探究所会所能。在基本的观念上，将指责特殊儿童障碍和缺陷变为发挥其长处；将简单地对特殊儿童做群体比较，转向于对儿童个体内部能力的发现。这是发挥特殊儿童潜能的关键，即与特殊儿童一起发掘他的能力所在、优势和优点、所会与所能，关注个体的兴趣、需求和学习风格。

（5）形成潜能与障碍共存的全人教育观

在经历障碍与了解潜能后，当下特殊教育的全人教育观能把握潜能与障碍共存的规律性特点而能正确因应，教学双方在实践中共同分析障碍、面对障碍并发掘潜能。特殊儿童将在此过程中经历困难和挫折，体会自信和希望，拥有进取、丰富、具生命活力的完美人生。

4.阶段性教育康复与系统化生涯发展交织的全人教育

（1）横向的阶段性教育康复

特殊儿童在生理成长上经历着初生、婴儿、儿童、少年、青年、成人等不同年龄期；在心理认知发展上有感知运动阶段、前运算阶段、具体运算阶段、形式运算阶段；在社会化进程中从幼稚到成熟，与各阶段对应而有学前教育、学龄期教育、职业教育、就业安置、成人生活指导等教育介入。

特殊教育因儿童年龄、身心特点、生活环境的发展变化，在每个阶段均有自己的角色特点和规律，因此形成了这一阶段的教育教学及康复内容、教育重点、目的、方法、评价以及环境。同时也造就了应对各个阶段的专门教师与专门学校。当儿童处于某阶段，他就会进入与其年龄和身心发展相适应的学校与班级接受教育。教师和学校关心的是，学生在该校和该班就学时段的生活与学习。可以说目前的学前、学龄教育学校及教师（盲、聋、启智教育学校、班级教师），从事的是阶段性的、在儿童生活某一横断面上介入的教育工作。

（2）纵向的系统性生涯发展

学校与教师是阶段性教育的角色。但特殊儿童的成长除了阶段性外，更在一天天进步，一步接一步踏出成长的历程。很少有一位教师、一所学校可以见证特殊儿童从初生到成年的全程成长，但特殊儿童及其家长、家庭却会步步经历。他们与每个相应时期的学校和教师联系，整合了自己的学习历程，连贯了生长发展的各个阶段，画出了成长轨迹。在这样自然的全人成长过程中，特殊儿童向分解的、切断式的学校教育提出了质疑。

（3）横向发展和纵向发展交织的全生涯全人发展

一所学校、一个教师不可能完成特殊儿童生涯全程的教育。但是每所学校、每个教师、每个儿童、每个家长合起来却可以关心、落实特殊儿童的全生涯、全人教育。

树立全生涯的全人教育观，要明确特殊儿童的成长既有阶段性，又有贯通性；各阶段各有特点规律，又相互联系，首尾衔接。前阶段是后阶段的基础，后阶段是前阶段的承接、延续和发展。教育是累积的渐进过程，特殊儿童的发展也是如此。

将全生涯全人教育目的、内容纳入课程和教育过程，融入各阶段教育中，比如"工作"在学前至成人教育中，都应一直作为相关目标。特殊儿童的今天是建立在昨天的基础之上，明天又与今天息息相关，昨天、今天、明天，构成了儿童身心形成、发展连续的全人成长。对特殊儿童昨天的了解和回顾是为了今天的教育培养，今天的教育培养则预示了儿童明天的成长发展，特殊教育应该去了解儿童的昨天、把握今天、展望明天。

注意生涯发展各转折点、过渡期的教育即转衔教育。这是生涯发展教育的重点和难点，如幼儿园到小学的衔接，学龄期到职业培养以及就业的转衔安置，成人生活、婚姻生活的指导。人生转折点有环境的改变、角色改变、人际的改变，甚至生活形态的改变。其间经历着未知、不安、焦虑、希望、期盼，转衔教育应提供咨询和相关服务，特别强调特殊教育的最终目标"个人适应、职业适应、平等参与社会生活"的实施与达成。对职业和成人生活关照，是特殊教育成败的关键，也是特殊儿童以及家长最为关心的实质和核心问题。否则特殊教育将没有出路，不具活力。全人教育中生涯规划、职业指导、生活指导是主要内容。

（三）促进自我成长的全人教育

当我们从特殊教育出发，就会看到特殊教育对象是共性与个性相结合的全人，是完整动态、身心合一、心物合一、知行合一，是意向与认识合一，是障碍与潜能并存的全人，同时又是阶段性教育与系统化生涯发展交织的全人教育，这是从全人教育特点做的分析与论证。如果"全人教育是全人格教育"，"自我成长"则是全人格教育的核心。无论普教还是特教概莫能外。

特殊儿童的教育最终是让特殊儿童成为他自己，这是教学双方应十分明确的目标。

1. 自我成长的意义

自我成长是特殊儿童的主动和内驱力的表现，是人的自觉、自悟，是全人的本质所在。特殊儿童的自我成长要面对困难、障碍，需有勇气、有办法去处理、克服。特殊儿童在与人、事、物的交往中逐步理解环境，又被环境理解。其间经历着矛盾与冲突，体验着喜怒与哀乐，并形成自己的生活态度、知识与能力。只有经过历练，特殊儿童才能收获自信，成长为自尊、自立、自强的有尊严的全人。

2. 自我成长的内容

特殊儿童自我成长教育的内容很丰富，有真、善、美、圣、健、富全人格的内化；有从学前、学龄到职业成人的全生涯的自我成长；具体有自我引导、选择决定、自我调控、生涯规划、自我意识、时空规划、主动活动、完成活动、解决问题、表现主张、需求表达。自我成长的诸多内容分列入生涯发展各阶段，既有阶段性重复，又有连续性。自我成长教育是特殊教育的常态、常规教育。

3. 自我成长的养成性教育

自我成长有阶段性特点：幼年期多为自我意识、对时空的认识等；儿童期、少年期则是主动活动、表现主张、表达需求、时空规划、完成活动、选择决定、自我调控；青年、成人期继续主动活动、完成活动、解决问题，还有自我调控、生涯规划。每阶段各有特点和重点，每一阶段又紧紧相联，呈螺旋式上升的成长态势。

自我成长是一个从小到大、涵盖终生的教育，因此是点点滴滴的不断渐进。积跬步而致千里，在一生的自我成长中特殊儿童从不成熟逐步走向成熟。自我成长是一个自我学习、自我吸纳、自我改变、自我塑造，不断内化的增强、完善的过程。这一过程既受环境的影响，又取决于自我的加工、选择和指向，并通过自我的个人成果，充分表达成长效应。自我成长是自我的身体的成长、自我心理的成长，是自我的身体与心理与社会整合的成长共同体。

（四）追求生活质量的全人教育

真、善、美、圣、健、富全人格特殊教育所达到的是追求生活质量的境界，同时也可以说是生活质量保障着全人教育的项目、指标、内容，保障着全人教育的有效性和质量。

1. 生活质量

对生活质量的解释非常多，从字面释义，生活指人类生命生存所必须或基本的各方面活动，而质量则指与人类特性及正向价值相关的优点或是"美好标准"。

2. 提升生活品质的策略

①以个人成果为目的，激发追求生活品质动机。

②创造提升生活品质的家庭环境、学校、班级环境。

③高品质的社区、社会生活。

我国政府已提出让残障人士"过有尊严的生活""提高生活品质"，这意味着以生活品质为目标的社区、社会建设模式已产生，从而形成特殊人群全人教育社区社会生活大背景。

第二节　教育神经学理论

一、关于教育神经科学

（一）关于教育神经科学

肖尔和莫斯基 1987 年提出"教育神经科学"，他们认为"在二十一世纪一种新的专业——教育神经科学"将教育与神经学这两个完全不同的专业领域整合起来，并认为这种合作是互惠的。神经科学的假设和理论需要在课堂和临床上得到验证和运用。而来自课堂和教育研究中心的知识有助于神经科学研究者提出具有教育意义的研究问题，来自教育实践的反馈还可以修正神经科学的理论构想。

教育神经科学如周加仙归纳的：是将生物科学、认知科学、发展科学和教育科学知识与技能进行深度整合，提出科学的教育理论、践行科学的教育实践的、具有独特话语体系的一门新兴学科。

教育神经科学整合心理、脑、学习和教育不同层面、不同情境的研究，包含基因—分子—突触—神经元—神经网络—神经系统—行为—学业成绩等不同层面。它不同于以往二维层面上的综合学科，而有可能超越自然科学、社会科学，甚至人文科学的界限，从而逐渐形成一门新兴的超学科。

（二）教育神经科学的成长过程

关于心智大脑与教育的思考古已有之，有白板说、体液说、颅相学等，而后有巴甫洛夫的高级神经活动学说。20 世纪 70 年代至 90 年代，基于脑的教育模式具有一定的先进性。由此引发教育界关于左右脑教育、关键期、大脑 10% 的论断、丰富环境等神经神话的反思。其后进入 21 世纪的脑科学，教育神经科学受到更多的重视，近十年美国、日本等国加大资金投入力度进行研究。我国从 1995 年香山会议后也建立了一系列教育神经研究机构。

研究表明，任何学习过程都伴随着神经元的电活动和神经网络之间的变化，在了解脑的结构、功能、神经传递，学习与脑的关系后，应保护脑、使用脑、发掘脑的学习功能。

二、特殊教育神经学运用实验

随着科技发展，相关电位（ERP）脑功能成像、经颅磁刺激（TMS）等科技辅助手段进入教育神经科学研究。针对特殊教育对象，如聋生、学习障碍儿童、自闭症儿童等，都有不少的研究及成果，所以有特殊教育神经科学之说。

（一）聋生视觉表象生成能力和汉字音、形、义加工实验

方俊明教授介绍华东师范大学特殊教育研究所对聋人与听力正常人视觉表象生成能力和汉字音形义加工的脑功能成像实验表明：手语和有声语言绝大多数功能区是重合的，聋人视觉性语言的优势半球也在左半球。聋人手语信息加工中视觉空间认知和语言加工模块有一定的共享部分。手语是一种有助于聋人大脑语言活动的刺激，从而肯定了中国聋人手语的地位，提倡聋人综合语言的运用。

（二）语音加工困难学生个案研究

布莱克和加德纳分析一个语音加工有困难、创造性和社交能力很强的六岁双语儿童，分析个案在教育中遇到的问题、各因素间关系，帮助其获得成功。该儿童由于阅读中反复失效与学业不良导致情绪神经网络的重新连接，造成情绪、动机方面问题。而重视阅读、分析综合能力培养，可促进其优势发掘。综合分析中

尊重了不同领域研究方法、跨学科价值。

（三）自闭症研究

自闭症是一种发展障碍，常在幼儿期被发现，具体表现为社会互动障碍、沟通障碍以及狭窄兴趣、刻板行为模式。现常以泛自闭症障碍群称之，含自闭症、亚斯伯格症、广泛性发育障碍。美国疾病管制与预防中心 2002 公布其发病率为 150：1，2006 年为 100：1，2008 年估计为 88：1，男女比约为 5：1。近年自闭症儿童研究是我国特殊教育的热点。

1. 针对自闭症儿童的心智理论研究

心智理论指了解自己和他人心智状态的能力。Baron-Cohen 称为读心系统，包括四个步骤：意图侦测能力、目光方向侦测能力、共享注意力机制以及心智理论机制。了解他人想法能力是逐渐发展起来的。一般儿童 9 个月以前就有意图目光侦测能力。心智理论的提出有助于解释自闭症儿童沟通、社交障碍、缺少与人目光接触及共享注意力的症状。

2. 针对自闭症儿童的"核心凝聚力"研究

核心凝聚力指根据情景，整合各方咨询，形成核心概念或理解事物全貌的能力，如普通人处理信息遵循先整体（整体优先）再局部的原则。而自闭症儿童常忽略情境，只处理部分或细部信息。Just、Cherkassky、Keller 与 Minshew 的研究认为自闭症儿童在从事文句理解活动时左侧上颞叶激活较多而左额下回激活较少，这表示自闭症儿童的语言障碍可能与大脑处理语言的皮质区间缺少同步激活和信息整合有关。Herbert 等人对自闭症与普通儿童 MRI 进行质量分析，发现自闭症儿童放线状白质扩大可能会影响其复杂信息处理并造成核心凝聚力较弱的现象，并影响认知、沟通及社交互动。

3. 针对自闭症儿童镜像神经机制的研究

所谓镜像神经机制是指观察他人行动，自己执行同样的行动时，被激活的神经元也会反应。镜像神经元主要存在于脑部的下顶叶与额叶皮质，这显示感觉与动作之间有对应机制，只通过观察、视觉刺激就能知道别人的动作是什么。中枢神经系统中存在各种行动表征，Jeannerod 认为，行动表征不只记录动作本身，还包括动作隐含的目的，如拿杯子的动作目的是喝杯中的水。近年，Stevens 等人研究发现，唯有看到动作路径是合理可能时大脑动作表征才会反应，否则不反应，因而有普通登录理论，即一个行动是依其可感知的效果而登录的。直觉与行动有直接关联，有些神经元如后顶叶皮质其登录的是行动结果。镜像神经元在动作学习上扮演着重要角色。不论是亲自执行动作或观察别人动作，镜像神经元都会被激活。对自闭症儿童的研究，有学者提出镜像神经机制损伤的假设。一些神经科学研究结果显示，镜像神经机制极可能与自闭症儿童的障碍特质相关，而且不是单纯的好坏。有无镜像神经机制可能与个人智力、行动者熟悉度、行动对个人的意义、行动的复杂度、是否有隐含目的有关，需要更多研究证明。但这些影响因素为教育训练自闭症儿童提供了可参考的建议。

三、特殊教育神经学在康复相关服务中的运用

康复及相关服务很宽泛，含大动作、细动作（作业治疗）、感统、语言、心理辅导、社工、辅助技术、艺术等，此处仅以粗大动作训练、感统训练为例。

（一）动作训练

1. 定义

从特殊教育角度，动作训练针对有动作问题的学生。大部分特殊教育儿童均存在不同的动作问题，其中运动神经受损的脑瘫儿童、唐氏症、自闭症、注意力不足多动症儿童、神经发育落后、迟缓的儿童均会有动作问题。所谓动作训练即是要了解儿童动作发展、动作能力、动作问题，并予以处理方法且实施动作训练。

2. 动作发展要素及学习机制

影响动作发展的生理因素含神经系统、骨骼、关节、肌肉。动作学习原理是利用刺激→个体感觉接收器→有效感觉信息→脑→动作的神经回馈原理。

3. 动作训练原理

动作训练依神经发育理论、人体正确动作控制，循平衡发展原则。具体有学习区原理（动作发展从上到下）、对称的平衡发展原理、相对平衡发展原理、拮抗肌相对平衡发展原理、神经交互抑制原理、自主自发学习正确动作控制原理、诱发与抑制并用的原理、张力的预防与运用，正确利用动作学习。

4. 动作训练流程

动作训练一般是以下流程：动作障碍评估→拟动作训练计划（处置重点：肌肉张力平衡、前庭平衡、动作控制平衡、不适当动作模式矫正）→动作训练。

5. 执行动作计划原则

执行动作计划时诱发式训练优于喊式训练，整体式训练优于选择式训练，重点式训练优于盲目训练，少量多次训练优于超负荷训练，了解障碍类型—学习区优于无目标式，动作控制能力—主动优于被动、动态优于静态、慢速优于快速，

避免不完整的训练动作及其负面影响，基础动作强化优于不良动作模式形成，各种问题层面搭配处理—药物、外科辅助、辅具。

6. 动作训练技巧

依认知反应选择合适疗育模式，依障碍程度选择合适的疗育技术，依障碍部位选择合适的疗育时机，依发展阶段选择主要疗育部位，依疗育需求给予适当的刺激剂量（刺激方向、速度、角度、时间、大小／数量）。掌握个案学习优势，弥补弱势能力；掌握个案适应能力，营造适当学习情境；掌握个案动作能力，拿捏协助、要求剂量。动作训练：学习区、能力区、有效剂量区的掌握与拿捏；掌握个案学习目标，适时调整合适训练方式与剂量。

（二）感觉统合训练

1. 定义

感觉统合训练指训练大脑对各种感觉刺激有选择地吸收，并加以整理调节、组织（过滤、选择、抑制、整合），提供正确资讯，在大脑形成完整概念进行处理、整合作出适当反应。

2. 感觉统合与儿童发展

感觉统合能力成熟的表现是，同时接受各种感觉刺激可表现出适当的行为反应，具体如下：

①有适当的平衡反应、动作灵敏度、视动协调力、动作计划力；

②有适当注意力、警醒度；

③有适当自律行为；

④有适当的动作整合能力（仿说、仿做、读写）、动作反应。

儿童大脑学习过程直接从感觉—动作认识自己身体及周遭环境，靠感觉、动作获取经验、知识，靠具体动作、物品亲身体验认识事物。0—7岁感觉统合能力发展对大脑功能学习很重要。

3. 感觉统合系统

人的感觉包括视、听、触、前庭觉、本体觉、味觉、嗅觉，感统训练通常处理的是触觉、前庭觉、本体觉三个重要感觉系统。

触觉系统帮助儿童认知完整的身体知觉，可以辨认、分辨物体形状特性，建立良好的手部操作技巧，警觉环境变化，影响调节情绪行为。

前庭觉系统引导婴儿的抗地心引力方向发展，逐渐抑制原始反射性动作姿势、接收有关地心引力的牵引，建立自己身体空间概念，发展自己良好计划动作能力，前庭系统控制眼肌对学习注视、视线追踪及视知觉发展非常重要，前庭系统可以影响调节情绪。

本体感觉觉察整个身体，觉察动作方向、速度和大小等。有助于动作控制及动作计划，觉察自我肌肉用力姿势稳定，感觉肌肉的力量大小，避免肌肉受伤，可以影响调节情绪。

4.感觉统合的异常表现

感觉统合的异常主要是大脑中枢的问题，即调节分析（过滤、选择、抑制、整合）反应中的问题，常称为"感觉处理与调节异常""运用能力障碍"。

感觉处理是指对感觉刺激的选择调节（反应过度、反应过低），对感觉刺激的警醒程度（不够警醒、过度警醒）。

感觉处理与调节异常，一般说来感觉调节能力会在正常范围内摆荡。感统异常造成运用能力障碍左右手混淆，学简单生活技巧慢，动作困难，模仿简单动作慢，动作探索经验较同龄孩子少。

感觉处理与调节异常的训练方法策略如反应阈值过高，触感觉活动如触压、按摩游戏，前庭感觉活动如抱起来、骑木马、荡秋千、溜滑梯、翻滚、跑、跳。本体感觉如出力活动，关节压迫、伸张，爬、走、跳，俯地挺身，球类活动。

感统训练原则一般是激发主动性；提供至少两个刺激的整合感统活动，避免单一感觉刺激活动。感统服务流程是接案→评估→制订目标→进行训练→家长训练→评鉴成效。

第三节　特殊儿童发展理论

一、儿童发展侧重于教育心理理论

（一）多元智能理论

霍华德·加德纳认为，儿童至少有五种智能：音乐智能、身体运动智能、空间智能、人际交往智能和内省智能。这一新的理论能帮助教师认识到那些在传统的学校教育不被重视的幼儿的能力，而且可以促进当幼儿在自己可以胜任的环境中游戏和学习时，他的自尊的发展（Gardner，1993）。

（二）社会历史文化理论

维果斯基（1896—1934年）强调社会和文化对儿童发展的影响，强调语言在促进高级思维发展中的作用，以及游戏在发展幼儿的社会合作行为中的重要性。他的"最近发展区"概念，即"由独自解决的问题决定的实际发展水平和由成人指导或同许多同伴协作完成问题，所决定的潜在发展水平之间的距离"。"最近发展区"概念被早期教育者运用于个人的游戏体验中，游戏创造了幼儿的最近发展区。维果斯基的理论为游戏在幼儿学前和学龄初期学习环境中的突出地位提供了支持。

维果斯基和皮亚杰理论之间的比较，是不可避免的，因为他们都强调语言和社会经验在儿童认知发展中的作用。维果斯基把游戏看成社会性的；而皮亚杰认为，游戏最初是独自的、个人的，随着儿童认知发展成熟和自我中心程度的降低，游戏就变成社会性的。

（三）成熟论

若干种关于儿童发展的成熟理论，是同 G. 斯坦利霍尔、罗伯特·哈维赫斯特以及阿诺德·格赛尔的理论相联系的。霍尔（1844—1924年）开始对大量的儿童进行观察和测验。他认为，所谓发展任务就是"每个人必须去学习的那些事情，如果他想被别人认为或他自己认为是一个相当幸福和成功的人的话"（哈维赫斯特，1953年）。例如，在第二个发展阶段，即幼儿期，对于形成意识的行为类型来说，学前儿童的任务，首先就是接受教育和遵从在眼前的权威人物的能力，其次就是权威人物不在眼前时遵从的能力。

格赛尔（1880—1961年）认为，儿童的遗传基因决定了他们的发展和行为，而且内部的成熟因素，决定了儿童的生长和发展（格赛尔和伊尔克，1949）。

（四）改善理论

人的发展成长处在动态过程中。早期慢，并不意味着永远慢；发展迟缓，并不意味着残疾。如果不行动，则有可能障碍越积越重；如果我们有教育介入，有干预措施，则可能降低迟缓发生，减轻障碍程度，防止情况恶化，使不良状况得以改善。有研究表明，适宜的教育和干预措施，可使70%的迟缓儿童今后能正常成长。正是教育，使他们的起点得以改善，使他们没有输在起跑线上。早期教育的奠基，将启动整个人生之旅的漫漫途程。

（五）关键期（又称敏感期理论）

在人的成长发展中，语言的发展、动作发展、智力发展等均存在关键期。关键期多处于学前阶段，错过关键期则错过了某项能力发展的最佳时期；把握关键期则把握了儿童某项能力发展的良机。对身心发展障碍的儿童来说，更有特别含义，比如苯丙酮尿症儿童的饮食干预、聋儿语训、脑瘫儿童的动作训练，应越早越好。与时间赛跑的早期教育、干预，争取到的是希望，避免的是障碍恶化，甚至是不可逆的颓势。而关键期逝去不再来。

（六）教学契机理论

学习契机与关键期、敏感期理论相关联，指一些关键性时刻，在某时刻或某环境下，学生最具学习动机，且易获得某知识技能。

（七）主动成长理论

特殊儿童成长，正如鲁宾什坦所说："心理发展是儿童年龄阶段的一个特点，它可以突破任何机体的严重疾病。"这是生命的主动活力。教育在儿童的主动成长中，可以起到顺势利导，帮助其排除障碍，补其不足，发掘潜力，发展心理，调动主动性的作用。鲁宾什坦提出"意识与活动统一"理论，借助教育者的引导，促进儿童形成调整，改善创造性、独立性、主动性、自我行为等能力。

（八）支持理论

儿童的成长、发展总是与环境教育密切相关，两者相互影响，相辅相承，双方在被决定中主动成长。儿童成长有赖于，也改变着环境和教育；环境、教育影响着儿童的成长与发展。儿童的适应与否，是与环境的交互过程中的功能性表达，是克服障碍达到适应、平衡的途径。一方面是指促进儿童自身的成长发展，另一方面是改变调整环境，提供适宜的教育和相关的支持。例如：通过辅具运用（助听器、轮椅），改善听的状态、行的状态，适宜的教学策略与教具、学具，改善学生的认知状态等。所以儿童的成长发展是与环境的适宜支持分不开的。

（九）特殊教育构成理论

特殊教育构成理论认为：特殊儿童教育的出发点是特殊儿童全人教育观；教育的目的是在超越中发展；教育环境是家庭为核心的生态化思考；教育原则是个别化教育与教学；教育模式是融合教育及多元模式；教育支持系统是多学科、多团队整合，教育诊断、评量，多元、动态。

（十）早期教育基本模式

1. 行为主义教学法

贝特雷－恩格曼模式是指教师用直接教学法教数学、阅读、语言，课程由教师发起和引导，用结构化、不断重复的方法进行教学。奖励包括食物和表扬，学习是为了寻求预期的正确答案。

2. 蒙台梭利教育

玛利·蒙台梭利先把这一方法用于智障儿童教育，后用于学前儿童教育。其方法是为促进幼儿个性与认知能力发展，鼓励儿童自我约束力、自我指导，发展独立性，让儿童在操作材料的活动中独立完成工作。教师的作用，就是为儿童准备一个满足儿童需要的环境。

3. 进步主义教育

杜威将教育环境看成培养民主的场所，课堂教学以小组活动、合作以及共同责任为目标。教育培养"有创造性的个体，在做中学。教师提供的活动是以儿童的兴趣、需要、目的和能力为基础"。杜威认为："学校的这一目标对支持一个民主社会，教会儿童在一个民主社会中生活，是非常重要的。"

4. 认知发展课程

海恩斯科普认为：儿童既是积极的学习者，又是学习过程的积极计划者。教师的作用是布置教室提供材料，制订计划，给儿童体验和对活动进行评价。该课程以皮亚杰课程理论为基础。

5. 银行街课程模式

该模式由露西·米奇尔提出：为儿童提供与年龄相适应的材料，且有共同的目标，包括主动性、探索精神，自我概念、交流和学习能力，所提供的材料是教师自己制作的。

6. 创造性游戏课程模式

1985年，在美国田纳西州实践的创造性游戏课程，是以皮亚杰发展理论为基础的建构主义学习模式，以游戏为基础的课程。鼓励儿童游戏，促进儿童在七个领域发展：自我意识、情感、健康、认知、交流、社会性和感知运动能力。

二、儿童发展里程碑理论

（一）儿童发展里程碑

指儿童成长发展当中，某阶段关键重要的指标性代表能力，既可表现为儿童全人成长发展中的代表性能力，又可表现为儿童发展某阶段或领域的代表性能力。对里程碑能力的重视和培养能由此获得儿童关键成长节点的突破，有更广泛的相互系统能力形成。当某个或某些里程碑能力未形成时往往成为成长的障碍，即教育、康复联手攻克的难关。而一旦突破难关，儿童的成长便能如解扣的锁链，环环通达。所以，里程碑能力往往成为拟订个别化教育计划时的优先发展能力。

（二）儿童发展里程碑的意义

第一，给出儿童发展的代表性关键目标。儿童发展里程碑给出了儿童发展的关键节点，是儿童发展规律与特征的凝练。

第二，里程碑目标确立有利于相关目标的达成。当儿童发展里程碑目标确立后，依里程碑进行分析，连接能让相关目标呈现，并让里程碑目标细化，有利于形成里程碑目标引导下的教育内容体系。

第三，相关目标的教学促进里程碑目标的达成。与里程碑连接的相关目标的教学与获得，有利于里程碑目标的最终达成，这意味着某一代表性关键能力的形成。

第四，里程碑行为层层搭建，代表儿童成长的转折点。儿童的里程碑行为是有顺序、分前后、一级一级搭建起来的，代表儿童发展的不同阶段及内容，是儿童生命某阶段成长的转折点，前面的目标是后面目标的基础。

（三）儿童发展里程碑举例

1. 幼儿粗大动作发展里程碑[*]
（1）头颈控制（0-9月）

俯卧	活动控制	左右转动头部	0—1月
		头部抬高45°	1—2月
		头部抬高90°	3月
仰卧	活动控制	左右转动头部	0—2月
		拉孩子的双手使成坐姿时，头部稍微落在躯干的后方	3月
	稳定姿势控制	拉孩子的双手使成坐姿时，头部与躯干成一条直线	4月
直立	稳定姿势控制	支持孩子的躯干使成坐姿直立时，头部维持稳定直立控制	4月
	功能性动作控制	支持孩子的躯干使成坐姿直立时，头颈转动自如	5—8月
		独立躯干坐姿直立时，头颈转动自如	8月
	技巧性动作	可随意自由转动头颈动作	9月

---

[*] 叶仓甫提供。

（2）躯干控制（2—13月）

俯卧	活动控制	由俯卧姿翻身至仰卧姿	5—6月
仰卧	活动控制	由俯卧姿翻身至仰卧姿	2月
		由仰卧姿翻身至侧卧姿	4月
		由仰卧姿翻身至俯卧姿	6月
		利用单侧优势手部支持，自己会坐立起来	6—10月
直立		稍扶持圆背躯干，椎体可维持躯干坐姿控制	5—6月
		身体前倾，但利用双手前侧支撑地面，椎体可维持坐姿控制	5—6月
		可单手支撑地面坐立	7月
	稳定姿势控制	独立稳定坐姿	8月
		坐姿被推向前或向侧面时，会有伸手保护反射动作	8月
	功能性动作控制	随手部取置物，可将躯干随之重心转移控制	9月
		坐姿被推向后面时，会有伸手保护的反射动作	10月
	技巧性动作	可随意自由转动身体	11—13月

（3）上肢控制（1—10月）

俯卧	活动控制	利用前臂使肘部弯曲，将头及胸、腹部撑起	3—5月
	稳定姿势控制	利用双手支撑起上半身体重，将肘部伸直之上肢稳定支撑控制	6月
	功能性动作控制	匍匐爬行时，双上肢交替后退、前进动态控制	7—8月
		坐姿时，可随意双上肢协同取置物动态控制	9月
	技巧性动作	四点爬行时，上肢随意方向之支撑、活动控制	9—10月
仰卧	活动控制	躺着时手臂会挥动	1—2月
		双手可以在中线碰在一起	3月
		随着翻身，上肢会抬向翻身侧	4月

（4）骨盆控制（2—16月）

俯卧	活动控制	匍匐后退爬行	7月
		匍匐前进爬行	8月
	稳定姿势控制	四点爬姿	9月
	功能性动作控制	双手及双膝四点爬行控制	9—10月
仰卧	活动控制	两腿交替踢动	2月
		随着翻身，下肢会抬向翻身侧	4月
直立	活动控制	扶持身体站立，双腿能支撑全部重量	6月
		扶持手部可站立，拉着物品可站立起来	9月
		扶持站立，自己敢蹲坐下来、扶着家具侧行移位	10月
		牵着一只手可行走	11月
	稳定姿势控制	可独立高跪姿	11月
	功能性动作控制	可独立行走几步	12月
		可独立跪走几步	13月
	技巧性动作	可稳定行走及跪走、小步跑	13—16月

（5）下肢控制（2月—6岁）

直立	活动控制	膝、踝、足关节弯曲或伸展之协同控制（肌力控制能力 膝关节＞踝关节＞足关节）	2—10月
	稳定姿势控制	可独立稳定站姿	11月
	功能性动作控制	扶持下可以抬起一只脚	16月
		快走、倒退走几步	18月
		牵一只手自己会上楼梯	18月
		牵一只手自己会下楼梯	20月
		由蹲姿直接站起来	21月
		扶着栏杆自己上楼梯，两脚一阶	22月
		扶着栏杆自己下楼梯，两脚一阶	24月
	稳定姿势控制	单脚站立可平衡一秒以上	24—27月
	功能性动作控制	可单脚跳跃两次	28—31月
		独立一脚一阶上下楼梯	32—36月
	稳定姿势控制	单脚站立可平衡五秒	36—42月
	功能性动作控制	原地单脚跳	42—48月
		单脚连续向前跳	54—60月
	技巧性动作	可两脚交替跳绳	66—72月

2. 儿童早期发展阶段情绪互动六个里程碑

（1）六个重要里程碑

六个重要里程碑如下表所示。

六个重要里程碑观察检核表 *

里程碑一	自我调节及对世界产生的兴趣
里程碑二	亲密感
里程碑三	双向沟通
里程碑四	复杂沟通
里程碑五	情绪概念
里程碑六	情绪思考

（2）六个重要里程碑观察检核表——里程碑五：情绪概念

①使用两个或以上的概念组成一个假扮的剧情（如：发生卡车相撞，然后捡起一些小石头；玩偶互相拥抱，然后举办一场茶会，这些概念不一定要相关）。

②使用言语、图片、肢体动作，一次传达多个概念（如：不要睡，起来玩。概念之间不一定要相关）。

③使用以下方式传达愿望、意图及感受：口语；一系列的多种肢体动作。

④会玩有规则的简单动作游戏（如：轮流丢球）。

---

* 摘录里程表五、六的观察检核部分里程碑目标细化。

⑤表达两种或以上的概念时，会使用假扮游戏或口语以传达下列各种情绪感受：

- 亲密感（如，玩偶开口说：抱抱我，接着小朋友回答：我要亲亲你）。
- 愉悦和兴奋感（如，说一些好笑的话，然后开心地笑）。
- 好奇心（如，假装开着飞机在房子里疾驰，表示飞机要飞到月亮上）。
- 害怕（学军人拿着枪互相射击，然后纷纷中枪倒地）。
- 设定限制（要求玩偶在茶会中遵守规则）。

⑥利用假扮游戏，让自己从挫折中复原（如：玩吃饼干的游戏，可现实中却从来没有吃过）。

（3）六个重要里程碑观察检核表——里程碑六：情绪思考

①假扮游戏当中，能够将两个或以上的概念有条理地连结在一起，不管概念本身是否合乎现实状况（如：坐汽车到月球做客，而车子也真的能快速开向月球）。

②把大人的想法加入假扮游戏当中（如：孩子正在煮汤，大人问里面放了什么，小孩回答：石头和泥土）。

③谈话当中，能有条理地连结不同概念；这些概念能够合乎现实状况（如不想睡觉，想看电视）。

④能够开始并结束两个或以上口语沟通循环（如：想要到外面去吗？大人问：去做什么？回答：去玩）。

⑤会使用以下方法，连结两个或以上概念，有条理地传达自己的意图、愿望、需求或感受：

- 口语。
- 一系列的多种肢体动作（如：假扮一只生气的狗）。
- 触摸（如：在假扮剧情中，孩子假扮为父亲，给孩子很多拥抱）。

⑥会玩有规则的空间及动作游戏（如：轮流玩滑滑梯）。

⑦利用假扮游戏或口语，有条理地传达两个或以上的相关概念，以处理下列情绪感受：

- 亲密感（如：洋娃娃坏了，妈妈动手修理好）。
- 愉悦和兴奋感（如：说一些洗澡时的童言童语，然后开心地笑了起来）。
- 好奇心（如：好心的士兵寻找失踪的公主）。
- 害怕（如：看到妖怪，让宝宝玩偶吓坏了）。
- 生气（如：好士兵对抗坏士兵）。

⑧利用假扮游戏当中，有逻辑顺序的概念，协助从挫折中复原，如提出一种可以处理挫折感的方法（由孩子充当老师，指挥全班同学）。

第三章

教育康复整合课程形成的基本策略 ◁▷

教康整合课程形成有两个基本策略，一是工作分析，二是环境分析。

第一节 工作分析

人的生活、工作、学习由很多活动、工作构成。课程编制过程实际上就是不断进行工作分析与环境分析的过程。工作分析与环境分析多有交叠，此处着重从工作分析角度谈及。

一、工作分析所指

工作分析指对某一技能或工作（整体工作目标）依其顺序和构成所作的分析和分解（分为小阶段、小步骤、小目标），通过教学策略实施，进行多目标及最后目标的评量，至整体工作完成。是化整为零、化繁为简，再化零为整、综合分析、评量的工作。也是一种教育训练方法，分析评量项目与课程内容一致。

工作有大小之分，有宏观与微观之别。工作大到"培养德、智、体、美全面发展的新一代"，小至"学生会自己吃饭"，于是我们有了结果导向的目标模式和形成性生态导向的过程模式课程编制，也有了目标分类学的多类别目标、多层次目标形成的目标结构系统。这些行之有效的策略的核心思路源于工作分析。

二、工作分析的一般性运用

（一）运用工作分析法

1. 工作分析法运用范围

工作分析法运用主要基于两种情况，一是复杂的工作，二是学习者感到困难的工作。

当然，工作的复杂和困难程度因人而异。对一般儿童而言，工作分析法应用于普遍认为较复杂的或困难的工作上面，比如安装收音机、烹饪等。对特殊儿童而言，工作分析法应用就更广泛，因为他们认为复杂和困难的工作会更多些。如，聋儿语训需很细致的工作分析，智障儿童则需全方位的工作分析。从感知训练到生活自理、社会适应，常要依靠工作分析而获益。

2. 工作分析法较适宜的活动

工作分析法常用于操作性强的活动，比如生活自理技能、社区使用技能等，同时也可用于基本知识传授和部分情意教育。

（二）工作分析维度

工作维度常依具体工作而定，主要有以下维度。

1. 工作顺序分析

依达到最后目标的工作而定，如对"穿短帮便鞋"训练工作的顺序分析。（可配工作顺序图或照片）

> ·鞋口向上，鞋底平放在地上
>
>   鞋头向前，鞋跟靠近身体
>
>   左右放好，鞋拱向中央，鞋扣在外侧
>
> ·双后拇指和食指外侧握鞋口两边提，脚入鞋口
>
> ·用食指插入鞋跟向外拉开
>
> ·脚尖向前伸至鞋
>
> ·配合食指勾着鞋跟向上拉动作，脚跟踩入鞋跟

2. 工作构成分析

如"饮食"训练的工作分析：

> ·学生能咀嚼和吞咽食物
>
> ·学生能自己拿食物吃
>
> ·学生会自己喝饮料
>
> ·学生会自己用餐具取食
>
> ·学生会做饭前准备和饭后收拾
>
> ·学生能有适当的用餐习惯

3. 工作水平分析

如"掌握 10 以内减法"工作分析：

> ·会 3 以内实物减法
>
> ·会 5 以内实物减法
>
> ·会 10 以内实物减法

（三）工作分析包含的要素

工作分析包含着目标、内容、方法、过程、评量五大要素。

目标	明确某项工作的总目标。比如洗脸，工作的总目标是自己能主动去洗脸、会洗脸。
内容	工作由许多具体内容组织而成。洗脸这一工作需要帕子、面盆、水、香皂等，要学习用盆盛水，掌握用水量、调节水温，将帕子浸湿、拧干，在面部擦拭，倒水后，帕子、盆子归回原处等工作内容，工作内容也是工作的细小步骤，称为工作小目标、小项目。
过程	工作的完成是依序进行的，有开始、展开和结束几个阶段。工作内容的开始至结束的动态系统就是工作全过程。
方法	工作过程运用何种方法，比如：别人手把手教，全协助、半协助、口头提示、模仿、集体练习、自己尝试等等，来完成工作内容的过程。
评量	工作分析的内容、形成的小目标，在教学前、中、后均应有评量以保证教学有始终，有可靠的依据。

（四）工作分析法运用步骤

1.确定工作最后目标

确定工作最后目标，实际上是指对什么活动做工作分析，这在教学活动一开始就应明确。

工作分析的原则是：工作目标需要明确，整个工作分析才能良好进行。应注意，工作目标不能太泛、太宽，要有一定限制。生活自理训练，作为工作分析的大目标就显得空泛，不好把握，将生活自理训练分为盥洗、入厕、衣着、整饰、饮食等。列为工作分析目标，就显得切近、明确、易于入手得多。

2.分析工作最后目标（活动）

工作分析依据有四点。第一，分析工作本身。工作分析的首要依据是工作本身，比如："扫地"工作分析，主要针对此项工作分析，不是针对学习者而作。第二，看专家操作。其目的是使工作分析更准确，专门人员在此项操作上标准、纯熟，可以以正确顺序记下所有步骤。比如：骑三轮车、织毛线等。第三，自己操作。教师可以将该项工作，有意识地亲自操作。仔细分析各步骤，作好记录。第四，联系学生实际，依其需求作工作分析，针对盲生的准时进教室作"听到铃声"，而针对聋生说来则是"看时钟，看灯光提示"。

选择工作分析维度。按目标（活动）的性质，确定是按顺序分析还是按活动构成分析，是作水平分析还是取综合的分析。维度选择，决定了工作分析呈现的形式。

3. 排列目标（活动）序列、梯次

在对活动本身进行分析，并在选择了分析维度的基础上，便要将最后目标化整为零分解成小目标、小步骤，并排列前后梯次。

梯次排列（项目排列）原则是：第一，依工作本身自然构成梯次，由易到难，由简单到复杂，如"穿短帮便鞋"的工作梯次排列。第二，依技能形成过程的规律由基础到高层次，如"饮食训练"咀嚼吞咽食物的最基本的技能是基础，故排在最前；"做饭前准备和饭后收拾""适当的用餐习惯"是对饮食品质的要求，是高一层次的、更复杂、难度更大的训练，故排在最后。第三，了解学生需求及水平，决定梯次排列跨度。一般情况下正常儿童工作分析序阶、梯次，排列跨度可大些，特殊儿童教育工作分析应该细密、跨度小些。

各梯次（项目）排列之后，应对所理项目有整体检核，可以从以下方面考虑：项目设置是否遵循了工作本身的逻辑顺序；项目排列是否按序阶、递次、因果联系、易、难、低、高排定；项目间有无遗漏关键和重要的步骤；项目是否过于琐碎、繁杂，有无可以删除的多余项目；项目跨度是否合乎自己学生的实际需求；各分项目与最后目标的联系是否紧密，有无整体感受。

4. 叙写项目（目标）

决定了项目的排列与分布后，需要有对项目的表述，即项目叙写。项目叙写首先应可观察，尽量将目标以外显动作描述出来，如"跳三十厘米远""说出三种动物名称"。项目叙写要可评量，一般能够观察的目标比较好评量。目标叙写尽量能反映怎样做，比如：鞋带打结训练第一步"将叠在上面的鞋带末端绕过另一边鞋绳，并穿过有洞的位置等"。

5. 设置评量

工作分析的内容是训练、学习的内容，是我们对教育情况评量的内容。工作分析研究同时，教师评量也在进行。为强化工作分析的评量功能，应该在每个分项目标之后，设置评量栏，便于学生和教师及时、准确掌握情况。如："读的能力"中"阅读基本能力"分析评量。

代　号	教学目标	检核评量
1	学生能注意看图片或文字	
2	学生能分辨不同的图形	
3	学生能分辨不同的单字	
4	学生能分辨不同的词语	
5	学生能分辨不同的句子	
6	学生能自一堆字或图形中找出指定者	
7	学生能对特定字或图形作出联结反应	

设置检核评量栏的目的，是在教学过程中能及时记下学生的学习情况，找到学生学习困难之处，确定教学起点和内容，决定某阶段的学习目标。设置检核评量栏的同时，应有评量标准的拟订，便于评量进行。

6. 实施教学

首先，实施教学前先对学生作一教育诊断（按拟出的评量检核），据此设计教学活动。其次，按教学活动设计、运用教学法。

常用的教学法有顺序法和倒序法，又称为正向连锁法和反向连锁法。顺序法指按工作顺序，学生先做第一步，教师则完成后面步骤，学生一步一步学习，直至达到最后目标。倒序法则指教师操作前面步骤，将最后一步让儿童完成，以后递次倒着前推两步、三步，让学生完成。最后让学生独立完成全部工作，这种方法是为了给学生一个完成了全部工作的感觉，增加他的信心，比如教师协助穿好了衣服，将最后一步"拉好衣边、衣角"留给学生做，学生做好了就赞扬他："衣服穿好了，真棒！"学生会认为，自己在整个穿衣过程中有很成功的表现。

· 教学中应运用"四段教学法"。在学生需要协助时给予恰当帮助。

· 当学生学习中遇到比较难于突破的困难时应该寻找原因。是生理机能上的问题？教学法不当？工作步骤排列的问题？应有应对，作个别补救教学？还是建立新的支持系统？

· 配合口诀记住步骤。工作分析教学中教师不断重复或让学生也学会不断用口语，重复工作口诀，配合相应动作，如"摆好左右鞋，脚往里面蹬，轻轻提鞋帮"。

· 重难点练习与整合练习，教学中有的活动是连续式的，有的是独立式的，可以从中抽出关键环节训练，如洗手、开水龙头。有时可针对重难点专门练习。应注意的是，在分解练习后，必须要有整体的整合，这是一个再学习、训练的过程。

· 评量应伴随教学始终，教学全程都应有评量，否则教学易陷于盲目。

续表

> ·一致的教学程序。工作分析教学中要保证各位教师及家长，对同一训练目标在教学程序上的一致性，及教法、要求的一致性，这会影响教学的速度和成功率。

三、运用工作分析形成课程整体结构

依据树枝状工学分析模式，结合课程编制中的目标体系，按教育目的→培养目标→课程目标→教学目标搭建课程整体结构。

例如某课程培养目标是促进学前儿童成长发展课程。在此培养目标下，进行工作分析形成该目标下的层层下位目标。

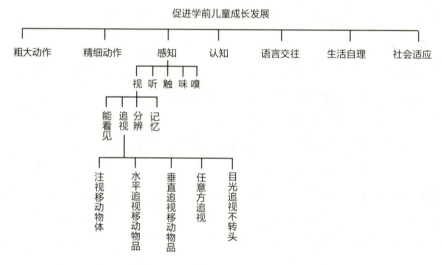

四、运用工作分析形成具体的教学目标

以"会洗手"为目标作工作分析与评量如下表所示。

	教学目标	检核评量				
1	打开水龙头					
2	将水量调至适当					
3	卷起袖子					
4	将手伸至水龙头下打湿					
5	将肥皂、洗手液涂到手上					
6	搓手心、手背、手指缝					
7	冲洗手					
8	关水龙头					
9	擦干手					

五、整合工作分析、形成个别化教育课程

工作分析是指解读、运用课程的思维脉络，让我们理清课程各项的平行关系及隶属关系，充分运用课程评量，进行教育诊断，拟订个别化教育计划、设计、实施教学活动。

工作分析是开发个别化教育课程的必备能力，工作分析帮助我们对整体性大目标的确立与建构，工作分析存在于生活活动的所有情景与情节当中，特教课程设置、目标、建议需教师与家长、学生在最真切的活动、互动中分析，形成更为可靠有效的教学内容、方法，即个别化教育课程。

六、工作分析思路下更专门化、专业化的课程形成

工作分析思路的整体观下的层层分解可以从某一活动或工作出发引出更扩展、更深入细致的专门化和专业化课程，如粗大动作、姿势控制（头部控制、坐姿、站姿、跪姿、蹲姿控制）、移动力（翻滚、四肢爬行、跪行、臀行、走、上下楼、跑、跳）。在动作训练课程中再细化为头直立、双手支撑、侧翻身、一手支撑坐、坐、坐立起、四点爬姿、爬行、高跪、跪走、半跪，交替半跪、行走、半跪站立起、双脚跳、蹲走、单脚站、蹲跳、单脚跳，分出头颈控制、躯干控制、上肢控制、骨盆控制、下肢控制五阶段。

第二节　环境分析

一、环境分析释义

将人置于其生活、工作、学习环境中呈现人与环境的互动状态而生成教育内容、支持系统等。

二、环境分析特点

（一）从尊重生命的人生观、价值观着眼

环境生态课程从回望过往，面对当下，开创未来的真实生活着手，特殊教育

环境生态课程在思考，在心领神会当中凝聚对人生的理解，特殊需求儿童是我们的良师，让我们看到丰富多彩、多样态生命表达，特殊教育教师深知特殊教育在更广阔的层面做恢宏人性的努力，只有秉承对生命尊重的人生观、价值观，根植在真实生活、情景中形成的生态课程具体、生动、鲜活，带着旺盛的生命活力，这才是直达心灵、深入生活的课程，这是树立理想、实践理想的课程。

（二）从人与环境关系切入的量身定做的个别化课程

环境生态课程将学生置于他的生活环境中，真切分析人与其环境之间的关系，环境对学生的影响，人对环境的认知、理解、运用，从而生成属于"这一个"的教育内容、教育目标。课程评量、设计等均来源于、服务于人的现实生活需求，是量身定做的高度个别化的课程。

（三）形成性、现场性课程

1. 形成性课程

特殊教育环境生态课程是形成性课程，形成性课程以预设性课程为基础，有对预设性课程运作、实践的经验，深谙其中的利弊、短长。形成性课程在教育观、宏观教育目的引领下，突破预设教学目标，预编固定教材，预定教学设计和评量，教学全程均由教师主宰和操控的藩篱。生态化形成性课程的编制者是教师与学生，教学目标、教学内容经教师与学生在讨论、在聊天当中、在活动当中互动生成。教材和教具、学具多由生活中、活动中的相关人、事、物构成，是活教材、活教具，能即时编排，即时运用、增删。

2. 现场性

教学环境是真实的家庭生活、社区生活、学校生活，教学时间与空间尊重自然时间表和日常生活的常态活动。极具现场性、真实、直观、情景性强使在教学（或活动中）教师与学生（人与人）之间的互动、应答，有智慧、有追问、有情感、有气息、有温度。具形成性、现场性的环境生态课程的动态、弹性、灵活，因时、因地、因人、因情景而调整。

3. 师生共同经历

环境生态课程的形成可能不在计划内，而在生活当中，生活本身牵着课程走，比如：百年不遇的水灾，突发的大地震，是所有计划都无法做到的，但在生活中发生了，此内容就应立即纳入教学活动当中，暂停原计划的内容。

环境生态课程是师生共同经历、经验的课程，比如当抗灾、救灾进入课程中，师生共同关心灾情，通过电视、报纸、新闻共同收集资料，讨论如何参与、捐物、捐钱、腾出房屋让灾民入住、参与慰问灾民的社区活动，听解放军讲救灾的故事，进行灾后重建的宣传工作、义务劳动等。师生在共同经历紧张、担心、关心关怀、激动、感动、行动当中，经历着成长，经历着生活本身。

环境生态课程在探索中向生活学习，善于不断总结、不断修定，在吸收中记取、在分辨中扬弃。

4. 可持续发展

环境生态课程带来可持续性发展，师生共同建构知识课程具体至一节课，也有一天的教学生活，更有月月年年，假以时日对学生一生的关注，既有对学前的教育、康复，学龄的适应性，职业、成人的教育、工作、生活、医疗等的关注，又有对学生在学校的生活，还有针对他的家庭、社区生活的关注，这是有阶段性还有连续性的生活本身。生态课程相信，开始是旧的结束，结束是新的开始，连缀这一切的是永续不断、生生不息的生活与生命。

5. 顺应生活与自然

环境生态教育课程顺应生活、生命中的自然性，追求真善美。生命生活在一种自然状态里形成发展，有真实和实质性，有基本规律，具潜能和生命力，是先天和后天结合的自由的美的表达。教育只可顺应，不可悖逆。其一，生态课程尊重学生个性特点和个别化教育需求，尊重学生的兴趣、爱好，允许学生从自己起点出发，按自己的学习速度、学习风格，采用自己的学习方法表达自己的学习目标，教育中首先接纳学生的一切，对学生一般问题，不作快速、强力改变，顺势利导、点滴积累、形成习惯。该课程认为教育不是让学生按预设模式生长而是会心地看到他成为他自己。其二，在教学环境上环境生态课程主张在哪里用就在哪里教，何时用就何时教，教学内容与学生的生活经验、生活环境紧密相关，教材教具教学资源生活化，而真实或模拟情景教学成为该课程的首选。其三，该课程在对待外部世界时，相信自然界是一个循环系统，万物生于斯、长于斯、归于斯。遵循自然法则。故而提倡生活、教育中珍惜、节俭、纯朴、资源回收、再利用，生态课程希望看到人性回归促进教学与师生日常生活的交融亲近，且能感受自然美、人心人情美，并追求美、表达美、创造美，教学成为师生生活的部分，生命的部分。

（四）充满智慧的课程

环境生态课程灵活而有弹性，处处充满智慧。环境生态课程敏锐地感知生活并有正确的判断与选择。面对障碍和困难，不言轻易退缩，也不会鲁莽行事，而是观察、分辨、抉择之后对应其规律特点或顺应或改变或调整。环境生态课程的一大特点在于不断产生解决问题的策略和方法，用生活智慧、学习及工作智慧去面对多种问题，化解种种矛盾，获得生活中人与人、人与环境的沟通、合作、平衡、协调，获得和谐、幸福的美好生活及人生。

（五）创造且丰富、建构支持系统

1. 创造且丰富教学和生活

特殊教育常落入"特殊学生学会一般生活就不错了"的俗套，形成生活的创造性、丰富性于这些学生无太大关系的刻板印象，由于对特殊教育课程误读，而出现教育停留在知识、技能的传授，停留在对生活的简单刻录与拷贝，其后整个教学与生活在大量简略中凝滞，日复一日，厌教厌学使师生身心疲惫，思维固化。特殊教育环境生态课程植根生活，师生双方在生活中的学习，核心是创造。其一，他不会仅作生活的纯模仿，而是用自己的眼、耳、鼻、舌、身感知、观察生活，用自己的知识经验通过头脑去选择、理解生活，用自己的心灵与感悟，表达创造自己的生活；其二，环境生态课程不满足教学及生活停留在一个水平上，在创造中求变、求新，不断丰富、进步。比如江津向阳儿童中心师生为奥运会所感动，师生共同讨论出举办"向阳运动会"。这一主题使学校、家庭、社区都行动起来，这一主题整合了向阳每一天的教学和生活。从收集奥运会标志，自己喜爱的运动项目，喜爱的运动员照片，制作剪报、墙报、纪念册，讨论向阳运动会从项目设置、程序、规模、时间地点、参加人员，到分出运动项目组，设计开闭幕式，对外联络等小组。学生自愿报名参加各组别，并选择自己喜爱的运动项目。而后向阳运动会在市体育场举办，庄严的出场式，"农庄之梦"的表演，所有学生参与的独具特色的比赛，激动人心的领奖仪式，在这里教与学的智慧冲决一切障碍与束缚。自由、奔放，创造使丰富的生活之门洞开，教学与生活走出了简单重复，变得五光十色，兴味盎然，师生们收获了自信对生活充满了希望与乐趣。师生在属于自己的向阳运动会上，享受属于自己的快乐、美好的生活。

从来教师是教室的权威，发展到极至是教室的统治者。学生是受制者，被统治者。教师是知识的代言人，是知识的传授者。学生是知识的接受者。而师生双方均在教科书所呈现的知识范围内经教师先行加工后传给学生，形成所谓的教与学。教学双方均处于被动状态。教师很少过问我为什么要教这些内容而不是其他？学生也绝少置疑我为什么要学这些而不是其他？被动的教与学远离生活，双方均受伤害。特殊教育生态课程中师生是平等的，相互尊重的互动、和谐关系。教师是组织者、引导者、协调者、答疑者、倾听者。教与学是师生共同主动地感知、理解、创造、协商知识、建构知识，"协商"本着民主、自由、尊重，提出问题经沟通、讨论、各抒己见进而解决问题。"建构"意味新知建立在旧识基础上。学生知识获得过程有老师、同学的支持协助、提示，学生能主动发现和主动学习，教学结构发生改变，伴随教师观、学生观、教学观的更新，引发了学生合作学习，教师协同教学，引发了综合的教学活动，创造性教学的开展。

2. 建构支持系统

互动与支持则是特殊教育教学达致协调、有效的关键。特殊教育生态课程力图让师生间、学生间、教师间、师生与环境形成含自我支持、自然支持的支持系统，其中自然支持系统充分发挥其生态环境里的人、事、物的迅捷、深广、自然性与亲近性，自我支持是支持的核心，在提升特殊需求者生命生活质量的同时，追求教育及社会和谐理想的实现。

（六）与家庭生活及广泛的社区（会）生活联系

环境生态课程认为学校—家庭—社会的生活链是相通、互动、循环、交融的协调关系。学校作为生活链中的一环，不可与家庭、社会生活疏离、隔绝。生态课程要协调家庭教育，进入家庭教育。环境生态课程的社区（会）化特点，使教学场景进入社区，教学内容比如购物、付款、结账等反映社区生活。教材取自社区如：社区的红绿灯交通标志、人行横道线。社区学习中售货员、交通警察、医生成为教师，而学校教师、学生则走出学校，发展对社会生活的观察力、敏锐力，发展理解协调及社会交往能力。

（七）在讨论选择中形成的自我引导课程

培养学生自我引导能力是特殊教育环境生态课程追求的境界。环境生态课程尽量避免有意无意剥夺学生自我决定权利的越俎代庖式教育，给学生大量选择机会：吃水果时让学生在苹果、梨当中挑选，画画时准备铅笔、蜡笔、水彩笔让学生选一种使用。同时多有讨论，春游去何处同学们讨论决定，教室常规同学们协商执行。从小处着手，让学生在自我判断、自我决定、自我表达中感到自我掌控的过程和结果，逐步形成对自己选择负责任的自我调控和自我尊重，学生能坚持完成那些应该做，必须做，但有困难的事，而不做那些想做但不能做的事，能延迟可以做但现在条件不允许的事。这种予以充分授权，导向自我和谐，与环境和谐，尊重特殊儿童自我发展的课程表现了特殊教育的新思维和新行动。

三、环境分析分类

（一）进行环境分析

生态课程重视人与环境的关系，一方面人在环境中生活，故要适应环境。同时环境欲影响人、服务人，所以环境要调整、建设。生态课程的形成，离不开对环境的依赖，对环境的认知，理解和运用与融合。环境分析观念与技术，成为生态课程形成性建构的保证。本文从环境层次构成，环境范围构成。环境对人的影响作用，环境以及对应的活动等角度，进行了环境分析。

（二）多元环境分类

以环境性质分为：自然环境和社会环境以及两环境综合；以环境的大小分为：宏观、中观、微观环境；以环境的范围分为：家庭、学校、社会环境；依环境时态有：过去、现在（目前）与未来环境；依生涯发展来看有：早期生活环境、义务教育阶段、职业教育环境、成人生活环境；顺序性环境，一日生活环境，教室环境，课堂教学环境（解题、答题、作业练习等环境），而人与环境的基本关系结构是：某人／何时／何地／与谁在一起／做什么／怎么做／做得怎样／从生态课程角度，则应据此给出教育建议。

四、环境分析课程

我们可以通过一日活动分析，了解学生生活，形成生态课程。人的生活在日积月累当中度过，一天一天，一月一月，一年一年，是生活构成的单位时间，故对学生一日活动进行分析和调整，实则是与该学生一起经历、创造生活，对一日活动分析可以时间为序，可以空间为序，也可以活动为序进行。生态课程的形成主要经过如下流程：

确立个案→分析个案的生活环境（家庭、学校、社区／人、事、物多元分析）→呈现个案在某环境中的互动状态→形成教学目标内容→在该环境中形成支持系统→执行教学。

（一）课程设置项目

"孩子与谁""何时何地""做什么""怎么做""做得怎样"，即了解学生与何人在具体的时空从事什么活动，并了解是如何做的，要求多次观察学生在此环境、场合下的行为后再作文字记录，记录尽量准确、精练，这几个栏目联系在一起，了解学生在常态环境下进行日常活动时，现场真实行为表现，又弥补了诸多课程评量，只给等级分值，缺乏对学生本人在此环境下的行为表述，对行为环境了解不足的缺失。

"与同龄人比较"为评量栏，承接前项，作用在于将学生在一定环境中的行为表现作等级评量，参照系是同龄人，分为"好""一般""差"三个等级，以反映学生目前行为在儿童群体中的水平。

"建议做法"寻找教育策略与建议。"可提供的支持"呈现支持措施，建议支持系统。

（二）一日活动生态课程形成实例

1. 以时间为序的一日活动分析（部分）

学生：×××　　　　　班级：　　　　　性别：　　　　　年龄：

孩子与谁	何时	做什么	怎么做	做得如何			现在做法	建议做法	支持
				好	一般	差			
父母	下午 4:30	回家	父母接回家，有时带去逛商场。常见啥说啥，手东摸西摸。知道买东西要给钱，爱与人打招呼。				制止，用声音或打他的手	请工作人员制止，让他挑选，帮大人提物，手少空闲，让他付款（孩子喜欢）。	商场工作人员 父母
	6:00—6:30	回家作业	母亲做晚饭，自己一人写作业，不乱跑。						
父母	6:30—7:00	晚餐	吃饭慢，不爱吃鱼、肉，不停说话。				父母口头提醒或制止	饭菜有变化，父母减少说话，承诺少说快吃后做他高兴的事	父母
父母	7:00—9:00	客厅	打开电视但不爱看，只看广告、气象、武打，反复玩小车或踢球。				父母口头说：只会玩这一种就不会玩别的？	家长与他一起玩，做汽车游戏或在讲故事中玩，应答对话或玩奥托、夏利比赛等。	父母 同学
父母	9:00—9:30	洗漱就寝	父母嘱咐，能自己洗漱，就寝自理。						父母

2. 以空间为序的一日活动分析

也可以空间为序作分析，如家庭环境的客厅、盥洗间、卧室、房外走道、餐室、孩子房间、阳台、厨房等进行相关活动的观察、记录。

家庭环境以"客厅"为例的环境分析如下：

客厅是家庭活动的主要场所，人员交汇多、功能多、面积相对大的空间。

主要活动：接待来客，与朋友一起玩，家人、亲友一起摆谈聚会、休闲、娱乐、看电视、整理、清扫、安全教育。

环境要求：充分表现主人的兴趣、爱好和性格，地面平坦、防滑，洁净、通风，有较舒适方便的坐椅、茶水等。

教育建议：①家庭客厅往往连接大门，须教孩子防盗、防陌生人等安全教育并教给应对方法。②给孩子接待客人的机会，教他问候打招呼的动作、语言，家长热情接待客人，让孩子学习或让孩子与你一起接待客人。可让孩子主动请小朋友来玩。③一家人在一起除摆谈玩耍外，要有意识地让孩子关照大家，给大家发糖、发水果，并给孩子以表扬，常与孩子一起玩，教给他多一些娱乐方法。④具体活动指导见儿童发展训练相关领域。

请分析你的孩子在客厅的各种活动情况并决定教育顺序（空横行处加入你家特有客厅环境及活动）。

孩子与谁	何时在何处	做什么	怎么做／做得怎样	与同龄人比			教育建议	说明
				好	差不多	差		
	客厅	接待来客						
	客厅	与朋友玩						
	客厅	与家人一起						
	客厅	休闲、娱乐						
	客厅、坐椅	看电视						
	客厅	整理清扫						
	客厅大门	关开门						
	客厅	对陌生人						

3. 以活动为序的一日活动分析

以活动为序的环境分析如从社区环境中到小朋友家玩，过马路、搭公交车、购物、使用文化娱乐场所、使用社区常用公共设施。下面是一份以家庭和社区活动为序的环境分析。

地点：陕西洛南县；儿童姓名：XT；性别：男；年龄：5岁；调查时间：2007年1月5日

	目前做法	建议做法	提供支持的人、时间、空间、物资
起床	1. 不能按时起床，需要妈妈叫起。 2. 单衣、鞋袜自己能穿，棉衣、鞋袜需妈妈帮助穿。	1. 应在卧室里放有钟、表，让孩子养成按时就寝、按时起床的好习惯。 2. 先让孩子认识上衣、裤子、袜子、鞋的正反、前后及各部位名称，然后在妈妈的口头提示下让孩子自己完成脱衣服。	1. 妈妈、奶奶，偶尔还有爸爸。 2. 早七点。 3. 在卧室床边。 4. 上衣、裤子、袜子、鞋。
入厕	夏天自己能完成入厕、解便，便后处理需妈妈帮助完成；冬天入厕部分由妈妈协助。在校由老师、同学协助。	1. 教孩子识别男女厕所标记，能按自己的性别入厕。 2. 脱裤子至适当位置，解便入槽。 3. 擦拭大便时草纸折叠三层，便后自前往后擦拭，可先由家长擦干净，再教孩子照着擦，反复教。	1. 妈妈、奶奶、老师。 2. 自然解便情景中。 3. 卫生纸、厕所。
盥洗	夏天自己能洗手、脸，刷牙需要妈妈帮助。冬天完全是妈妈协助。	1. 教给孩子盥洗的各种技能的同时，要按固定的顺序完成，并且要有速度的要求。 2. 各种物品使用后，要求放回原处。 3. 尽量让孩子自己完成，家长不过分代劳。	1. 妈妈、奶奶。 2. 7:30分，在房间洗漱的地方。 3. 牙刷、牙膏、口杯、镜子、温开水、洗脸盆、毛巾、香皂。
吃饭	自己能用勺子和筷子吃饭、不用协助。不挑食。在吃饭前和吃完饭后，能够自己把碗端到桌上和端回灶房。有时还擦桌子。	1. 教给孩子一些饮食常识，哪些食物有营养，应怎样吃。 2. 吃饭时教孩子进餐礼仪（不抢食、不翻菜等）。 3. 要教孩子以正确的坐姿进餐，要注意卫生。	1. 妈妈、奶奶、爸爸。 2. 进餐的时间。 3. 在餐桌上。 4. 碗、筷子、勺子。
上学	家长送到学校，并且还陪读，写字要老师、妈妈帮助。	1. 要送孩子到校。 2. 不能再陪孩子进课堂，要教育孩子独立在校的习惯，这样孩子就可能乖一些，进步快一些。 3. 不能再陪孩子进课堂，要教育孩子独立在校的习惯，这样孩子就可能乖一些，进步快一些。	1. 妈妈、奶奶、爸爸、叔叔。 2. 上午7：30分、下午1：30分到校。 3. 上学的路上、校园内。 4. 教室、桌、凳、书、作业本、笔。
放学	家长接孩子回家，有时带去商场，有时逛街，不爱说话，不与人打招呼，不知道在什么情况下才能过马路。	1. 要教孩子认识回家的路，并按时回家。 2. 要教给孩子一些横穿马路的方法与基本知识。 3. 要孩子主动与熟人打招呼。	1. 父母或奶奶。 2. 上午10：40，下午3：40。 3. 回家的路上。

续表

	目前做法	建议做法	提供支持的人、时间、空间、物资
作业	从来不主动做作业，每次都要妈妈督促、帮助。	要教育孩子懂得完成作业是自己学习的任务，并且要自己独立完成作业。	1. 父母。 2. 晚上和双休日。 3. 自己房间、作业本、笔。
休闲	看电视、爱听音乐，喜欢唱歌，多半时间与村里小朋友玩，有时妈妈还带着去生态园玩。	1. 孩子能唱歌，除了唱可以教孩子朗读、打节拍，教孩子相关动作。 2. 尊重孩子的休闲选择。	1. 父母。 2. 休闲时间。
就寝	一般晚上8—9点能按时睡觉，在盖被、脱衣方面还要妈妈的协助。	1. 教孩子拉开被子、进被窝，盖好被及叠被理床，做顺序性练习。 2. 教孩子自己脱衣、穿衣，家长不要代劳。	1. 父母与奶奶。 2. 晚上8—9点。 3. 卧室。 4. 床、被褥。
社区活动	目前孩子在社区活动中，只知道找村里的小朋友玩，能认识个别的社区场所。	1. 首先用图片教孩子认识社区场所，然后实地教认商店、公厕、马路等。 2. 要教孩子了解社区各种公共设施（名称、功能、地点、特点），了解认识各类公共设施中工作人员的职业工作标志，使用几种公共设施。如：商店、公厕、交警、场所及服务人员。	1. 父母。 2. 家庭、实际社区环境与设施。 3. 与社区有关的图片、字卡。
其他（可根据儿童生活填写）			

第四章

教育康复整合课程结构 ◁▷

教育康复整合课程由教育课程、康复课程、个别化教育教学三部分构成。如图 4.1 所示。

图 4.1　教育康复整合课程结构

教育课程着重呈现发展性课程、适应性课程、职业教育课程。代表特殊儿童从学前到学龄到职业教育各阶段的教育目标、内容。同时看到生涯成长的贯通性轨迹。康复课程涉及面广，包含动作、语言、艺术调理、心理咨询、科技辅具等相关服务。

个别化教育与教学形成教育康复整合课程是教育课程、康复课程的实际运用，教育康复整合只有通过针对个案的个别化教育诊断评量、个案会、个别化教育计划的拟订（确定个案的教育教学目标）以及与个别化教育计划配套的支持协助学生成长的个别化支持计划（多与康复相关）的拟订与执行。可以说，教康整合是个别化教育教学的需要，也可以说个别化教育教学启动了、整合了教育康复。教育、康复的整合贯穿于个别化教育教学的全程，同时，深入到了个别化教育教学流程的每一个环节。所以，教育康复的有效性可增加个别化教育教学的有效性。

以下分别介绍特殊教育阶段性课程（发展性课程、适应性课程、职业教育课程）和康复课程（粗大动作、精细动作、感官知觉、沟通、情绪行为）及个别化教育教学生成的教康整合课程。

第一节　特殊教育阶段性课程

一、发展性课程目标总览

这里主要以针对学前、学龄前期身心障碍儿童个别化教育课程教学目标总览为例。

身心障碍儿童个别化教育课程教学目标总览 *

感官知觉
- 视觉的运用（视觉敏锐）（视觉追视）（视觉辨别）（眼手协调）（形象背景的区分）（视觉记忆）（空间关系）（视觉统整）
- 听觉的运用（听觉敏锐）（听觉辨别）（听觉记忆）（听觉顺序）
- 触觉的运用（触觉敏锐）（触觉辨别）（触觉记忆）
- 味觉的运用（味觉敏锐）（味觉辨别）（味觉记忆）
- 嗅觉的运用（嗅觉敏锐）（嗅觉辨别）（嗅觉记忆）

粗大动作
- 姿势控制（头部控制）（坐姿控制）（站姿控制）（跪姿控制）（蹲姿控制）
- 移动力（翻滚）（四肢爬行）（跪行）（臀行）（走）（上下楼）（跑）（跳）
- 运动与游戏技能（球类运动）（垫上运动）（游乐器材）（绳类游戏）（轮胎游戏）（投掷游戏）（循环体能）（大道具游戏）（体操）（溜冰）（游泳）（其他）

精细动作
- 抓放能力（拇食指捡取）（放置物品）（腕部旋转）（双手协调）
- 作业能力（堆叠能力）（嵌塞能力）（顺序工作能力）（顺序套物能力）
- 工具的使用（开关容器）（使用文具）（仿画线条）（黏土造型）（折纸）（使用剪刀）

生活自理
- 饮食（咀嚼和吞咽）（拿食物吃）（喝饮料）（用餐具取食）（做饭前准备及饭后收拾）（适当的用餐习惯）
- 穿着（穿脱鞋子）（穿脱裤子）（穿脱衣服）（穿戴衣饰配件）（使用雨具）（依天气场合及需要适当穿着）
- 如厕（上厕所小便）（上厕所大便）
- 身体清洁（洗手）（洗脸）（刷牙）（梳头）（洗澡）（洗头发）（擤鼻涕）（使用卫生棉）（刮胡子）（剪指甲）

沟通
- 内在语言（注意力）（学习动机）（静坐等待）（模仿能力）（遵从指示）（适应能力）
- 听的能力（听的基本能力、听前准备）（对名词适当反应）（对动词适当反应）（对短句适当反应）（对否定句适当反应）（对形容词副词之短句适当反应）（对疑问句适当反应）（对两个以上句子适当反应）
- 说的能力（说的基本能力、说前准备）（说出常用名词）（说出常用动词）（说出简单之短句）（说出有形容词副词之短句）（说出简单否定句）（说出简单疑问句）（说出两个以上句子）（表达技巧）
- 读的能力（阅读的基本能力、读前准备）（认读环境中常用视觉字）（认读常用名词、代名词）（认读常用动词）（认读简单短句）（认读简单否定句）（认读简单疑问句）（认读两个以上之句子）（认读重要文字或符号）（有正确的阅读技巧）
- 写的能力（书写的基本能力、写前准备）（仿画国字部首）（仿画简单国字）（默写常用名词、代名词）（默写常用动词）（默写简单句子）（默写简单否定句）（默写简单疑问句）（默写认读两个以上之句子）（默写其他重要文字或符号）（有正确的书写技巧）
- 非语言沟通（依别人之动作、手势行事）（以其动作、手势表达需求）（依别人手语行事）（以打手语表达需求）（依图、照片之指示行事）（能以图、照片表达需求）（依符号行事）（以出示符号表达需求）（依图文字之指示行事）（以文字表达需求）（以其他方式与人沟通）

认知
- 物体恒存性（物体恒存性）
- 记忆力（经历事件之记忆能力）（物品操作之记忆能力）（地点位置之记忆能力）（物品所属之记忆能力）
- 配对和分类（相同物品配对和分类）（立体形状配对分类）（依大小配对和分类）（依颜色配对和分类）（依质料配对和分类）（配对和分类不同的条件物品）（图片配对和分类）（比较 X 项和 Y 项）（依功能分类）
- 顺序（依顺序排列物品）（依序完成活动）
- 解决问题（设法取得物品）（寻求帮忙）（应用所学）（自我修正错误）（了解因果关系）

社会技能
- 数的应用（数的概念）（数数）（认识数字）（运算）（测量）（金钱概念）（时间概念）
- 人际关系（打招呼）（团体活动）（介绍）（尊重别人）（约会）（求助人）
- 家事技能（清扫）（清洗器具）（清洗衣物）（整理物品）（烹饪）（缝纫）
- 社区技能（认识社区）（使用交通设施）（使用商店）（使用公家单位）（参与社区活动）
- 休闲活动（音乐）（阅读）（绘画）（手工艺）（运动）（旅游）（桌上游戏）（影视）（写作）
- 身心健康（生理健康）（心理健康）（性行为）
- 安全（交通安全）（电器安全）（用火安全）（药剂安全）（食物安全）（提防陌生人）（火灾安全）
- 职前技能（工作意识）（工作态度）（工作品质）（处理薪资）

---

* 资料来源：双溪启智文教基金

二、适应性课程的课程纲要目标大系

这里主要以针对学龄期儿童的特殊儿童适应性功能教育课程纲要为例。

特殊儿童适应性功能教育课程纲要 *

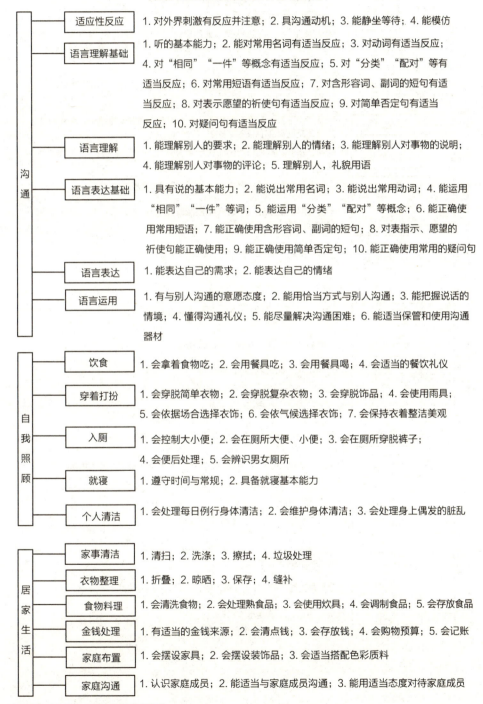

适应性反应 1. 对外界刺激有反应并注意；2. 具沟通动机；3. 能静坐等待；4. 能模仿

语言理解基础 1. 听的基本能力；2. 能对常用名词有适当反应；3. 对动词有适当反应；4. 对"相同""一件"等概念有适当反应；5. 对"分类""配对"等有适当反应；6. 对常用短语有适当反应；7. 对含形容词、副词的短句有适当反应；8. 对表示愿望的祈使句有适当反应；9. 对简单否定句有适当反应；10. 对疑问句有适当反应

语言理解 1. 能理解别人的要求；2. 能理解别人的情绪；3. 能理解别人对事物的说明；4. 能理解别人对事物的评论；5. 理解别人，礼貌用语

语言表达基础 1. 具有说的基本能力；2. 能说出常用名词；3. 能说出常用动词；4. 能运用"相同""一件"等词；5. 能运用"分类""配对"等概念；6. 能正确使用常用短语；7. 能正确使用含形容词、副词的短句；8. 对表指示、愿望的祈使句能正确使用；9. 能正确使用简单否定句；10. 能正确使用常用的疑问句

语言表达 1. 能表达自己的需求；2. 能表达自己的情绪

语言运用 1. 有与别人沟通的意愿态度；2. 能用恰当方式与别人沟通；3. 能把握说话的情境；4. 懂得沟通礼仪；5. 能尽量解决沟通困难；6. 能适当保管和使用沟通器材

（沟通）

饮食 1. 会拿着食物吃；2. 会用餐具吃；3. 会用餐具喝；4. 会适当的餐饮礼仪

穿着打扮 1. 会穿脱简单衣物；2. 会穿脱复杂衣物；3. 会穿脱饰品；4. 会使用雨具；5. 会依据场合选择衣饰；6. 会依气候选择衣饰；7. 会保持衣着整洁美观

入厕 1. 会控制大小便；2. 会在厕所大便、小便；3. 会在厕所穿脱裤子；4. 会便后处理；5. 会辨识男女厕所

就寝 1. 遵守时间与常规；2. 具备就寝基本能力

个人清洁 1. 会处理每日例行身体清洁；2. 会维护身体清洁；3. 会处理身上偶发的脏乱

（自我照顾）

家事清洁 1. 清扫；2. 洗涤；3. 擦拭；4. 垃圾处理

衣物整理 1. 折叠；2. 晾晒；3. 保存；4. 缝补

食物料理 1. 会清洗食物；2. 会处理熟食品；3. 会使用炊具；4. 会调制食品；5. 会存放食品

金钱处理 1. 有适当的金钱来源；2. 会清点钱；3. 会存放钱；4. 会购物预算；5. 会记账

家庭布置 1. 会摆设家具；2. 会摆设装饰品；3. 会适当搭配色彩质料

家庭沟通 1. 认识家庭成员；2. 能适当与家庭成员沟通；3. 能用适当态度对待家庭成员

（居家生活）

* 资料来源：重庆师范大学特殊教育课程研究中心。

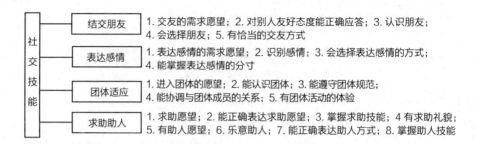

社交技能
- 结交朋友：1. 交友的需求愿望；2. 对别人友好态度能正确应答；3. 认识朋友；4. 会选择朋友；5. 有恰当的交友方式
- 表达感情：1. 表达感情的需求愿望；2. 识别感情；3. 会选择表达感情的方式；4. 能掌握表达感情的分寸
- 团体适应：1. 进入团体的愿望；2. 能认识团体；3. 能遵守团体规范；4. 能协调与团体成员的关系；5. 有团体活动的体验
- 求助助人：1. 求助愿望；2. 能正确表达求助愿望；3. 掌握求助技能；4 有求助礼貌；5. 有助人愿望；6. 乐意助人；7. 能正确表达助人方式；8. 掌握助人技能

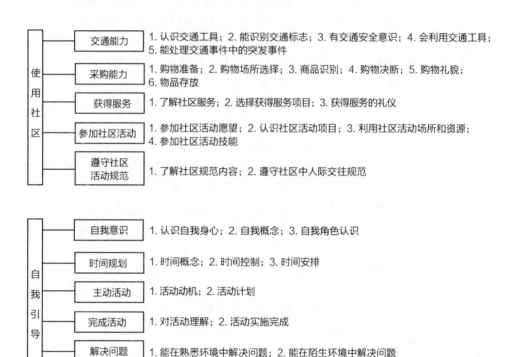

使用社区
- 交通能力：1. 认识交通工具；2. 能识别交通标志；3. 有交通安全意识；4. 会利用交通工具；5. 能处理交通事件中的突发事件
- 采购能力：1. 购物准备；2. 购物场所选择；3. 商品识别；4. 购物决断；5. 购物礼貌；6. 物品存放
- 获得服务：1. 了解社区服务；2. 选择获得服务项目；3. 获得服务的礼仪
- 参加社区活动：1. 参加社区活动愿望；2. 认识社区活动项目；3. 利用社区活动场所和资源；4. 参加社区活动技能
- 遵守社区活动规范：1. 了解社区规范内容；2. 遵守社区中人际交往规范

自我引导
- 自我意识：1. 认识自我身心；2. 自我概念；3. 自我角色认识
- 时间规划：1. 时间概念；2. 时间控制；3. 时间安排
- 主动活动：1. 活动动机；2. 活动计划
- 完成活动：1. 对活动理解；2. 活动实施完成
- 解决问题：1. 能在熟悉环境中解决问题；2. 能在陌生环境中解决问题
- 表现主张：1. 表现主张的愿望；2. 表现主张条件；3. 选择恰当方式表现主张方式

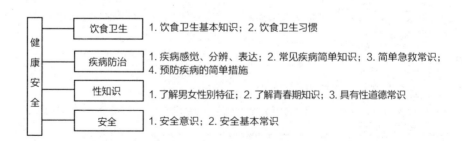

健康安全
- 饮食卫生：1. 饮食卫生基本知识；2. 饮食卫生习惯
- 疾病防治：1. 疾病感觉、分辨、表达；2. 常见疾病简单知识；3. 简单急救常识；4. 预防疾病的简单措施
- 性知识：1. 了解男女性别特征；2. 了解青春期知识；3. 具有性道德常识
- 安全：1. 安全意识；2. 安全基本常识

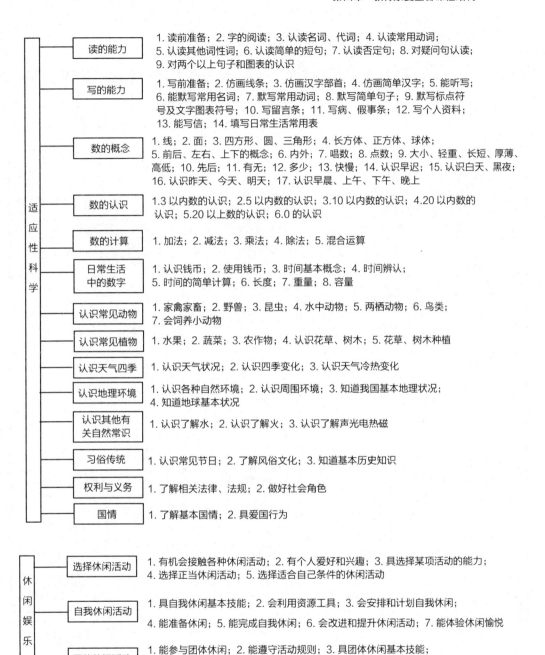

适应性科学

读的能力
1. 读前准备；2. 字的阅读；3. 认读名词、代词；4. 认读常用动词；5. 认读其他词性词；6. 认读简单的短句；7. 认读否定句；8. 对疑问句认读；9. 对两个以上句子和图表的认识

写的能力
1. 写前准备；2. 仿画线条；3. 仿画汉字部首；4. 仿画简单汉字；5. 能听写；6. 能默写常用名词；7. 默写常用动词；8. 默写简单句子；9. 默写标点符号及文字图表符号；10. 写留言条；11. 写病、假事条；12. 写个人资料；13. 能写信；14. 填写日常生活常用表

数的概念
1. 线；2. 面；3. 四方形、圆、三角形；4. 长方体、正方体、球体；5. 前后、左右、上下的概念；6. 内外；7. 唱数；8. 点数；9. 大小、轻重、长短、厚薄、高低；10. 先后；11. 有无；12. 多少；13. 快慢；14. 认识早迟；15. 认识白天、黑夜；16. 认识昨天、今天、明天；17. 认识早晨、上午、下午、晚上

数的认识
1.3 以内数的认识；2.5 以内数的认识；3.10 以内数的认识；4.20 以内数的认识；5.20 以上数的认识；6.0 的认识

数的计算
1. 加法；2. 减法；3. 乘法；4. 除法；5. 混合运算

日常生活中的数字
1. 认识钱币；2. 使用钱币；3. 时间基本概念；4. 时间辨认；5. 时间的简单计算；6. 长度；7. 重量；8. 容量

认识常见动物
1. 家禽家畜；2. 野兽；3. 昆虫；4. 水中动物；5. 两栖动物；6. 鸟类；7. 会饲养小动物

认识常见植物
1. 水果；2. 蔬菜；3. 农作物；4. 认识花草、树木；5. 花草、树木种植

认识天气四季
1. 认识天气状况；2. 认识四季变化；3. 认识天气冷热变化

认识地理环境
1. 认识各种自然环境；2. 认识周围环境；3. 知道我国基本地理状况；4. 知道地球基本状况

认识其他有关自然常识
1. 认识了解水；2. 认识了解火；3. 认识了解声光电热磁

习俗传统
1. 认识常见节日；2. 了解风俗文化；3. 知道基本历史知识

权利与义务
1. 了解相关法律、法规；2. 做好社会角色

国情
1. 了解基本国情；2. 具爱国行为

休闲娱乐

选择休闲活动
1. 有机会接触各种休闲活动；2. 有个人爱好和兴趣；3. 具选择某项活动的能力；4. 选择正当休闲活动；5. 选择适合自己条件的休闲活动

自我休闲活动
1. 具自我休闲基本技能；2. 会利用资源工具；3. 会安排和计划自我休闲；4. 能准备休闲；5. 能完成自我休闲；6. 会改进和提升休闲活动；7. 能体验休闲愉悦

团体休闲活动
1. 能参与团体休闲；2. 能遵守活动规则；3. 具团体休闲基本技能；4. 会利用团体休闲的资源工具；5. 会组织团体活动；6. 会分享团体活动的愉悦

工作

工作能力
1. 有工作愿望；2. 具工作知识；3. 具工作技能

工作社交
1. 认识同事；2. 协调相互关系；3. 懂交往礼仪

工作人格
1. 有良好工作态度；2. 有良好工作习惯

三、 特殊需要人群职业教育课程

这里主要以针对职业教育阶段学生的特殊要求人群职业教育课程纲要为例。

**特殊需求人群职业教育课程纲要*

A 工作人格		B 职业能力		C 社区独立生活技能
A1 出席	B1 站	B35 手眼脚协调		C1 烹饪
A2 准时	B2 走动	B36 记住指示		C2 家居维护
A3 有始有终工作常规	B3 跑	B37 口语沟通		C3 家居安全
A4 按时完成工作	B4 跨越	B38 职业词汇		C4 收入的计算
A5 安全习惯	B5 蹲	B39 阅读		C5 预算及支出
A6 卫生习惯	B6 跪	B40 书写		C6 借贷
A7 收拾习惯	B7 坐	B41 填表		C7 储蓄
A8 习僻	B8 爬	B42 机械的操作与维护		C8 纳税
A9 礼貌	B9 躺	B43 手工具的使用与维护		C9 盥洗与整饰
A10 愉快	B10 弯腰	B44 长臂工具的使用与维护		C10 身心保健
A11 诚实	B11 攀登	B45 电动手工具的使用与维护		C11 疾病医疗
A12 友善	B12 平衡	B46 技能性工具的使用与维护		C12 休闲资源使用
A13 动机	B13 举	B47 测量工具的使用与维护		C13 社区活动
A14 努力	B14 携带	B48 材料的使用		C14 安排活动
A15 创意	B15 推	B49 基本计算		C15 旅行
A16 自信	B16 拉	B50 重量、体积、容积的测量		C16 购物场所
A17 谨慎	B17 扛	B51 大小、长短的测量		C17 选购物品
A18 节约	B18 伸（躯体）	B52 时间的测量		C18 购物手续
A19 竞争心	B19 伸手	B53 反复动作		C19 家居礼仪
A20 责任感	B20 握持	B54 固定顺序		C20 睦邻
A21 可靠性	B21 扭转	B55 变动、自主		C21 社交礼节
A22 专注力	B22 手指拨弄	B56 速度之适应		C22 独立行动的能力
A23 洞察力	B23 光线的调适	B57 组织工作计划		C23 参与公民权利与义务
A24 决断力	B24 视觉敏锐度、视野	B58 维持安全		C24 了解基本的法律常识
A25 适应改变	B25 形状感	B59 应变		C25 地方意识
A26 接受批评	B26 大小辨别	B60 场所		C26 地方资源利用
A27 忍受挫折	B27 色彩辨别	B61 照明		C27 时间观念
A28 克服压力	B28 空间知觉、顺序感	B62 空气		C28 时间安排与应用
A29 工作品质	B29 触觉	B63 声响		C29 社区安全
A30 自我评价	B30 听辨力	B64 温湿度		C30 自然灾害
A31 独立作业	B31 听力	B65 危险性		
A32 小组合作	B32 嗅味觉	B66 防护装备		
A33 服从上级	B33 手眼协调	B67 职业伤害		
A34 请求协助	B34 手脚协调			

资料来源：海峡两岸职业教育课程组。

特殊需求人群职业教育课程结构（举例）

领　域	A 工作人格		
项　目	A1 出席——工作出勤认真，除非有事情请假获准，不轻易缺席，有事不能工作时，会立即设法告知。		
	教学目标	教材内容建议	
检　核	A1-1　工作期间能出勤认真，不轻易缺席。	☐ ☐	☐ ☐	☐ ☐
	A1-2　有事时能事先请假，获准后始缺席。	☐ ☐	☐ ☐	☐ ☐
	A1-3　临时有事时，能设法告知。	☐ ☐	☐ ☐	☐ ☐
	A1-4　能经常保持全勤记录。	☐ ☐	☐ ☐	☐ ☐
	A1-5　能在加班的非常情况下不缺席。	☐ ☐	☐ ☐	☐ ☐
领　域	B 职业能力		
项　目	B1 工作姿势—站立—在工作地点双脚保持直立不移动（不需要双手之支持）。		
	教学目标	教材内容建议	
检　核	B1-1　能持续站着完成工作	☐ ☐	☐ ☐	☐ ☐
	B1-2　能保持站立不动的姿势（在要求的时间内）	☐ ☐	☐ ☐	☐ ☐
	B1-3　能在摇晃的地面站着工作。	☐ ☐	☐ ☐	☐ ☐
	B1-4　能在高低不平的地面站着工作。	☐ ☐	☐ ☐	☐ ☐
领　域	C 社区独立生活技能		
项　目	C1 家庭维持—家居维护—能依个人的喜好、营养及经济能力等因素，准备烹饪所需的食物。		
	教学目标	教材内容建议	
检　核	C1-1　会准备不需烹调的食品当点心，如面点、水果、卤味。	☐ ☐	☐ ☐	☐ ☐
	C1-2　会冲泡速食品	☐ ☐	☐ ☐	☐ ☐
	C1-3　会使用电锅蒸热半成品	☐ ☐	☐ ☐	☐ ☐
	C1-4　会用电锅蒸熟食品	☐ ☐	☐ ☐	☐ ☐
	C1-5　会使用煤气炉的代用品，如微波炉、电热水瓶等。	☐ ☐	☐ ☐	☐ ☐
	C1-6　会煮汤类食品	☐ ☐	☐ ☐	☐ ☐
	C1-7　会炒小菜	☐ ☐	☐ ☐	☐ ☐
	C1-8　会炸食品	☐ ☐	☐ ☐	☐ ☐
	C1-9　会依营养均衡准备三餐	☐ ☐	☐ ☐	☐ ☐
	C1-10　会依经济条件准备三餐	☐ ☐	☐ ☐	☐ ☐

第二节　康复课程

一、课程性质

康复训练针对部分发育明显迟缓或有缺陷补偿需求的学生。康复训练课程是建立学生基础能力，不分学段，应根据学生的特殊需求，采用"测评—训练—评估"的模式进行。教学或训练目标需有针对性，所有目标需从对学生的全面评估后而确定。康复课程的实施应结合在教学活动及日常生活中进行。广州越秀启智学校对康复课程有如下的编订，含动作训练、感官知觉训练、沟通与互动、情绪与行为。

（一）发展性

遵循儿童发展的顺序，从学生的能力起点着手，按阶梯逐步设定目标、展开训练。

（二）基础性

康复训练课程强调培养学生掌握日常生活或学习必要的感官知觉、动作、语言沟通、情绪行为方面的能力，为学生参与生活或学习活动良好的基础。

（三）实践性

康复训练课程强调以操作练习为主要手段，通过感知觉训练、动作学习、沟通练习、情绪调控和良好行为习惯养成，提升学生基础能力。

（四）功能性

康复训练课程强调以提升学生生活功能为基本原则，围绕学生生活功能的达成，开展个别化的康复训练。

（五）支持性

部分学生由于严重发展迟缓和生理上的问题，其感官知觉、动作发展、语言沟通发展过程中难以跨越障碍，或者存在较严重情绪行为方面的问题，通过环境的改变或者借助辅具，使其突破这些障碍，从而达成学生的功能生活，提升他们的生活质量。

二、基本理念

感官知觉是一切学习的基础，当学生在感官知觉方面存在问题时，严重影响他们的学习和生活。在感官知觉训练课程是对有需求的培智学校学生提供视、听、触、前庭和本体等方面的康复训练。提升感官知觉各项度的能力，强调在日常生活与学习活动中的综合运用。解决培智学校学生在感官知觉方面的问题，为其认知能力的发展提供前提条件。通过改善学生的感官知觉方面的问题，可以提升自我安全保护的能力。通过培养学生利用不同感官知觉，去探索环境，欣赏享受生活，提高学生的生活质量。

动作康复训练包括粗大动作和精细动作两个方面。这两方面的发展滞后，会严重影响学生的生活和学习。动作康复训练围绕学生的功能生活，通过身体动作的练习，补偿学生动作方面发展的不足，以满足其日常生活的需求，以及顺利参与学习。粗大动作训练是一门提高姿势控制和移动能力的训练课程。通过训练使学生具备基本的坐、站、走等基本能力，更好地参与日常生活的各种活动。精细动作指手部的动作，主要涉及手指、手掌和手腕等活动能力。通过训练让学生能完成日常生活的自理，能够具备书写与绘画的基本能力，能更好地完成日常学习和生活的各种活动。

沟通与互动训练是学习用语言和非语言进行沟通互动的补救性训练。该模块应使培智学校学生初步学会运用语言或者非语言进行日常的沟通交流，具有理解、表达的初步能力，提高适应社会生活、促进自身精神成长。功能性与实用性的统一，潜能开发与缺陷补偿相结合，是培智学校沟通与互动课程的基本特点。沟通与互动课程是培智教育实行"医教结合"的体现。

情绪的自我调节训练是指通过一系列有针对性的教学活动提高培智学校学生的情绪调节能力，从而提高培智学校学生的社会适应能力与人互动的能力。行为训练是指通过一系列有针对性的专门的教学活动塑造培智学校学生良好的行为习惯，运用正向行为支持技术对问题行为进行改善和支持。情绪和行为训练课程在培智学校九年义务教育阶段属于补偿性课程，主要用于培智学校学生问题行为的处理，为培智学校学生更好地开展其他课程的学习提供前提。本课程通过个别训练课、集体课的形式让培智学校学生掌握情绪的调节方法，管理自己的情绪；同时针对培智学校学生个体所表现出来的问题行为开展评估、实施正向行为支持，促进培智学校学生改善问题行为，为他们更好的学习和生活奠定基础。

康复训练课程目标贯穿于培智教育整个过程中，分为感官知觉、动作、沟通与互动、情绪与行为四个模块。其中，动作模块包括粗大动作和精细动作两个部分。每个模块包括导言、课程目标、课程内容和实施建议四个部分。另外，在每个模块的后面，附有具体的教学策略建议，活动设计、器材选用、辅具的调整和开发等方面。

（一）动作训练模块

粗大动作训练按照儿童粗大动作的发展顺序，考虑学生基础动作发展的需求，分为姿势控制与移动能力两个部分。精细动作康复训练课程按照儿童精细动作的发展顺序，分为手部动作、手眼协调、功能性的手部操作和执笔写画四个部分。这些动作都是完成生活活动最基础的动作能力，或者参与其他学科学习所需要的前备技能，如：书写和绘画的前备技能。

（二）感官知觉训练模块

感官知觉训练按照儿童感官知觉发展特点，分为视觉、听觉、触觉、味觉、嗅觉、本体及前庭觉六个向度。课程目标中的各领域依据"敏锐度、辨识、记忆与再现"三个维度设计，三方面互相渗透，融为一体，注重感官知觉能力整体提高，感官知觉活动在日常中的综合运用。

（三）沟通与互动模块

沟通与互动训练按照儿童语言发展顺序来编写。考虑儿童在日常生活中语言的运用将该模块分为沟通与人际互动两部分，沟通包括言语准备、沟通前能力、非语言沟通、口语理解、口语表达、语用能力等六个。人际互动方面的包括角色认知、人际关系的建立、心理健康（亲社会行为）。在儿童语言沟通发展之前，需要在语音发出和沟通前的技能做训练，所以言语准备、沟通前能力是口语理解和表达的前备能力。口语理解、口语表达是日常沟通的基本能力，为培智学生其他学习作准备。这两部分根据语言的发展顺序，由浅到深、由简到繁来建立学生的语言基本能力。对于难以运用口语进行沟通的培智学生，非口语沟通是训练学生用表情、动作、手势、图片、科技辅具等多种方法进行沟通。对于培智学生，如何用掌握的语言、非语言与人沟通，来表达自己的需求和意见，这是语用能力部分编写的初衷。

（四）情绪与行为模块

针对普校培智学校学生的行为特点，从自我调节情绪和情绪的管理，预防和矫正问题行为两个角度整体设计本课程。情绪的自我调节和管理是培智学校学生的选修内容，教师可以根据培智学校学生的实际情况选择培智学校学生应该提高的能力范围。本课程主要针对在情绪调节方面存在困难，难以在日常生活中习得和改善此能力的学生，采用多种活动形式展开训练。正向行为支持这个模块，教师应该针对班级内培智学校学生的行为问题开展行为评估和处理。本课程的编写力图体现补偿性课程的特色。课程目标与内容基于培智学校学生的特殊需要和能力水平，并着眼培智学校学生问题行为出现的原因及功能。课程实施既强调按需设置的理念，同时又重视可操作性。

三、课程目标和内容

（一）动作

动作康复训练模块是康复训练学科的重要组成部分。包括粗大动作和精细动作两个方面。这两方面的发展滞后，会严重影响学生的生活和学习。动作康复训练围绕学生的功能生活，通过身体动作的练习，针对学生动作方面发展的不足，以满足其日常生活的需求，以及顺利参与其他学科的学习。

粗大动作训练的目标包括姿势控制和基础移动能力。其中，基础移动能力是从动作意识和动作稳定性着手，包括动作的方向性、力度、时间性和空间控制，以及平衡的能力、复杂动作的协调能力。

精细动作训练的目标主要是指儿童"运用手的能力"，包括手部动作、工具使用和手眼协调等。

1.课程目标

（1）总目标

粗大动作的目标就是为了增强学生的坐、站等姿势控制以及爬行、行走等基本移动能力，满足日常生活以及学习的需求。

精细动作训练的目标在于提高其手腕及手指的小肌肉群的活动能力，发展精细动作技能。让学生能完成日常生活的自理，能够具备书写与绘画的基本能力，能更好地完成学校的日常学习和生活。

（2）分目标

粗大动作：姿势控制训练的主要目标是能以适当的坐姿、爬姿、跪姿、站姿、蹲姿等参与日常活动；移动能力训练的主要目标是能以适当的翻身、爬行、跪行、行走、跳等完成日常的移动活动。

精细动作：手部动作的主要目标是有意识地伸手取物、抓放及基本操作动作；手眼协调的主要目标是准确地拿取和摆放物品；功能性手部操作的主要目标是与日常生活密切相关的基本手部动作，如捏、揉、折、剪等；执笔写画的主要目标是训练书写和绘画的前备技能。

2. 课程内容

粗大动作
1　姿势控制
1.1　站着、坐着姿势下能维持头颈部直立
1.2　能在地面或椅子上维持坐姿
1.3　俯趴、爬、跪坐或站立时能维持手部支撑
1.4　能维持双膝跪姿或单膝跪姿
1.5　独立或扶持下能维持站姿
1.6　独立或扶持下能维持蹲姿
2　移动能力
2.1　站着、坐着或俯趴等姿势下能完成头部活动
2.2　侧卧位、仰卧位或俯卧位能完成翻身
2.3　能从侧卧位、仰卧位或俯卧位转移到坐位
2.4　能通过腹爬、四点爬进行移行
2.5　能通过跪姿移行
2.6　能进行姿势的转换，如：由跪坐位到站立、由蹲姿到站立等
2.7　能独立或推助行器行走
2.8　能独立或推助行器快走，为跑步作准备
2.9　能独立或扶持下上下楼梯
2.10　能独立或扶持下双脚跳或单脚跳
精细动作
1　手部动作
1.1　会伸手朝向要取的物品
1.2　能自如地张合手掌，并完成抓放的动作
1.3　能完成基本操作动作，如：摇晃、敲击、按压、推拉、拿取、揭开、摆放、扭转等
1.4　在日常活动中，能双手合作，完成操作
2　手眼协调
2.1　能完成叠高对象的活动
2.2　能完成穿插的活动，如：串珠
2.3　看到物品时能准确地拿取，或者能摆放到想放的位置
3　功能性的手部操作
3.1　会捏和揉
3.2　会粘东西
3.3　会折，如：折纸、折毛巾
3.4　能使用剪刀完成各种剪的活动
4　执笔写画
4.1　会握笔涂鸦
4.2　能控制手腕的稳定，在一定的范围内涂色
4.3　能正确握笔，完成书写

（二）感官知觉

早期的感觉刺激和知觉经验对儿童的发展有重要的影响，儿童透过感知的过程累积经验，外面的世界逐渐变得有意义和有秩序。感官知觉模块的训练目标主要是针对学生感官知觉方面发展的不足，除视觉、听觉、触觉、味觉、嗅觉等基本感官知觉外，还包括前庭觉、本体觉等感官知觉的统合能力。

1. 课程目标

（1）总目标

感官知觉训练的目标是针对视觉、听觉、触觉、味觉、嗅觉、本体觉及前庭觉六个向度的不足，提升综合运用感官知觉的能力，奠定其发展高阶能力的基础。

（2）分目标

视觉训练主要目标在于提高培智学校学生的视觉注意力、记忆力、想象力以及视觉编序能力。如儿童对视觉信息的接收与加工，从而影响其正确的视觉反应，如看过的东西记住和再认，看到的顺序回忆起来。

听觉训练主要目标在于通过训练提高培智学校学生的听觉记忆、听觉编序以及听觉理解能力。如序列性的各种声音、序列数字、无规律的词语、简单句、复合句、歌曲歌词、短文等。

触觉训练主要目标在于提高培智学校学生运用触觉去识记对象特征的能力，也可同时训练儿童的触觉的敏锐性和辨别力。如：辨别外界事物，摸自己熟悉的人或物；依据触觉记忆辨认人身体上的部位或物品。

味觉训练主要目标在于提高他们凭口腔的感觉去识别、记忆事物的特质，如：能对品尝或吃过的食品、水果，喝过的饮料等的味道进行记忆，进而能够分辨出哪些能吃能喝、哪些不能吃不能喝。

嗅觉训练主要目标在于提高他们嗅觉记忆、分辨日常生活中散发不同气味的物品，并指导具有何种气味的物品可以吃、喝、闻，具有何种气味的物品不能吃、喝、闻；即使是同类型的气味，也能判断哪些可以吃哪些不可以吃，哪些能喝哪些不能喝，哪些能闻哪些不能闻。

本体觉和前庭觉训练主要目标在于提高其身体的平衡性和协调性，以达到提高其社会适应性的目的。

2. 课程内容

1　视觉
1.1　对各种视觉刺激有反应
1.2　可以追视眼前移动的物品或人
1.3　能辨别不同物品及其形状、大小、颜色等，能区分前景与背景
1.4　可以完成视动模仿、找不同、按特征排序等视觉记忆活动
2　听觉
2.1　对各种声音有反应
2.2　能区分环境中的不同自然声音，包括不同音色、音量、高低、长短等，为声音的理解与记忆作准备
2.3　能对相同的声音作出类同的反应，如：听到口令"1-2-1"会复述或者按节奏踏步或拍手等
3　触觉
3.1　能对不同的触碰等触觉刺激有反应
3.2　能借助触觉辨识物品的形状、大小、软硬、干湿等属性
3.3　对同一种触觉刺激作程度上的区辨，如：比较温度的高低、材质的平滑度等
3.4　能通过触觉分辨出识记过的物件
4　味觉
4.1　能对各种味觉刺激有反应
4.2　能识别各种味觉酸、甜、苦、辣等味道
4.3　会区辨同一种味道的轻重度
4.4　能通过味觉分辨识记过的对象
5　嗅觉
5.1　能对各种嗅觉刺激有反应
5.2　能识别各种气味
5.3　辨别同一种气味的浓淡程度
5.4　能通过嗅觉分辨识记过的对象
6　本体觉及前庭觉
6.1　可以感觉到自己身体的各部位
6.2　能控制身体各部位位置、力度大小、动作方向等
6.3　在一种姿势或稳定的状态下，当自己运动或受到外力作用时，能调整并维持身体姿势
6.4　身体协调，使动作流畅和有效率

（三）沟通与互动

康复训练课程中沟通与互动模块的训练主要是针对学生在日常人际互动中沟通能力方面的发展不足。语言方面的训练除了包括口语的理解和运用，还包括非口语甚至是非语言方面等手势动作的理解和运用。互动方面的训练也与语言训练相关，主要包括沟通时的基础能力，如：眼神关注、共同调控、分享等方面。

1. 课程目标

（1）总目标

课程目标从知识与能力、过程与方法、情感态度与价值观三个方面设计。三者相互渗透，融为一体。目标的设计着眼于沟通与互动能力的提高。

康复训练课程中沟通与互动课程主要是针对学生在日常人际互动中沟通能力方面的发展不足。语言方面的训练除了包括口语的理解和运用，还包括非口语甚至是非语言方面等手势动作的理解和运用。互动方面的训练也与语言训练相关，主要包括沟通时的基础能力，如：关注、共同调控、分享注意等方面。

（2）分目标

言语准备训练的主要目标是能够正确做出口腔动作，正确运用气流，正确听辨和发出语音为口语表达作准备。

沟通前能力训练的主要目标是能够关注沟通的人和事，能根据环境或自身的状况来调整自己的行为，能跟他人分享自己感兴趣的事物。

非语言沟通训练的主要目标是能够用表情、动作、手势、图片、科技辅具等进行简单的日常沟通。

语言理解训练的主要目标是在日常活动中能理解简单语气，简单指令到能理解词汇、词组，再到能理解简单句子，为语文学习作准备。

语言表达训练的主要目标是在日常活动中能用简单的语音表达，到能用词语、词组表达，再到能用句子表达，为语文学习作准备。

语用能力训练的主要目标是在日常活动中愿意与人沟通，到能主动表达，再到能够开启话题，以及能够有恰当沟通礼仪，为社交沟通作准备。

2. 课程内容

沟通与互动
1　口腔功能与进食
1.1　具有正常化的口腔感觉
1.2　具有正常的口腔反射动作（能抑制不正常反射动作）
1.3　能吞咽食物而不哽呛
1.4　会咀嚼固体食物
1.5　能用杯子或吸管喝水
2　沟通前能力
2.1　沟通时，能发现身边出现的人和物品、发生的事
2.2　沟通时，能将焦点关注在沟通者身上
2.3　共同活动时，能将焦点关注在活动参与者身上
2.4　在互动中能参照伙伴的非语言信号进行互动

2.5	沟通时能根据环境的变化调控自己的行为，作出相应反应
2.6	沟通时能够根据自身的状况，调整自己的行为或情绪
2.7	能够用表情、动作等非口语的方式与他人分享自己感兴趣的事物
3 非语言沟通	
3.1	沟通时能与他人有意识地保持目光接触
3.2	沟通时能对他人的表情、肢体语言等沟通信息有恰当的反应
3.3	沟通时能对他人出示的实物、图片、视频等沟通信息有恰当的反应
3.4	沟通时能用表情、身体动作、手势或沟通辅具等方式表达情绪
3.5	沟通时能用表情、身体动作、手势或沟通辅具等方式表达需求
3.6	沟通时能用表情、身体动作、手势或沟通辅具等方式与人打招呼或道歉
3.7	沟通时能用表情、身体动作、手势或沟通辅具等方式表示拒绝
3.8	沟通时能用表情、身体动作、手势或沟通辅具等方式回答问题
3.9	沟通时能用表情、身体动作、手势或沟通辅具等方式来问问题
3.10	沟通时能用表情、身体动作、手势或沟通辅具等方式来指示或告知别人
3.11	沟通时能用表情、身体动作、手势或沟通辅具等方式来描述事件
4 口语理解	
4.1	能理解语音的含义，能够明白说话的语气
4.2	情景下，能对他人的简单口语作出正确反应，如：不可以、过来、×××（名字）等
4.3	能对常用名词作出正确反应
4.4	能对常用动词作出正确反应
4.5	能对常用形容词作出正确反应
4.6	能对常用其他词汇作出正确反应，如数词、介词、时间副词等
4.7	能对常用词组作出正确反应
4.8	能对常用主谓或动宾双词句作出正确反应
4.9	能听懂日常沟通中简单句子，并了解并列、因果、选择、承接、转折、递进等关系，使学生更好地与人互动，为语文学习作准备
5 口语表达	
5.1	沟通时，能用声音、简单语音进行表达
5.2	能主动说出常用名词
5.3	能主动说出常用动词
5.4	能主动说出常用形容词
5.5	能主动说出常用其他词汇
5.6	能主动说出主谓或动宾双词句
5.7	能主动说出句子
6 语用能力	
6.1	能在不同场所，与人沟通，如：教室、个训室、操场、小区
6.2	能与不同的人进行沟通，如：同伴、照顾者、小区他人
6.3	能在不同场景中与人沟通，如：购物、点餐、小区活动、学校等
6.4	能在不同时间与人沟通，如：上课、课间、课后等
6.5	能以恰当方式主动表示需求、拒绝和情绪
6.6	沟通时能有恰当的沟通礼仪

6.7	能用恰当方式主动表达自己意见或响应他人
6.8	沟通时能围绕一个内容开启话题，并能与人有一个回合的对话，使学生更好地与人互动
7	说话与构音
7.1	在说话时能恰当地呼吸
7.2	能发出不同的声音：如哭、尖叫、笑声
7.3	能具有发音所需要的下颌、唇、舌、腭等构音运动能力
7.4	在各种场景中，能用恰当的音量、音调、嗓音说话
7.5	说话时能够维持适当的姿势
7.6	能交替发出不同语音，为其可以说出词汇作准备
7.7	能听辨各种语音（声母、韵母、音节）
7.8	能正确发出简单语音（声母、韵母、音节）

（四）情绪与行为

儿童的情绪虽然是与生俱来的，但随着年龄的增长，儿童的情绪反应会变得复杂。通过社会经验的积累，儿童对情绪的认识加深并学会处理情绪的方法。儿童的情绪反应是与外界沟通的重要工具，可让别人了解他们的需要及感受。情绪反应也是儿童与人建立关系的媒介，儿童通过学习调整情绪，作出适当的回应。

康复训练课程中情绪和行为的训练目标包括对自我或他人情绪的理解，以及根据环境需求控制和调节自己情绪的能力等。

1.课程目标

（1）总目标

训练培智学校学生认识情绪背后的各种意义，习得情绪调节的方法并合理管理自己的情绪，达到提高培智学校学生的社会适应能力，让他们更加有效地进行人际互动以及学校生活；培养培智学校学生认识问题行为，通过综合处理措施帮助他们形成良好行为，减少或消除问题行为。

（2）分目标

自我调节情绪并管理情绪。训练培智学校学生区辨各种情绪，感知自己和他人的情绪状态；掌握调节情绪的方式，以促进培智学校学生更好地与人互动。

正向行为支持方面。针对个别培智学校学生所出现的问题行为，开展行为评估，分析问题行为功能、设定目标行为，设定正向行为支持方案，通过调整环境、教学内容或者方法，开展良好行为训练等综合处理技术，对培智学校学生问题行为进行积极处理，以达到预防、减少或消除问题行为发生的目的，形成并增加有助于培智学校学生参与课堂学习、人际互动以及学校生活的良好行为。

2. 课程内容

情绪调节和管理能力
1　识别各种情绪
1.1　可以辨识他人的面部表情，或者辨识他人不同声音代表含义，并有适当的反应
1.2　区辨自己或者他人喜、怒、哀、惧四种简单的情绪
1.3　区辨自己或者他人复杂的情绪，如：自豪、骄傲等
2　理解简单情绪背后的意义
2.1　理解简单正面情绪背后的意义，如：开心代表认同
2.2　理解简单负面情绪背后的意义，如：生气、伤心代表拒绝
3　感知自己的情绪状态
3.1　当实际情境与自己愿望一致时，能表现出开心的情绪行为
3.2　当实际情境与自己愿望不符合时，能表现出不开心（伤心、生气）的情绪行为
3.3　当实际情境遇见害怕的事情或者预想不到的恐怖结果时，能表现出害怕的情绪行为
4　理解区辨他人的情绪状态
4.1　见到他人表现出同意的表情时，会调整自己的行为并继续进行活动
4.2　见到他人表现出拒绝或者生气的表情时，会调整自己的行为并停止进行中的活动
5　主动表达自己的情绪情感
5.1　主动以面部表情、言语、动作等各种方式表达自己正面或负面的情绪
5.2　当开心或遇到挫折时，会主动找到熟悉的人表达自己的情绪
5.3　辨识不同情境并能适当表达自己的情绪
5.4　能用图片、沟通板等沟通辅具表达自己的情绪
6　掌握情绪调节的基本方法
6.1　能用安全、不干扰他人的方式控制自己的正面或负面的情绪
6.2　能用恰当方式调节自己的正面或负面的情绪，如：伤心或惊慌时会寻求帮助
正向行为支持
"正向行为支持"的康复训练目标依具体个案的行为功能而定，具体操作内容见本模块第四部分"实施建议"。

第三节　个别化联结的教育康复整合课程

个别化联结的教育康复整合课程是以特殊教育课程——发展性课程、适应性课程、职业教育课程为教育基础，以康复课程——动作训练、感知训练、沟通与互动、情绪与行为训练等为康复基础，以个别化教育教学为主线，形成的教育康复整合课程。

一、教育康复整合课程形成

（一）选用或自编课程

用全人教育课程对个案进行观察评量，了解个案在全人成长中的基本现状，发现个案主要问题、障碍所在。厘清主要核心问题与全人成长其他领域的相互关系。

1. 选用常见的全人成长课程

依个案的年龄选用呈现全人成长的发展性课程（学前、学龄前期），适应性课程（义务教育、学龄期），职业教育课程（职业训练、青年前期）进行课程评量后发现关键、核心问题，再选相关康复课程进行评量，两个课程给出个案教育康复目标。

2. 按教育主题，教育康复成员合作自编课程

教康人员依学生需要而确定相关的教育教学主题：比如："适应日常学校生活""培养劳动习惯"等，针对该训练主题，全体教康人员共同拟订相关课程，从课程层面做到教育与康复相融，再运用该课程对个案进行评量。

3. 教育康复课程的全参与性

无论是选用教育康复并列课程还是自编教育康复融汇课程，课程应是全体参与者（教育、康复人员）共同熟悉，并均有运作的，是参与者共同认可执行的课程。

（二）召开个案讨论会，形成个案报告书

对学生进行教康课程评量和多项教育诊断后，所有参与的教康人员及家长通过个案会报告诊断结果，发表自己的意见与建议，形成个案报告书。

（三）拟订个别化教育康复计划

全体教康人员依个案会的报告，集体拟订学生的个别化教育康复计划，明确自己的工作、任务和目标。

（四）实施个别化教育、康复

按个别化教育康复计划，教康人员通过教育教学总计划、月、周、日教学计划，拟订设计教育康复活动并实施教育康复活动。

二、教育康复整合课程特点

（一）教育康复课程的整合性

教育康复从课程开始不论教康并列课程还是教康融汇课程，其目标就是整合的，评量是教康整合的，拟订个别化教育计划是教康整合的，设计活动考虑教育康复目标的整合，实施活动是教育康复的整合活动。

（二）教育康复整合在各类活动中实施

教育康复活动实施通过集体、小组、个别活动进行。教育康复活动主要通过一日活动进行，教育康复活动除在学校进行外，还在家庭、社区环境中进行。

（三）教育康复整合团队建设

教育康复团队的协同合作是教育康复课程形成、评量、实施的保证。

1. 教育人员与康复人员协调与合作

教师、康复师在面对学生个案时，各自从自己的专业出发从诊断、评量。个别化教育、康复计划着手密切合作，至教学活动设计、实施中的合作，教师一直伴随学生的教育教学全程，康复师不可能全程进入，所以诸多康复的目标和策略往往通过计划、示范后由教师执行完成。

2. 通识型复合人才培养

为适应教育康复之需，结合我国特殊教育的实际情况，以教育为核心，引入康复，让教师学习且掌握康复技术，在专门的康复人员的支持下，教师、康复人员会针对个案，既有教育又有康复的应对，两类人员产生共同语言，双方在沟通当中融汇，最终教师成长为既有教育能力又有康复技能的复合型人才，这样你中有我，我中有你的团队避免了各自为政、鸡同鸭讲的无奈，是实施教育康复的理想团队。

三、教育康复整合课程形成实例

教育康复课程形成一般经过：理论依循→对理论的提炼并与教育主题结合→形成某主题引导下的教育康复课程。下面以重庆江津向阳儿童发展中心的教康整合课程形成为例，做一说明。

（一）课程概述

本课程名称为低幼年龄段学习适应课程的专业整合模式。本课程的目的以学生知觉动作能力为中心、设计一套学习适应课程、经全校探索，以帮助学生关注并理解学习要求，适应学校的集体学习生活。学生对象是义务教育年龄段中低幼段发展障碍学生。教学团队含特教教师4位，动作康复师2位、语言训练师1位，艺术调理师2位，教学团队召集人1人，顾问1人。本阶段教康整合成果是通过各专业人员整理各自专业评量工具，共同参考分散各科的评量内容及项目，整合出一套大家认可的课程评量内容，对以后凡要进入知动为核心的课程学习学生评量皆以此为主。

（二）课程理论依据

1.凯伯：知觉－动作理论

凯伯在知觉－动作理论体系中认为：行为发展始自肌肉活动，而所谓高层次的行为植基于低层次的动作，因此比较高级的活动系以肌肉的活动为基层结构。凯伯把学习的过程分为六个阶段，依次为：大肌肉动作期、动作－知觉期、知觉期、知觉－概念期、概念期。凯伯的六个过程阶段的教育意义有四，第一是成就的动作基础，儿童早年动作发展是一切学习行为的开端。第二动作类化作用，凯伯认为越是精密的咨询则越需要精密的动作，较重要的动作类化作用有：身体平衡与姿势、身体的移动能力，身体与环境的接触，身体应付外物与推出物体的能力。第三知觉作用的过程，凯伯认为教学必须以儿童任何学习工作的整体活动为目标，这种整合活动含四个过程：输入、统整、输出与回馈。如果任何一个过程有缺陷则儿童将遭遇困难。第四知觉动作的配合，是个体发展学习能力方面极具重要性的时期。如眼手协调、眼脚协调、听动协调等。因为要建立可靠的知觉必先诉诸动作的验证与核对，同时还可靠知觉去指挥动作，增进动作效能。凯伯编制了知觉－动作调查表，作为对学生进行补救教学的重点，含：平衡与姿势、身体形象与分化、知觉动作配合、眼球控制、形状知觉。

2.叶仓甫：全人疗育课程

叶仓甫作为物理治疗师在凯伯知动理论中结合儿童动作、认知发展实践，提炼儿童发展里程碑的知动评量共十四项，二十六题，从全人眼光看感觉、动作、认知、语言他们分不开也不能分开，感觉影响动作，动作影响知觉、情绪。叶仓甫的儿童发展里程碑是整合式的不分领域，在一个能力中包含知觉、认知、语言等能力的综合表现。例如交替半跪加复诵数数的能力就包含了知觉、动作、语言、认知等能力。所以这一目标的教学是一个整合，多能力目标教学。比如初始的语言、认知学习不能抽离动作，作动作回馈更易形成概念与语言连接，动作与数数对应更易形成数量概念。

（三）形成低幼年龄段学习适应课程

在知动理论下，结合学生的学习适应能力需求，向阳中心形成的低幼年段学习适应课程。详见附录案例一——江津向阳儿童发展中心教康整合专业建设与实践探索。

课程目标

领域1　学习能力　　领域2　学习常规　　领域3　生活自理	
1　学习能力	
1.1　知动	1.1.1　知觉动作协调、控制良好，情绪稳定，具备自我意识与学习意识
1.2　精细动作	1.2.1　能主副手配合操作教材教具
1.3　语言	1.3.1　具备参与上课的基本沟通能力
1.4　认知	1.4.1　能学习平面教材
2　学习常规	
2.1　人际常规	2.1.1　人际互动时注意安全
	2.1.2　能主动和同学互动
	2.1.3　能主动和老师互动
2.2　上课常规	2.2.1　能在活动中避免危险
	2.2.2　能适应学校作息时间
	2.2.3　能适应学校场地
	2.2.4　能适应学校活动
2.3　物品常规	2.3.1　适当使用教室里的玩教具
	2.3.2　适当使用教室里的用品
	2.3.3　适当使用教室里的墙饰
3　生活自理	
3.1　饮食	3.1.1　吃（能在学校吃）
	3.1.2　喝（能在学校喝）
	3.1.3　餐具（能在学校正确使用如下餐具：杯子、汤匙、筷子、盘子、碗）
3.2　如厕	3.2.1　小便
	3.2.2　大便
3.3　身体清洁	3.3.1　洗手
	3.3.2　洗脸
	3.3.3　刷牙
3.4　穿着	3.4.1　拉上、拉下裤子（如厕时）
	3.4.2　穿脱外套
	3.4.3　穿脱鞋子
	3.4.4　背书包
	3.4.5　脱下衣服、书包等会放在某处，不乱丢
3.5　午休	3.5.1　能在学校午休
课程评量标准设定： 0未达1，1虽不符合但不乱，2配合教师，3模仿同学，4自己知道怎么做。	

（四）课程实施

使用课程评量表进行课程评量，然后拟订个别化教育计划，各组依功课表整合个别化教育计划，且形成知动各科、各活动教材。

例知动音乐、知动美术、知动语文、知动数学等教材规划，规划含知动项目、行为表现、知动教材分布各项。其中知动项目，行为表现在各科活动中是共同的，从而体现出知觉动作作为核心的学习适应课程，教育康复整合的教学设计。

第五章

教育康复整合教学活动实施 ◁▷

第一节　教育康复整合教学的历程

教育康复整合教学实施是一个循序渐进的过程，现有教育康复相加模式，教育康复融入模式，是经历步步探索形成的。

一、家长自主获取教育和康复资源

当特殊教育服务和康复服务开展起来，两者各行其事之时，出于对孩子的关心和儿童成长的需要，有条件的家长便对自己的孩子作了接受教育和接受康复的安排，比如，一位学前的特殊儿童家长对孩子的一日安排如下。

> 7:30—8:00 坐车到幼儿园
>
> 9:10—9:40 到医院接受推拿和针灸治疗
>
> 9:50—11:30 幼儿园
>
> 11:30—12:00 返家
>
> 12:00—13:30 在家休闲、午餐
>
> 13:30—15:00 午睡
>
> 15:30—16:00 接受到宅服务
>
> 16:00—17:00 休闲
>
> 17:00—18:00 晚餐
>
> 18:00—18:30 休闲
>
> 18:40—19:00 家长训练
>
> 19:00—20:30 休闲、准备睡觉
>
> 20:30—7:00 睡觉

这是由家长自发的对孩子的教育康复、学校、家庭生活的安排，教育康复都有，但相互间缺少沟通交流，专业人员均从自己专业出发进行各行其事的专业干预，家长对教育康复的了解不足，在较为盲目的状况下容易错失孩子某阶段的教育重点和系统性整合服务。

二、单一模式及拓展

（一）医院

由医院、儿童康复科、儿童保健院，由门诊进入康复治疗，为儿童提供的从康复治疗角度而实施。比如，对脑瘫儿童的针灸、推拿、专门的动作训练等套餐式服务，为期三个月、半年集中密集式的动作治疗，或者每天 1~2 个小时由动作治疗师的单训服务。

现部分医院除以上治疗模式外，引入心理、特殊教育人员在康复治疗主模式中对儿童做认知、沟通等单训或集体教学。

（二）康复机构

提供专门的动作康复单训、语言单训。现部分康复机构接受政府"抢救性康复"等项目，在单训中加入全日教育，形成教育与单训相加的模式。

（三）康复科研机构

为科研积累服务量，主要进行专门的单训服务，以三个月、半年为期限的集中于上午1~2小时或下午半日有家长陪伴儿童，其他时间居家或在普校接受教育。

现部分康复科研机构在儿童单项、单训中加入了单项（如语训）的集体教学形式。且在单项单训中加入了多项集体教学，如参加语言单训康复的儿童一周有进行语文、数学学习的集体学习时间。

单一康复能较为专门深入地对个案某项进行系统训练，专业性强，对某项如动作、语言等的评估、计划、方案均有较严密的内容和实施。能够使个案获得相关专业服务，也有利相关专业人员的专业练兵和经验积累。但是，由于各专业人员没有与其他专业人员就同一个案的专业沟通，致使一些结点难于突破，训练效果受限。单一康复方式的拓展表现了对该方式的反思，从而有了进步的可能。

三、教育康复相加的模式

随着特殊教育学校学生由轻度变为中重度和多重障碍儿童，随着康复进入了国家特殊教育课程标准，特殊教育中如何融入康复，每所特殊教育学校均需有所行动，教育康复相加模式是行动的第一步。

特殊教育学校在原有的课程设置中增设康复课程。康复课程一是作为对个案的支持性教学一对一进行；二是教师为全班学生开设集体康复课程。在一日活动中教育课程和康复课程各自独立，形成教育加康复的较为简单的相加模式。此种模式，康复进入了学校、班级、一日活动，是较单一模式的进步，能关注学生部分康复需求，但教育康复之间没有实质性的结合。

四、教育康复融汇整合教学模式

在教育康复相加模式基础上，有了教育康复融汇整合模式的探讨。本模式确定一日活动即班级现行的教育教学活动中加入康复目标的活动，如针对某生，康复目标进入点名活动、抽离式个训（单训）、班级教学辅导、感统、艺术调理等课程。本模式还针对不同障碍类别的特殊学生而有相关的教康整合活动选择。脑瘫儿童的动作可有专门的个训，可进入体育活动、日常活动与主题活动当中，自闭症儿童的社交训练可有专门的个训、音乐活动、美术活动、日常活动与主题活动。

此模式将康复目标进入教学活动当中，迈出了教育康复整合建设的一步。这一步，让特殊教育老师与各类康复人员有了真实的交流、融汇。学生有更多的时间、空间，在生活学习中获得教育康复服务。实施过程中有以下几种方式：

第一，康复目标通过个训融入少数教学活动。比如，晨间、体育等活动实施教康整合。

第二，康复目标通过个训融入部分教学活动实施教康整合。

第三，康复目标通过个训及多数教学活动深入实施教康整合。

五、教育康复整合教学实施案例

下面呈现以提升日常生活沟通功能为目标的语言训练的实例，以此来展示教育康复整合教学。*

个案基本资料	茵茵，女，8岁，脑瘫。身体肌力较低，手脚较为软弱无力，走路容易绊倒，手拿不稳东西，有癫痫史。能认识经常用的物品及相片，呼吸支持较低，不会吹气，唇肌力较低，经常有流口水的现象。除叫"爸、妈、姐"外，暂无其他口语能力。

*资料来源：广州越秀启智学校资料。

前测	语前技能：在游戏、发声中的轮次较弱，专注力、模仿、配对能力较弱。 语言理解：理解的名词、动词的词汇量较少，对指令的配合度较低，随意性较强。 　　　　　对指令的执行需较多的辅助。 语言表达：口语表达的词汇量少，仅为几个名称词。 沟通能力：沟通方式以手势动作、发脾气与哭闹以及自己拿取为主，在沟通功能 　　　　　上可以表达需求、表示拒绝、在提示下有简单的社交互动以及少量的 　　　　　传达信息，但缺乏主动的表示情绪、社交互动以及传达信息，沟通意 　　　　　图被动，沟通效度不佳，只有熟悉沟通者以及照顾者可以完全理解， 　　　　　但不熟悉的沟通者只能部分理解。 言语能力：口腔功能较弱，不会模仿圆展交替等口腔动作。唇肌力较低，口腔感 　　　　　知觉能力较低，口腔内壁易沾食物，且不会运用舌头舔出，舌头运动 　　　　　能力较弱，无明显舌尖，易流口水。
康复 目标	1.增强对常见名词的理解能力 　1.1 增加理解生活中常见的具体名词（10个，食品类、日用品类），成功率 　　　为80% 2.增加沟通表达的方式 　2.1 能用指或要的手势表达需求，成功率为80% 　2.2 能使用图卡交换或录放型沟通辅具进行第二阶段图沟，成功率为70% 3.增强口腔功能动作 　3.1 增强唇肌力，能在非言语状态下，保持唇闭合动作，成功率为70% 　3.2 增强口腔感知觉，能用舌头将口腔内壁上食物舔出，成功率为70%
课程 安排	1.晨间口腔操 　一日之计在于晨，每天提早半小时，让学生回到学校参加由语训老师主持的晨间口腔操。要求家长和学生一对一地跟随老师做呼吸放松训练、口腔运动的促进治疗法等帮助学生口腔运动得更灵活。每周循序渐进地换一次内容，将口腔按摩、促进下颌唇舌运动的技术教给家长，让家长根据学生需要定时给学生做口腔训练。 2.抽离式个训课 　在上个训课时，邀请家长进入课堂，示范训练方法及手法给家长，请家长在家中也要多做相关的训练。 　唇肌力训练：因为茵茵流口水的现象较为严重，在个训课时，针对唇闭合能力、唇肌力等加强训练，通过协助指压法、自助指压法、振动法提高学生双唇的感知觉。通过抵抗法、对捏法、唇部拉伸法、脸部拉伸法提高学生唇肌力，减少流口水的现象。 　沟通训练：由于该生没有口语表达能力，手肌力较低。故先采用图片沟通帮助学生表达自己的需求。在上学期中，该生目前处于图片交换系统的第一阶段，即用一张图片进行沟通，建立交换意识。学生初步能够主动拿图片与老师或家长进行沟通，但由于手功能较弱，经常拿不起图片，或者拿图片时容易掉落，不能放到老师的手上。针对这个情况，我与班里老师共同交流后，班里老师非常积极地为该生特制了一套加厚加大版的图片，方便学生从沟通本上拿起图片。但由于递图片对学生来说也相对较难，我也请感统老师帮忙训练学生的手功能，增加手的肌耐力及稳定性。这学期，在学生建立了交换概念，有了沟通意愿之后，我决定增加学生的沟通方式，采用更快捷且多感官的沟通方式——录放型沟通辅具。学生可以直接用手按压相应的图片，通过视觉、听觉、触觉同时促发学生的沟通意愿，增加学生的表达。

课程 安排	3.班级教学的辅助 　　学生在大班上课时，请老师在与该生沟通时，除口语表达外，同时也需要采用图片沟通，学生能够通过选择图片，表达其想法及需求。由于该生还需要积累更多的生活中常见物品的名称，建议班级老师在教学过程中尽量采用真实的教具让学生认识不同的物件。 4.跨专业整合 　　由于该生的手功能较弱，在上感统课及艺术调理时，请老师训练其手部功能，增加手部的感知觉、肌耐力等。同时通过体育活动、跑跑步机等提高其肺活量，增加其呼吸支持能力。
后测和 效果分析	在经过训练之后，学生的唇闭合能力、唇肌力有所提高，能够在提示下，将口水吞咽。但在认真做事时，口水仍会不自觉地流出来，所以本学期仍需对唇肌力进行训练。在沟通方面的进步也比较大，沟通意愿提升了，主动性也增强了。但目前主要集中在常用的需求的表达上，接下来需扩大沟通的范围。

第二节　教育康复深入整合的课程与教学

一、教育康复深入整合教学策略

（一）自己培养专业人员，建立专业团队

　　除了寻求医疗单位专业治疗师的合作外（但目前内地此项资源极稀），机构自己也要从内部积极培养相关专业人才，使之具有物理治疗、作业治疗、语言治疗等的相关职能，以解决学生所需，一味等待外面所谓合格的治疗师，只会耽误学生的发展，并且拖延自己的专业成长。机构自己追求、累积各领域康复训练的技术与经验，等到当地有足够、合适的治疗师可用时，机构也才有可与之对等合作的优质人力。

（二）自己整编有利整合的评估工具

　　在特约专业治疗人员的督导下，参考大量文献、资料，康复老师共同整编各专业的评估表，如语言评量表、手工评量表、物理治疗评估表等以分析评估每个学生目前的语言、操作、动作的能力及障碍，另外编制一套"专业整合课程对照表"

（儿童发展地图），用以统整各领域评量结果，使之整体呈现一个学生各领域的发展现况，由此相关人员（包括学生的家长）能据此综合分析出学生各项能力之间的互动关系，找到该生目前亟需发展的优先领域的优先能力，其他较不亟需领域的目标相对减少。

（三）专业人员务实地培训实际操作人员

由于机构内（或医疗机构）的治疗师没有足够充分的时间训练学生，大部分的教导、训练工作都要委由非该项专业人员执行（如学生的老师、保育员、家长等执行脑瘫学生的动作训练，或执行自闭症学生的感觉统合训练），必须务实地认真对待这个需求，尽可能把执行人员逐步培训成"知其然也知其所以然"的执行者，使他们知道训练的目标和原理，才能正确执行治疗师设计的方法，并且于日常活动中观察、发现学生的问题及时求取解决之道。

过去为了防止非专业人员做错，只培训他们一些表面功夫，例如：如何为脑瘫孩子活动关节、摆位，协助移动等，使非专业人员花了很多时间于作用不大的训练上，实有歧视非该项专业人员的时间与精力，以及浪费学生的宝贵学习时间之嫌，所以每位一线老师及孩子的保育员皆需花最大的时间与心力进修物理治疗、语言治疗等的理论，清楚每个学生目前的问题与训练方案，才能于执行训练时用心思考，与治疗师作专业讨论，为学生创造最有利的新训练方案。

（四）以"优先领域为核心"的方式安排课表

以保证每个学生的优先目标得到最多时间的训练：好的训练目标要有充分的练习，以脑瘫儿童的粗大动作训练为例，除了要有高能力的训练人手外，还要有高频率的训练时间，因此脑瘫孩子的个人功课表上需安排1∶1动作训练时间、小组动作训练时间以及融入各科教学活动，日常活动的训练时间，其他非亟需领域目标的时间相对较少。

（五）团队成员共同设计每日、每周、每单元的各科教学活动

"以优先领域为核心的"教学模式包括下述几种（科目），一般由各相关专业人员与教师共同讨论（有些教师已兼负某专业人员职责），包括：晨间活动、暖身活动与今日计划，以优先领域为核心的活动、学科活动（语文、数学或认知）、艺术活动、个别训练、户外活动、日常活动、其他特别活动（如庆生会、表演会等）。

每学期开学之前先大体讨论各科教学活动要点与各生的个别要求，开学后，每换单元主题时又要共同讨论其大要与细节，例如脑瘫学生各科的具体目标、摆位要求、辅具运用等。

（六）团队成员共同进行教学、训练中的研讨及改进

由于专业人员较少有时间和各科老师协同教学（如果可以，当然更好），因此，物理治疗人员每个单元，（隔2~4周）进教室观察半天到一天，以确定讨论的事项是否正确执行，以及发现需现场调整的事项，每周三下午各班轮流召开教学研讨会（有教学实况录像），专业人员依学生需要参与讨论，以给出更好、更有效的建议。

（七）促使学生管理自己的学习，以收事半功倍之效

除了安排大量的时间与人力教育、训练学生的优先能力外，若能使学生明白学习的意义，能积极主动地参与学习活动，则更能达到预定的目标，也能保持学生对自己所学的兴趣与关注，终生受用。但要让学生自我管理远非易事，可采取如下策略：①尽可能让学生明白要做什么？为什么要做？做多少？②利用视觉提示及环境提示；③让学生自我记录，自我评估；④有效的回馈与强化系统，帮助学生明明白白地学习；⑤当学生需要别人协助做动作训练时，由其主动向别人说明要求，而非由别人要求他做训练。

（八）有利学生自我学习的辅具、教具的研发

为求节约人力及让学生自己完成活动，学生及各种尺寸的楔形垫、沟通板、职能活动板等的辅、教具，例以达练习的效果。

二、教育康复整合教学实施流程

有了以上的策略与构想，教学流程共分五大阶段，每学期开始地运行，以期每个学生学会课程内容，达成课程目标。教康整合教学是教康整合课程的个别化评量，个别化教育计划之后的行动，与教康整合课程介绍有重叠、衔接之处。

教学流程的图示

```
第一阶段：接案阶段 ————┬—— 招生
                      ├—— 建档
                      └—— 组成专业团队
          ↓
第一阶段：评量阶段 ————┬—— 发展能力评量
                      ├—— 课程评量
                      └—— 评量结果分析
          ↓
第三阶段：计划阶段 ————┬—— 召开个别化教育计划会议
                      └—— 叙写个别化教育计划
          ↓
第四阶段：教学阶段 ————┬—— 拟订功课表
                      ├—— 设计各科学期教学计划
                      ├—— 设计教学活动
                      ├—— 进行教学
                      └—— 进行教学研讨与改进
          ↓
第五阶段：教学评鉴阶段
```

三、教育康复整合实施案例

以重庆江津向阳儿童发展中心脑瘫儿童个案为例，通过江津向阳儿童发展中心脑瘫儿童个案看教育为核心与康复与多学科整合的相关服务。

（一）个案概况

向阳中心二班的一个孩子，麟麟，十岁，五岁开始就读向阳中心，医院诊断为：脑瘫。是一个学习热情很高，凡事都很好奇的孩子，有很多自己的语言，但语音不清晰，主要是声音很小，气息不够。他记忆力好，模仿能力强。现阶段可以自己吃饭，可以在穿着矫正鞋的情况下走几步。

在麟麟刚进入中心（2006年2月）的时候，尝试了"戏剧融入教育"的教学模式。那这时候的麟麟要学些什么呢？班主任老师、协同教学的老师、家长以及教学主管共同讨论制订出了属于他的一份 IEP，如下表所述。

领　域	短期目标	教学情境	评鉴	备注
1. 粗大动作	1.1　加强上肢伸直举高的能力			
	1.1.1　能双上肢伸直完成所要求的动作		1	
	1.1.2　能双上肢举高完成所要求的动作		1	
	1.2　加强骨盆的控制能力			
	1.2.1　能稳定跪走 2 米		1	
	1.3　加强躯干旋转的能力			
	1.3.1　能在坐姿下双手跨中线拿东西		1	
	1.4　加强胸大肌的活动能力			
	1.4.1　能做抱胸运动		1	
	1.4.2　能做扩胸运动		1	
2. 精细动作	2.1　加强掌指协调的能力			
	2.1.1　能将粘土搓成圆形		1	
	2.1.2　能将粘土搓成长条形		1	
	2.2　加强拇指外展的能力			
	2.2.1　能将双手的虎口打开		1	
	2.3　加强双手协调的能力			
	2.3.1　能一手扶物，一手操作		1	
3. 认知	3.1　加强配对分类的能力			
	3.1.1　能配对分类课堂上所学的字卡		3	
	3.1.2　能依功能分类日常生活用品 10 件		3	
	3.1.3　能将每出戏的道具分好类		3	
	3.2　加强了解日常生活中因果关系的能力			
	3.2.1　能进行简单因果推理（因为下雨所以要打伞）		3	
	3.2.2　能操作有因果关系的玩具（回力车）		3	
	3.2.3　能设法避免错误		3	
	3.3　加强记忆力			
	3.3.1　能记住在戏剧中饰演角色的台词		3	
4. 沟通	4.1　加强回答问题的能力			
	4.1.1　能回答简单的疑问句		3	
	4.2　加强认读文字的能力			
	4.2.1　能认读课堂上所学习的文字		3	
	4.2.2　能在环境中认读所学过的文字 10 个以上		3	

续表

领　域	短期目标	教学情境	评　鉴	备注
5. 生活自理	5.1　加强洗脸的能力			
	5.1.1　能在洗脸时自己拿着毛巾上下擦脸		1	
	5.1.2　能知道老师帮他洗脸的程序		3	
	5.2　加强刷牙的能力			
	5.2.1　能将牙刷放进口中		3	
	5.2.2　能在老师协助肘关节的情况下上下刷牙		2	
	5.3　加强脱衣裤鞋袜的能力			
	5.3.1　能在别人帮忙脱一只衣袖的情况下脱掉另外一只		2	
	5.3.2　能在别人把裤子脱到膝盖处后自己脱掉裤子		2	
	5.3.3　能自己脱袜子		2	
	5.3.4　能脱魔术帖的鞋子		2	
6. 社会技能	6.1　加强金钱概念			
	6.1.1　能比较各面值的金钱大小		3	
	6.2　加强与人互动的能力			
	6.2.1　能适当地与人打招呼（不用手去抓，用嘴巴说）		1	
	6.2.2　能在别人娱乐时不去打搅		3	
	6.2.3　能在别人说话时等待别人		3	
	6.3　加强休闲的能力			
	6.3.1　能唱歌自娱		3	
	6.3.2　能自己听音乐跟唱		3	
	6.3.3　能安静地听别人唱歌		3	
7. 感官知觉	7.1　加强眼手协调的能力			
	7.1.1　能在被给予一物时，对准目标伸手		1	

（二）制订与个案目标相关的课表

时间	作息				
8：30—8：50	动作训练				
8：50—9：10	点名课				
9：10—10：20	主题活动（戏剧）				
10：20—11：00	W1	W2	W3	W4	W5
	语文	数学	语文	数学	外出
11：00—11：30	猜谜时间				
11：30—12：30	午餐、盥洗				
12：30—14：00	午休				
14：00—14：20	清醒活动				
14：20—15：00	美术	音乐	棋牌	阅读	戏剧表演
15：00—17：30	放学活动、动作训练				

当时麟麟在每节课的参与情况从以下几点分析，如下所述。

动作训练：由妈妈做一些牵拉活动，然后做一些上肢放松的运动，麟麟比较配合，但主要都是在被动地练习。

点名课：麟麟熟悉整个流程，对于老师的提问都积极回答，但声音太小，鼓励其大声发音时，出现双上肢弯曲及非对称性颈部张力反射（ATNR）。能够唱各种点名歌。

主题活动：爱表演，也记得住台词、道具，但很容易激动，本来是设计跪走的移动，一激动就走得东倒西歪的，上肢也弯曲。

语文数学课：能回答老师提出的问句，也能认识所学的内容，只是在回答问题时张力很高。

猜谜时间：会进行简单的推理。

美术课：大多时候都是歪着头，手肘弯曲着在桌面进行绘画、涂鸦。

音乐课：特爱唱歌，也学了不少歌曲。也爱动，只是在唱歌时身体随着张力蜷缩起来。

棋牌活动：玩各种牌时都会因为手功能很差，拿的时候紧张，五根手指弯曲，虎口也不能打开。

期末评鉴：本期目标中完成得比较好的主要是认知方面的，只要和动作有关的目标都很难有突破，比如用说话的方式与人打招呼，因为说话时声音太小，气息不够，别人听不见他说话，所以又只能用手去抓别人，而气息不够与胸大肌的运动有关，刚好粗大动作又是这学期进步最小的，所以导致了很多目标都无法完成。并且发现完成的目标对动作也有很多副作用，如唱歌自娱，虽然可以完成，但在唱歌时双上肢弯曲，非对称性颈部张力反射（ATNR）出现，所以这又直接影响粗大动作的发展。

经过两年的"戏剧教学"麟麟在认知和语言表达上有很大的进步，但在动作、生活自理方面很难有突破。正好在2007年的时候中心从台湾请来了语言治疗师、作业治疗师以及感觉统合师讲解了理论技术（早在2006年的时候中心就开始定向培养了两位自己的物理治疗师），中心的老师也依据自己的兴趣选择了开始学习自己的第二专长，也用了两年时间各位老师进行了基本功的练习，直到2009年中心开始以专业团队整合的形式，围绕学生的主要问题来开始制定IEP，麟麟就成了我们"新专业整合课程"的案例，我们以此案例来介绍脑瘫孩子的教育过程。

（三）以专业团队整合，找出主要问题，制订个别化教育计划（IEP）

会议时间：2009 年 7 月 4 日

地点：中心会议室

与会人员：班主任、物理训练师、作业训练师、语言训练师、相关科目老师、家长

会议流程

1. 会议说明：（略）

2. 评量结果报告

2.1 上学期 IEP 评鉴：由班主任老师报告其基本资料以及上学期的目标执行情况。

班主任意见：本学期目标比较多，整个完成的情况也不是太好，很多目标都因为受到动作的影响，所以下学期如果能提高动作能力，那对学习其他目标就会更容易。

2.2 动作评量结果报告

2.2.1 粗大动作

物理治疗评估记录表	
姓名：麟麟　年龄：10 岁　　　　性别：男　　　　　　医生诊断：脑瘫	
物理治疗师：余 T　　　　　　　　　　　评估时间：2009 年 6 月 30 日	
主要问题	1. 髂腰肌肌力不足影响交替半跪稳定控制 2. 骨盆倾斜造成长短腿（右长左短） 3. 左腿膝反张
训练计划	1. 反坐三角垫仰卧起坐练习髂腰肌（10 分钟 160 个） 2. 左半跪姿推拉梯臂架（10 分钟 120 个） 3. 左脚半跪姿的跪坐跪起训练左腿弯曲伸直控制（10 分钟 200 个） 4. 左脚绑三斤沙包单手扶物交替半跪（10 分钟 150 个） 　平时摆位：坐侧坐，训练一天 2 至 3 次，每天牵拉 2 次外展肌纠正长短腿 　平时移行：跪走
短期目标：独立交替半跪 50 下（三个月）	长期目标：半跪站立起（一学期）

2.2.2 精细动作

学生：麟麟	评估者：朱 T		报告日期：2009.6.26
主要问题	评估结果	训练计划	目标
拿物品时，操作东西时不能伸直举高上肢	双上肢屈曲张力高	1. 被动牵拉双上肢屈曲肌肉 2. 高跪姿势取物置物 3. 举高上肢击物举高上肢击物 配合物理训练做上肢运动	能够上肢伸直操作3分钟
操作物品时惯用左手，右手很少用	双手协调能力差 双手跨中线能力差	1. 拿一些高处需要跨中线的物品 2. 暖身活动中做跨中线的活动 3. 配合动作训练做双上肢协调的动作	能左手为主手，右手为副手操作物品
建议每天可排半小时的作业训练课。			

2.3 语言评量结果报告

姓名：麟麟　性别：男　评估者：勇 T		报告日期：2009 年 6 月 25 日
现有能力	问题分析	训练目标建议
1. 口腔部分：偶尔会流口水，能做合唇至张唇、张唇到合唇动作，舌头能前后伸缩，但伸出唇部能做却做不好，用唇衔物可维持瞬间，嘟嘴也是，舌头从中线到两侧或越过中线及舌头提升都不会。	口腔周围触觉比较迟钝，受肌张力影响	1. 增强口腔刺激使感觉正常化 2. 增强唇部的活动力
2. 大多数时候都用电报句来表达，在说话时，姿势比以前正确了很多，但仍显得很吃力，说的句子品质有所提高（多数时候说的句子长度比上期多了一两个字），报告事情时会在开始用完整句，说话的声音虽然还是小，但也在改进中。	受肌张力影响	1. 反复说部分内容，学会控制（姿势＋音量） 2. 同样的内容以不同的句型来表达 3. 平时应多吸收知识以增加说的内容
建议：语言训练可一周排两节课。		

　　2.4 学业评量：本学期学习了一册语文，对于所教过的字母和生字能大多数掌握，对于儿歌掌握情况比较好，笔画比较混淆（详见语文能力统计卡）。数学也是继续学习小学一册的内容，对于数的比较还比较混淆（详见数学能力统计卡）。

　　建议：麟麟对学习的兴趣也很浓，学习速度也还不算慢，对抽象概念的东西学习难一点，如数学学起来就比语文难，需要的时间会稍微多一点。

　　2.5 家长期望：希望孩子加强生活自理训练：刷牙、洗脸，喝饮料，穿脱衣裤，吃饭的质量，自己走路。

3. 评量分析 / 讨论

3.1 主要问题与相关问题

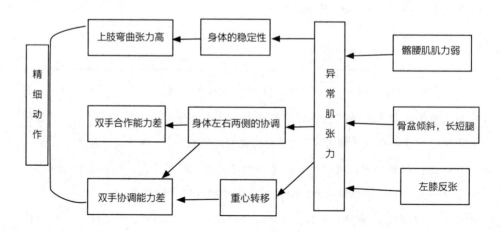

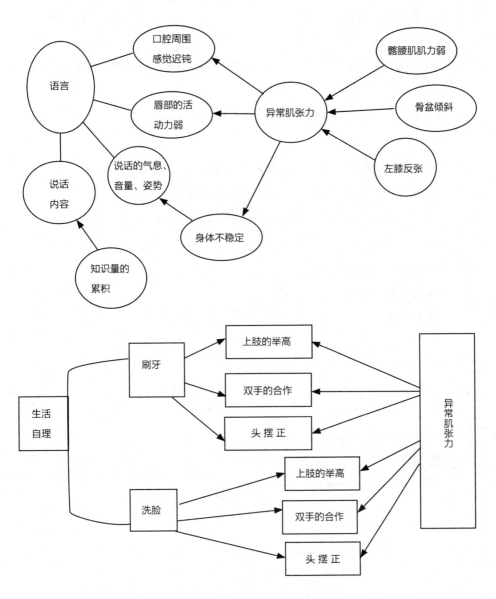

通过各专业人员的分析讨论得知各领域关系图：

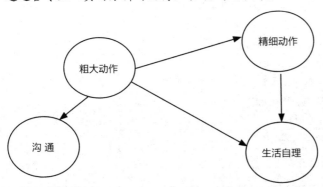

4. 相关问题目标

主要问题：粗大动作异常肌张力

相关问题：由于粗大动作影响其手部操作从而影响生活自理教育要求

4.1 主要领域与目标

粗大动作——增进髂腰肌肌力，纠正骨盆倾斜，加强左腿的弯曲力量

4.2 相关领域与目标

精细动作——加强上肢的伸直力量，加强双手合作的能力

生活自理——加强洗脸的能力，加强刷牙的能力

沟通——增强口腔刺激，增强唇部的活动力，加强说话的控制能力

认知——增加累积知识量

4.3 教学策略与相关服务

增加做训练的时间

安排个别课

其他建议：

签名：

与会人员对讨论的结果无异议，则在记录上签名。

5. 根据以上讨论的内容制订出麟麟的 IEP

领　域	目　标
1. 粗大动作	1.1　增进髂腰肌肌力
	1.1.1　能独立交替半跪 50 次
	1.2　纠正骨盆倾斜
	1.2.1　能左右腿一样长
	1.3　加强左腿的弯曲力量
	1.3.1　左腿膝反张消失
2. 精细动作	2.1　加强上肢的伸直力量
	2.1.1　能在高跪姿势下上肢伸直操作物品 3 分钟
	2.2　加强双手合作的能力
	2.2.1　能双手合作使用乐器
3. 生活自理	3.1　加强洗脸的能力
	3.1.1　能用右手抓住条形桌，左手洗脸（协助头摆正）
	3.2　加强刷牙的能力
	3.2.1　能用右手抓住条形桌，左手拿牙刷刷牙（协助头摆正）
4. 沟通	4.1　增强口腔功能
	4.1.1　增强唇部的活动力
	4.1.2　能在提示之下闭唇吞口水

领　域	目　标
4. 沟通	4.2　加强说话的控制能力
	4.2.1　能一口气说七个字以上的内容
	4.2.2　能在说话时保持双手自然下垂
	4.3　加强说话内容的丰富性
	4.3.1　能在提示复述阅读课上听到的内容
	4.3.2　能将同样的内容用把字句或是被字句表示
5. 认知（学科）	5.1　加强学习一年级语文数学的能力
	5.1.1　能认识所有教过的声母及单韵母
	5.1.2　能认识所教过的生字 20 个
	5.1.3　能目数十以内的物品
	5.1.4　能计算 10 以内的加法
	5.1.5　能计算 10 以内的减法

（四）专业团队合作进行教学

1. 整合班级共同目标，拟订功课表

根据各专业人员的整合讨论，麟麟本学期以加强动作训练为核心，在加强动作训练的同时让生活自理能力得到提高，多吸收知识增加说话内容，自如控制气息与音量。

各专业人员依照自己的专业评估认为可以开展哪些课？

物理治疗老师认为：因为每天需要牵拉外展肌，早上应当作一次牵拉和放松。为保证动作训练有效果，每天至少有 2 次完整做训练时间。平时一定要注意到学生的摆位，以免做了训练，摆位姿势不正确又事倍功半了。

作业治疗老师认为：因为上肢张力很高，每天应该专门排上半小时训练上肢的个别课，以加强生活自理训练。

语言治疗老师认为：麟麟现阶段说话意愿非常强，且认知好，可以每天布置家庭作业自己做口腔操，每天可有一点时间在老师的指导下练习控制气息与音量。

班主任老师认为：因为麟麟认知好，又在学龄阶段，要加强其对拼音、文字、数学方面的学习，配合语言训练需要累计丰富的知识，所以每天要有学习语文数学的时间或是要增加其却阅读的时间。因为脑瘫学生的推理、想象力也很欠缺，所以也应该开设此类科目。

上学期相关科目老师认为：下午可以排一些手工课或音乐课，既可以加强学生的休闲娱乐，也可以在这节课上加强手功能和语言。

综合以上各专业人员的意见，拟订出功课表（班级功课表会综合班级其他同学的目标进行拟订）。

时　　间	作　　息				
8：30—8：50	动作训练一				
8：50—9：10	暖身活动				
9：10—10：20	主题活动				
10：20—11：00	个别课、动作训练二				
11：00—11：30	W1	W2	W3	W4	W5
	语文	数学	语文	数学	阅读
11：30—12：30	午餐、盥洗				
12：30—14：00	午休				
14：00—14：20	清醒活动				
14：20—15：00	美术	音乐	动作训练	阅读	戏剧活动
15：00—17：30	放学活动、动作训练三				

2. 实施教学

将麟麟IEP目标融入教学活动与日常生活中。依照功课表安排教学活动如下：

动作训练一： 由家长为麟麟做牵拉，主要是牵拉右腿外展肌。

暖身活动： 主要是放松活动和发音练习。以引导式教育的方式，自己学会控制身体，主要以上肢的伸直、举高，下肢的弯曲为主。发音练习在仰躺在三角垫最放松的时候发非常容易发的几个音，帮助其控制气息及音量。

主题活动： 以动作为核心，在音乐的带动下完成物理训练老师制订的最需要加强的四个动作计划：（附主题活动卡）

①反坐三角垫仰卧起坐练习髂腰肌（10分钟160个）。

②左半跪姿推拉梯臂架（10分钟120个）。

③左脚半跪姿的跪坐跪起训练左腿弯曲伸直控制（10分钟200个）。

④左脚绑三斤沙包单手扶物交替半跪（10分钟150个）。

个别课： 每隔一天一节作业训练课，主要以加强双上肢伸直力量和双手合作为主。活动为投掷、拉简易阔胸器、串大串珠、高跪姿势伸直双上肢完成粘贴画等。没上个别课时有家长继续加强动作训练。

语数课： 按小学一年级课本进行学习，在回答问题时使用麦克风控制音量，要求一口气并且用完整句表达。指认黑板上的内容时，用双手握住圆形（帮助虎口的打开）木棍进行指认。

午餐： 右手抓住条形桌，左手用汤匙吃饭，用汤匙舀饭时由老师帮助固定住头部（因为有非对称性颈部张力反射）。

盥洗：老师协助拧好毛巾，麟麟以右手抓住条形桌，左手拿毛巾上下洗六下，老师帮忙固定头部，刷牙时双手拿住牙刷接住老师挤的牙膏，以右手抓住条形桌，左手拿牙刷左右刷牙，老师帮助固定头部，其余程序也由老师代劳，以免出现异常张力。

午休：坐侧睡，纠正其长短腿。

清醒活动：和同学玩跪走运物的游戏。

美术课：主要设计以高跪姿势为主的，双上肢需要伸直操作完成的作品。例：用手粘上颜料伸直在画架上作画，粘贴画还有固定双手用嘴巴吹画。

音乐课：在垫子上坐侧坐，声势节奏以拍手为主，手势以双上肢伸直举高为主，乐器使用沙锤，双手握在中线上下运动。

阅读课：在垫子上坐侧坐，大量吸收丰富的知识，回答逻辑推理的一些问题，复述简单的内容。

戏剧课：主要促进逻辑推理能力，解决问题，想办法的能力。表演时需要移动用跪走的方式。

以上内容会因为再次评估后随时进行调整，但依然需要所有专业人员参与。

3. 成果

此种以专业整合的形式讨论而拟订的 IEP、功课表、教学活动设计我们也通过专业评估表、学习记录表、家长问卷等形式了解学生的学习进展情形。期末时会评鉴整个 IEP 执行的情况。

（1）物理治疗评估记录表

姓名：麟麟　年龄：10 岁　性别：男　医生诊断：脑瘫
物理治疗师：余 T　　　　　评估时间：2009 年 10 月 14 日

主要问题	腰肌肌力不足影响交替半跪稳定控制
训练计划	1. 反坐三角垫仰卧起坐练习髂腰肌（10 分钟 220 个） 2. 三角垫上倒退爬，穿上矫正鞋（10 分钟 120 个） 3. 左脚绑 1.5 千克沙包单手扶物交替半跪（10 分钟 200 个） 4. 扶物半跪站立起（10 分钟 150 个） 平时摆位：坐侧坐（预防张力分布再次变成下右）　训练一天 2~3 次 平时移行：跪走
短期目标：独立交替半跪 50 下（三个月）	长期目标：半跪站立起（一学期）

从物理治疗评估表可以看出：一是主要问题的骨盆倾斜问题已经得以解决，

现在左右腿一样长；二是左膝反张也已经消失；三是整套计划的动作难度增加了；四是在单位时间里相同动作的个数增加了。

（2）学习记录表（摘取）

目标 表现 日期	2009年9月12日	2009年10月14日	2009年11月2日
能在高跪姿势下上肢伸直操作物品3分钟。	能稳定地高跪，但当上肢有动作时则会出现身体左右摇晃，双上肢在操作物品时处于弯曲状态。	能稳定地高跪，上肢举高动作没有超过耳朵时，伸直角度没达到120度左右都可以保持身体稳定，操作物品时需要有人固定住双手肘才可以完全伸直。在口头提示下，可以出现瞬间的伸直操作物品。	能稳定地高跪，上肢举高动作没有超过耳朵时，伸直角度没达到120度左右都可以保持身体稳定，操作物品时需要有人固定住双手肘才可以完全伸直，在口头提示下可以有大约1分钟的双上肢伸直操作。
能一口气说七个字以上的内容。	说话声音很大，整个上肢处于屈曲状态，每次最多说三个字就得大大地换一口气。	在提示下可以说得小声一些，在提示下可以双手抓住自己的裤子说话，姿势较正确，可以一口气说："爸爸上班去了。"最后会大大地换一口气。	每次在要说话之前自己会先把双手找一个东西固定住再说，姿势比较正确了。对同学说了一句："我没让上国王。"但最后还是会大大地换一口气。
能用右手抓住条形桌，左手洗脸（协助头摆正）。	非常紧张，整个头都转向左边，洗脸时左手只能拿着毛巾原地动一动。	在老师帮忙控制住头部时不会紧张，但开始有动作时，头还是会想往左边转，右手可以拿着毛巾上下动2下。	老师帮忙固定住头部，右手拿着毛巾可以上下动5~6下。

由学习记录表得知：学生的进步还是比较明显。

（3）家长问卷

1. 你觉得你孩子这一个多月有进步吗？表现在哪些方面？

有进步。动作方面做以前的动作轻松多了，并且可以自己做2个交替半跪了。说话时不像以前那样非要很大的声音才说得出来，和我说话的内容也比较多了，爱说话。他还知道自己每节课自己的摆位。

2. 你觉得现在这样上课的形式怎么样？

> 比较好，因为现在更多的时间可以做训练，因为孩子动作问题是一个大问题嘛，更重要的是，在课堂上加入动作训练，孩子的积极性大大地提高了，不觉得训练有多苦了。
>
> 麟麟家长

4.IEP达成目标及分析

从IEP达成的目标来看：本学期共有目标18个，比上学期的目标少了一些，但能够自己独立完成的目标有16个，占总目标的89%。比上学期通过的百分比明显高。这些目标在动作，生活自理一直很难突破的目标上有明显的改善。虽然增加了动作训练时间，减少了上文化课、认知课的时间，但麟麟的学习目标依然可以完成得比较好。只是在精细动作领域有些需要协助，主要是因为麟麟是一个徐动型的个案，远端的张力相当高，所以稳定度不够也影响其操作。

以"围绕学生主要问题"及在专业团队合作的情况下讨论制订出来的IEP以及教学设计对学生来说现阶段是可以看出明显的进步，但这样一种模式是否能够一直走下去呢？老师还需要哪些专业呢？是否还有另外的一种模式让学生能够更快更好地前进呢？我们一起思考，一起期待吧。

5. 个案反馈

我的一天*

老师说"我的一天"，是想让每个看到这篇文章的人能看到一个活灵活现的我！——其实，我最大的特点就是热情、爱表现！而我的一天无时无刻不在展现这样的自己！

早上起床对我来说是一件很困难的事，妈妈总是要叫我很久。当然，这并不是造成我迟到的根本原因！吃！——不但是因为我喜欢吃，而且还喜欢自己吃！妈妈又嫌我吃得慢，要喂我！（这样一来二去，当然要迟到了！）

到学校我的第一件事就是做动作训练。在等妈妈帮我擦鞋底的时候，我会去找同学或其他的"三姑六婆"聊天，又去问问：你爸叫什么？你妈叫什么？（现在我说话的声音可比以前大多了！）……开始做动作训练的我，是最积极、认真的。只要看看我的"功课表"，50个，100个对我来讲都是小意思，而且我绝不会偷懒！妈妈说我是老师说几就是几，说一不二！

单元课可是我最出风头的时候，老师说我是我们班的高才生！我们班的"三

---

*由江津向阳儿童发展中心周千勇记录。

姑六婆们"说我是爱表现！不论台上的主教老师怎么一而再再而三地告诉我们要听完问题再举手，我还是忍不住跪走到老师面前，还没有"站"稳，就举起了手！惹得大家哈哈大笑！我可一点都不在意这些，一样地积极回答问题，一样地爱问为什么，只要我的动作不错，我永远是焦点！

之后，是我最喜欢的朱朱老师给我做训练，我当然比看到妈妈这个大美女时更加卖力，也更认真。

在吃饭之前，我都会自己做老师教我的口腔操，自己搓搓脸，按压自己的口腔周围，但因为想着之后邓阿姨的可口饭菜，我就会"不小心"使错力把自己的耳朵按得红红的！我真的很喜欢吃，虽然要老师帮忙把菜饭都剪碎，我还是觉得美味依旧！还有一个很重要的原因是我可以自己一手抓着条形桌，一手拿汤匙自己吃饭，不用别人喂我！

午休之后，我都会趁着清醒活动的时间，和同学们PK一场——大家在地垫上跪走比赛运送物品！大家玩得真的很开心！

下午的音乐课和美术课是我可以休闲、创造、展现自己的时候，不论以什么姿势上课，我都很开心。我可以高跪着会用手指沾颜料在画架上画，然后很得意地签上我的大名"一0"；我也可以侧坐着双手举高摇沙锤，哪怕我的节奏不准，但还是会因为我是举起乐器的第一人而开心不已。

放学之后，我们班的同学都还要再练上一把。每次，我都是练到最后的一个，因为我是说一不二的"一0"！

每一天我过得这样高兴，过得这样开朗和热情，从学校离开时还会跟老师调侃一句：I miss you! 这就是那个人见人爱的我！

第六章

高等教育康复专业建设 ◁▷

第一节 高等教育康复专业建设总说

一、高等教育康复专业建设政策依据

（一）国家教育部批准建立教育康复专业

2013 年 3 月 28 日教育部发布教高〔2013〕4 号文件，决定在本科专业目录中教育学一级学科下设置教育康复学，教育康复学作为二级学科与特殊教育学并列。

（二）国家政策支持教育康复专业

党的"十七大"提出"关心特殊教育"，"十八大"又提出"支持特殊教育"。近年来，党和政府出台了一系列关心与支持特殊教育的政策文件，大力培养特殊教育师资是其中的重要内容。2012 年 4 月，发改委、教育部、中国残疾人联合会办公厅发布了《关于印发特殊教育学校建设二期实施方案暨编制专项建设规划的通知》（发改办社会〔2012〕896 号），其中明确提出："扩展特殊师范专业范围，研究增设教育康复类专业。"同年 9 月，教育部等五部联合发布《关于加强特殊教育教师队伍建设的意见》（教师〔2012〕12 号），在"加大特殊教育教师培养力度"中提出，"加强特殊教育专业建设，拓展专业领域，扩大培养规模，满足特殊教育发展需要。改革培养模式，积极支持高等师范院校与医学院校合作，促进学科交叉，培养具有复合型知识技能的特殊教育教师、康复类专业技术人才。"这些政策性文件直接催生了教育康复学这门新学科，也为这一学科的建设和发展提供了强有力的发展平台。

二、基于学生需求的特殊教育与康复的反思

（一）特殊教育的反思

特殊教育看到重视整体缺陷的发展性课程存在"面面俱到而面面俱不到"的问题，忽视了关键问题的存在和解决问题。适应性支持性课程在对优势、长处的关注时，功利性的选择和替代方案失去了生活的丰富和自我成长。因而特殊教育对全人教育、个别化教育以及发展、适应、生态化等课程理论，结合特殊人群的需求分析及相关专业的成长，反复深思后回到原点；面对特殊需求人群的诸多需求，理清关键核心问题，从关键点深入通过整合过程，做专门化分解运用；且成全了新的专业化学科，动作治疗、语言治疗、作业治疗等应运而生；相关课程由拓展而形成。特殊教育在反思行动中学习相邻学科的同时充实发展了自己，教育康复呼之欲出。

（二）康复的反思

医生对儿童作出康复诊断、评量拟订康复方案，在医院或康复机构执行康复时疗程往往以 3 个月至半年计，每天给出康复的时间和强度量，做单个技能的重复练习，长此以往与生活脱节，因为儿童的生活还有学校、家庭和社区。康复如果走不出医院，脱离儿童的生活，康复效果会受到影响，所以，康复应思考怎样走进儿童一天当中活动时间最多的学校、家庭生活。康复与教育的整合也要提到议事日程上。

（三）特殊教育整合多学科的有利条件

1. 与特殊教育高频度密切接触

特殊儿童教育教师是除儿童家长外与特殊儿童接触最高频度的人群，特殊教育需求学生在校时间占全天时间的三分之一，住读生在校时间更长，因此，与教师交往频繁密切。教师是教书育人的角色，与学生交往除时间、空间的频繁密切外，更有知识技能的传授、人格的建设培养。师生关系可持续数年，特殊教育学校常持续九年的时光。师生间交往的广度、长度、深度是康复人员所不可比拟的。

2. 第二专业学习机会增多

特殊教育处在社会科学和自然科学的交界处，本专业要求专业人员知识、能力在交界综合处发展，即成长为复合型人才。伴随着现代化步伐，各专业学科均在进步，特殊教育欲获取其他专业知识也非以前那么艰难，今天各专业正逐步打

破专业壁垒，敞开胸怀与其他专业进行交流。特殊教育教师学习第二专业已成为可能和可行。

3.可形成教育康复整合新课程

在特殊教育原有的教育教学中加入康复，形成教康整合新课程。新课程，既关注学生心理需要，又关注学生的生理需要，从教育、康复两方面缓解特殊儿童的障碍、困难，调动潜能与优势。教育、康复短长互补，相互支持，合作协同。教康整合的新课程给特殊教育以探索、创造、专业品质跃升的大好机会，新课程为特殊教育增加实力，同时成为特殊教育现代化进程的重要推手。

三、与教育康复相关的多专业

（一）特殊教育学

教育康复专业的教育更多的是指特殊教育，特殊儿童是教育康复专业的主要服务对象，特殊教育从教育理论、全人教育观、个别化教育观、生态教育观，从发展性、适应性、生涯转衔教育、融合教育，从多种各类障碍者（学前、学龄、成人）的教育等多元角度，呈现出特殊教育全貌，这是教育康复专业必备的重要基础。

（二）普通教育学

普通教育学反映大教育的理论、本质和教育规律、教育过程以及教育实践经验，从课程、教学活动设计与实施、教材、教法、教育教学管理、教学评价、资源、教师培养、教与学的关系等给教育康复专业以奠基性的理论、知识及方向性导引。

（三）心理学

建构在心理学上的教育康复重视从心理的实质，从身心关系、心物关系、知行关系上充分了解、运用儿童的遗传、环境与教育三因素，强调教育康复对特殊需求儿童的重要作用，本专业从行为心理学、认知心理学、人本主义心理学等诸多领域中收获良多，而生成积极行为支持特殊儿童心理咨询、特殊儿童身心健康等广泛的研究与实践。同时注意对各类特殊儿童身心特点与需求的了解，以提供适合的教育服务。

（四）生理学

"特殊教育解剖生理学"以人体解剖生理学为主体，结合特殊教育专业特点，在系统阐述人体基本组织及系统等正常解剖结构和生理功能基础上，着重介绍人体机能的调节、神经系统和感官结构特征及特殊儿童的解剖生理特点，以期了解特殊儿童生理结构特点及障碍形成原因、功能表现、预防、康复知识，从而为特教专业其他相关课程学习提供生理学方面的必备基础储备。

"神经心理学"研究人的心理活动与大脑生理活动之间的关系，是神经学与心理学的一门交叉学科，从神经科学角度解释和研究人的心理现象与行为。特殊教育要求在掌握神经心理学基础概念、理论、知识和技术基础上，对特殊儿童心理问题产生的神经机制及研究技术有所理解、把握为特殊教育康复及相关课程提供的脑科学依据。

特殊教育与医学关系极为密切，在特殊教育和医学均有长足发展的今天，新的意义上的医教结合有了新的内容和模式，在特殊儿童的心理需求、生理需求与社会性发展结合中有对疾病预防和治疗的基本常识，拟订且执行进行满足其医疗和教育整合的干预方案。

（五）卫生学

特殊儿童健康最为重要。特殊儿童日常的卫生、健康、体育锻炼、合理营养、疾病预防与急救、学校环境与设备、康复医疗等一系列知识、技术与观念，帮助特殊儿童提高生活自理和接受教育的能力，养成卫生、健康的生活习惯，促进特殊儿童社会、心理、生理功能的改善与提高，过上健康、幸福的生活。

（六）伦理学

以道德现象为研究对象的伦理学，本专业职业道德规范体系的形成提供了依据，在对人生的意义、人的价值、对生命与生活等普遍性而又根本性问题在探讨与践行当中回答本职业道德与经济利益和物质生活的关系，个人与整体利益的关系，特殊需求与普遍共同性的关系，通过特殊教育职业道德认知与情感，形成职业道德行为，提升职业道德修养。

（七）社会学

社会学是从社会整体出发，通过社会关系和社会行为来研究社会的结构、功能、发生、发展规律的综合性学科，本专业作为一种社会存在在社会整体中对和谐社会建设有不可替代的作用。健全社会成长的内涵，特殊需求人群与特殊教育服务给予了明确的注释。尤其在我国现代化进程中教育康复是社会平衡、安定、进步的敏感而重要的标尺，会促使社会学理论的发展，更开辟了社会服务实践的广阔天地。

（八）哲学

作为社会科学和自然科学总和的哲学，是所有学科的基础，哲学思考是对任何一种知识探索的最好实践，教育康复也不例外。

（九）法学

法学研究法的产生、本质、特征、形式、发展、作用、制定和实施。"法学"这一社会现象有其成长与发展的规律，法学肯定法律对社会的制约和调整，法学教育人民遵纪守法同时也教育人民运用法律所赋予的权利，维护自己的利益。特殊人群需要有相关的法律法规的制定，提供法律层面的保障，提高特殊需求人群的法律意识和维权意识的同时提高全民全社会对残障同胞的尊重与关怀。

四、教育康复专业定位

教育康复专业是社会学和自然科学之间的交叉学科，以学校、教育为背景，以特殊教育、康复为基础，进行教育康复整合性研究与实践的一门新学科、新专业，旨在为特殊需求人群提供更适合需求的更完善的相关服务。促进特殊需求人群成长、发展，获得高品质的生活。

（一）专业性质

本专业是教育大系统的一部分，是与社会科学与自然科学交叉的一门边缘学科。教育康复是人文与科学结合的学科，特殊教育具深厚、广阔的人文内涵，历史、地理、文学、艺术等给特殊教育丰厚的人文性，直接感受生活、感受生命，有对生活与生命的关心、关怀、领悟、追求、珍惜和赞美。教育康复又是人类科学、技术的直接受益者，康复则是现代信息技术、医学、康复学等科学技术的服务应用，因而教育康复具很强的科学、技术含义。

（二）专业服务对象

教育康复服务对象是指各类特殊教育需求儿童含盲、聋、智障儿童、肢体障碍儿童等。目前，已拓展为广义的特殊需求儿童，包括学习障碍、语言障碍、情绪行为障碍、病弱儿童、资优儿童等。同时也有对特殊需求的青年、成人的服务。

（三）专业目的

教育康复专业是为了培养合格的教育康复新专业教师；进行教育康复新专业的建设，促进本专业成长与发展；提供教育康复教师服务，为学校、家庭、社会提供教育康复服务。

（四）专业人员走向

教育康复专业培养的人员可从事特殊教育学校教育康复教师、康复机构教育康复工作人员、自主创业举办教育康复机构（学校）。

五、教育康复专业性质

教育康复专业常通过课程来表达，所以论述教育康复专业性质时常与教育康复课程重叠。

（一）多学科、跨专业性

这是一个具一定宽度的多学科组成的，以教育、康复为核心的新专业，表现多角度的思维，丰富的知识、技能，多样化的策略与方法，需通过个别化教育服务进行统整，能准确表达各学科的专业性。

（二）人文、人本化

教育康复专业以人为本，正是出于对特殊需求人群心理、生理需求的关注，是希望为特殊需求人群提供更有效的、有品质的服务，不只满足于单独的教育、单独的康复，而由教育康复整合提供更完整的服务选择。教育康复从出发点就表现出了人本关怀，经过教康整合的历程追求特殊需求人群的高品质生活，这也是以人为本的理想体现。教育康复专业是充满人情和人性的专业，切莫纯技术训练，冷漠应对。

（三）技术性、专门化

教育康复专业除人文、人本性外，有很高的技术含量，比如个别化教育技术、语言训练技术、动作训练技术等均需有各自的专门结构和运作模式，具有其独特性和不可替代性，是专门化了的技术、技能。要通过行动和操作，产生实际效果。

（四）服务性

教育康复专业直接服务于儿童和家庭，要通过过硬的专业本领表达爱心与支持。本专业要树立良好的服务态度，培养服务能力和运用服务的策略和方法，形成服务的意识和行为习惯，提供让特殊儿童和家长满意的教育康复服务。

六、教育康复专业特点

（一）具创造性

1. 夯实教育和康复基础

教育康复专业首先根植于对于特殊教育的全面深入的理解，大量的实际操作和深度的思考基础上，看到特殊教育的规律、特征所在。特殊教育是根基，含特殊教育的基本观念、特殊教育的关键核心概念（比如：个别化教育教学、支持系统建设，多学科跨专业整合，自我引导，生活质量等）；有对教育教学全程每个环节的把握和深入的研究；有在家庭、学校、社区环境中对学前、学龄、职业教育的研究。在教育大背景下深入学习康复训练，需要有对康复的学习、引入、运用，并能创造性将康复融入教育教学中。康复对特殊教育界而言是全新的知识、技能，需要从零开始，像学特教知识、技能一样认真而扎实地学康复，还要有专业康复人员（如语言治疗师，动作训练人员）引领，达到可操作运用。

2. 创生新的整合模式

教育康复专业的教师除特教教师外，还有康复人员（语言、动作、音乐治疗等）的加入，为教师队伍添加了新成员。教学形式除常规的教育教学外，还有康复的内容和形式，教材是教育与康复两类，教学环境有学校环境和医院（康复机构）环境。

3. 培养新型的专门人员

教育康复培养的人员既不同于单纯的教师，也不同于单纯的康复师，而是将教育和康复整合在一起，可以进行多元服务的新型教师。

4. 将面对人的两个重要专业结合成关乎人的新专业

教育与医疗、康复是面对人、关乎人的心理和生理的两个专业，从来被认为具有"崇高和神圣"性，足见两专业的重要意义和作用。但两专业各自独行，少有交流，教育康复则将这两个专业进行整合，走上人本→科学系统→完整→服务之路。这是教育之幸，医疗康复之幸，是新生的、充满活力与生命力的新专业。

5. 以教育为核心的专业成长

教育康复专业以教育为核心，不因康复进入而淡化、矮化教育。是康复在教育中的运用，促进了教育的深入专精及拓展。同时，教育借康复的功力，在教育的人本关照、品质化道路上如虎添翼，创造出特殊教育新观念、新课程、新模式、新内容、新方法，而促使教育康复新专业发展。

（二）具发展性

教育康复专业是新兴专业、新办专业，经验不多，这就决定了本专业的不断学习和常做调整等特点。

1. 学习、借鉴

教育康复专业的学习包括三个方面。

①向本专业的两个基础专业学习。教育康复专业建立在特殊教育专业的坚实基础上，且对特殊教育有更专精的学习与拓展。这是新专业的根基，同时，要有对康复（特别是在学校环境中与特殊教育相关的康复）专业知识能力的学习与运用。

②与相关专业广泛联系。教育康复专业除与教育、康复是基础性关系而外，还应与周围的相关专业如心理、社会、文化、生理、医学等有广泛性和针对性学习、借鉴。

③本专业间的相互学习。教育康复专业在我国高等特殊教育院系已有多家开办，各兄弟院系可就本专业展开定期的交流、讨论，相互学习。

2. 融汇

教育康复专业在广泛学习和借鉴当中要依本专业的特点、专业性质，结合本校实际进行分析、归纳、提炼，形成适合的专业规划、课程设置，而有自己专业建设目标，内容和每一阶段的工作安排与执行。

3. 修正、调整

目前全国各院系教育康复新专业均处在探索阶段，所以在计划执行一段时间后需要回顾反思，找到成功的经验、失败的问题所在。分析原因，及时修正错误调整工作，整理思路和方向。在看自己的同时还要看兄弟院校本专业的成长，要在不断修正、调整当中进步。

（三）教育康复专业建设的基本思路

1. 从大教育到教育康复专业

因教育康复是教育学科下的二级学科，加之本专业的特性，故在专业建设中秉执教育——特殊教育——康复——教育康复的基本思路。该专业有大教育作广义的基础，需大教育观的基本理论与大教育涉及的所有知识与能力。

该专业建立在特殊教育和康复两个支柱性专业的基础上，需有特殊教育所有的专业理论、知识、能力，以及康复中与学校教育、学生相关的康复理论与知识能力。该专业要在吸收兼容中形成教育康复专业的理论、知识、能力体系。

2. 教育康复专业由一般性与特殊性组成

一般性组成是指教育康复与其他专业一样由专业态度、专业知识、专业能力组成。教育康复运作核心课程特殊性指的是，教育康复专业是应用型、实作性强的学科，有其运作的特点和流程，所以专业应用时以个案为对象。遵循诊断评量、个案会、个别化教育计划拟订、实施与修正的流程。无论是教育康复整合教育服务还是单纯的教育服务、康复服务均执行以上流程。诊断、评量是本专业的重要构成。针对个案的计划、方案以及对计划方案的执行实施构成本专业关键能力。

3. 从教育康复专业自身规律考虑

教育康复专业从专业定位、专业服务对象、专业目的、专业性质、专业特点各方面的规律考虑，能够较准确有效地进行本专业建设。

七、建设教育康复专业体系

（一）建设教育康复专业理论体系

教育康复专业需有自己的理论体系。例如全人教育理论、教育神经学理论、特殊儿童的发展理论等给教育康复专业以理论支持。

全人教育理论是塑造完善的人的全人格教育。特殊教育在全人教育观下从共性与个性结合进行全人教育定位，且强调特殊儿童全人教育是知行合一、心物合一，是意向活动与认识活动合一，是障碍与潜能共存、阶段性与生涯发展交织，培养学生自我成长与提供支持辅助结合追求生活品质的全人教育。

教育神经科学将生物科学、认知科学、发展科学、教育科学知识与技能进行深度整合，提出整合心理机制、脑科学、学习理论和教育不同层面、不同情景。教育神经科学对特殊教育需求儿童有较多研究成果，是教育康复专业的重要理论依据。

特殊儿童发展理论、儿童发展心理理论、儿童发展生理学理论的教育整合分析论证是很重要的。比如知觉－动作理论认为，个体各项身心特质发展是有顺序的，而儿童动作与感官发展是认知的起点。凯伯认为，高级活动是以肌肉活动为基层机构。在针对脑伤儿童补救教育理论中形成了知觉－动作论。又如：儿童发展里程碑理论给出儿童发展中某阶段重要的关键性代表能力并重视让儿童获得关键节点的突破。以上理论均为教育康复联手突破障碍与困难，调动潜能以理论和实践证明。

（二）建设教育康复专业实践体系

1. 在教育康复理论指导下的专业体系

教育康复专业实践不是盲目进行的，受理论的导向与指引，比如：全人教育观下的共性与个性结合发展、适应性课程编制等。意向活动与认识活动关系中重视学生动机、兴趣、需求的满足。知动理论通过对学生感官，动作训练提升学生认知能力。教育康复专业的实践有依据、有理由、实效性强。

2. 专业实践的计划安排及执行

教育康复专业有本科专业的实践实习的总安排，还有基本实践课程时数和总实习的时间安排（某个学期连续 2~3 个月等），各学科专业教师会有学习本门课程的实践内容及时段安排，制订本门课学习过程中的实践性报告，作业的要求，以及对实作能力的运用、考核、评价。

3. 专业实践的能力要求

教育康复专业实践项目很多，依不同的科目和课程有相应的实践知识及能力要求。个别化教学活动设计课程要求有拟订个别化教育计划、进行个别化单元教学活动设计、实施并修正教学的实践能力。动作训练课程则要求对学生进行动作评估，拟订动作训练方案，实施该方案，支持家长对孩子进行有针对性动作训练等能力。在教育康复的综合方面则要求：有对学生进行单独的个别化教育、康复训练，有在一日活动中设计并实施教康整合的小组活动及集体活动的能力。

4. 专业实践资源

教育康复实践所需资源较为广泛复杂，场地有本校教室、康复室、实习学校、康复机构还有学生家庭和社区，有与教师、康复人员、社工、家长、义工、医疗人员、科技辅具、心理咨询等多领域跨专业人员的合作，需运用多种评量工具、教具教材、康复设施设备，从教育康复多维度的介入服务。

教育康复专业正是在一个广泛、复杂而又有计划、有系统的实践体系中创造和运作，经历成长逐步完善，这是本专业建设的重点。

（三）建设教育康复专业课程系统

在一个专业的建设中，建立课程体系是工作的核心。课程体系主要包括课程设置、课程编制运作、教材、教学资源与环境、专业课程评价、教师专业成长。

1. 教育康复课程设置

①教育康复专业课程设置依据：教育康复专业课程依据教康理论和教康实践，以及举办者对教育康复专业的理解，拟订教育康复专业目的，结合本专业力量和实际情况而做课程规划和安排。

②教育康复专业课程设置者：由本专业负责人、本专业专家、专业骨干、跨专业代表、课程专家、教育行政人员、课程学习者（学生）、家长、社会相关人

员共同讨论决定。

③教育康复专业课程设置构成：教育康复专业课程由教育部、学校、学院的通识课程、专业基础课程、专业核心课程、专业拓展和专业实践等课类构成，其中有必修课程和选修课程两类。各类课程均由所属的几种课程构成，比如专业基础课程（必修）该类课程由专业导论、人体解剖生理学、普通心理学、教育概论、特殊教育导论、特殊教育学校卫生学、发展心理学、教育心理学、特殊教育史等几门课程构成。

④教育康复专业课程设置内容：教育康复专业课程设置时应对每门课作主要含义及内容的解释。

⑤教育康复专业课程设置的意义：教育康复专业课程设置代表本专业的基础性结构以及专业的主要内容分布，是教学方案和功课表拟订的依据。

2. 课程选择编制运作

教育康复新专业广泛、门类众多、跨度大、新颖度高、课程选择编制与运作任务重，同时提供了很好的发展空间。

①课程选择、编制、运用释义。选择：指依课程设置、选择别人已编制好的相关课程。编制：依课程设置、自己编制适合该门课的课程。运用：以某课程作为指导在教学中对学生进行评估，拟订计划，设计并实施教学活动。

②课程选择、编制、运用的依据：课程的选择、编制、运用均依据课程设置的课程门类进行。

③参加课程选择、编制运用的人员：课程的选择、编制、运用的参与者主要有特殊教育教师、康复人员、相关专业人员、学生、家长、管理人员。

④课程选择、编制、运用的主要类别与内容分为教育类、康复和整合课程。

教育类：有对原有课程的修正与深入，比如原有的学前教育课程、学龄期教育课程、职业教育课程对应的发展性课程、适应性课程、职业与生涯发展课程等而有继承改进与整合。在原有的盲、聋、培智教育课程基础上而有自闭症儿童、脑瘫儿童、情绪行为障碍儿童、学习困难儿童的课程开发。目前还有针对特殊儿童基础能力的专门课程。如：认知能力训练、注意力、记忆力、听指令等训练、生活自理能力训练等课程。

康复类：在以教育为核心的学校背景下的语言训练、动作训练、作业治疗、艺术调理、科技辅具运作、心理咨询服务等全新课程。

教育康复整合课程，在教育、康复基础上探索整合之路而形成且实施的课程，如江津向阳儿童发展中心推出的儿童发展地图、美好生活大纲。

⑤课程选择、编制运用的意义：课程选择、编制、运用是教育康复专业课程系统建设的重中之重，是整个课程系统的灵魂与主导；是教育和康复专业推陈出新的课程探索性专业化的进步；有对原有的教育、特殊教育的继承，又有以此为根基的拓展和发展；有对教育深入学习，更有对康复的全新学习，从而有新的能力形成；有对全人的全面把握，还有针对学生障碍的更专门化、专业化应对；教育康复整合，并有整合性课程开发、编制与实施。

3. 教材系统建设

因应教育康复专业的课程设置和课程编选及运用，教材作为连接教与学双边的媒介成为教育康复专业系统的一部分，称为教材建设。

①教育康复教材分类。教育康复教材依据编选来分可为：选择教材和自编教材。按构成分为：教育类教材、康复类教材、教康整合教材、相关教材；还有主教材、参考教材、纸质文本教材、电子教材等。

②教材选择原则；选择专业认可度高的，适合学习学习的主教材，提供参考资料和相关信息；建立教材资源库，广收博采，丰富教材信息和资源；教材选择有一定的稳定性，不要年年更改，但也不必一本教材用到底，随着专业的进步可有一定的调整；每年征求教师、学生对教材的意见，教材选定意见需开课前三个月报告相关部门。

③教材选择参与者是任课教师、学生、教学主管、教材管理人员。

④自编教材。教育康复教材虽然可以选购获得，同时也鼓励各校自编教材使用，自编教材是各校各专业教师的专业表达，具有该校，该专业的智慧和特点，自编教材种类多，内容丰富。自编教材应反映本专业的研究成果，具特色性；自编教材使用经学校教材委员会审定；自编教材使用接受专业同行专家、使用者、上级教材评委会的评价。

4. 建设教学资源与环境

教育康复专业因其专业特性和实作运用特性，在教学资源和环境的建设上要求多面向，该问题在专业实践资源里已有介绍，此处从环境建设角度作说明。

（1）教育康复资源建设

教育康复资源含教育资源、康复资源。特殊教育专业建设所需的一切资源，本专业均需要。康复需与学校教育涉及的康复项目，如语言、动作训练、艺术调理等资源相关，随着政府的投入，教育康复专业物的资源相对较易获得。

（2）教育康复环境建设

教育康复所需的物理环境，如无障碍环境建设，国家有相关规定和指标，在高等教育康复专业建设中，关注无障碍环境的建设（新建环境）和（旧环境）用通用设计观做视觉、听觉、触觉提示系统，建斜坡道、安装扶手，设坐便器及低位扶手配置。

（3）以人为本，以特殊需求者为本的环境建设

高等教育康复专业环境中要有人，有特殊需求的人和服务提供者、教师、康复人员。离开服务人群的环境建设是无意义的，因此，高等教育康复专业的兴办意味着教育康复服务的伴随。教育康复专业要有与聋生、盲生、智障生、脑瘫儿童、情绪行为障碍儿童、语言障碍、学习困难等儿童的接触，服务的相应环境建设，即在高等院校内开展提供多种形式的特殊儿童教康服务，并与特殊学校、康复机构联系，建立教学见习、实习基地。

（4）充分利用教学资源与环境

教育康复专业应珍惜教学资源和教学环境，需充分运用、充分发挥作用。避免资源环境的空置与浪费。对资源欠缺环境不足的地方则提倡教学双方共同努力、主动创造环境，聚集资源。教学资源环境需有效使用，充分发挥功能性。

资源环境建设的意义就是为教育康复提供支持性服务。

5. 建设专业课程评估体系

教育康复专业课程评估，因课程众多、复杂，使评估广泛且细致。

①课程评估体系建设依据。依据课程设置方案进行评估，落实到每门课，依课程标准而形成评估目标。

②参评人是教师、康复人员、学生、教康负责人、上级领导、接受服务的家庭。

③评估类别。自评：由执教执训的教师、康复人员依评量标准作自我评价。他评：由同行或负责人、学生、家长等对教师康复人员进行评议。过程评和结果评相结合的评价机制：做学期开始的初评、学期中评、学期末评。此类评估中自评、他评结合，其中还有周评与日评。一节课与一日评估：一般用一节课目标评估和一日工作日志记录方式进行。

④评估流程。设定评量目标和评量标准（由教师、康复人员、专家、管理者共同制订）；拟订各类评估记录表（如自评表、学生评议表、管理者评议表、家长评议、同行评估等表）；进行评估；召开评估会，讨论评估结果，形成方案、策略。

⑤评估原则。让实作者（教师、康复人员）形成自我评估意识，主动找寻教育教学问题且看到教学的进步，以确立目标、内容；评估不是为评判失败，而是为了更上一层楼，评出希望与信心；评估后应有反思，有集体的讨论，拿出解决

问题的原则及办法，为实作者提供支持和协助；评估要以服务对象为本，以提供适宜、优质服务为目标；形成本专业的课程评估体系，建立课程评估机制。

第二节　高等院校教育康复专业建设行动

随着国家对教育康复新专业的批复，全国高等特殊教育纷纷响应，形成趋势性走向。

一、教育康复专业建设现状

（一）建立高等院校设立教育康复专业

全国多所高等特殊教育院系向上级主管部门申办教育康复专业，已建立的有华东师范大学、乐山师范学院、滨州医学院、南京特殊教育师范学院等。各学校进行专业论证，报批成功后开始拟订培养方案，组建教师队伍，选编教材、招生、教学。未申报此专业的特殊教育院系也未雨绸缪，有的已开设康复专业或在特殊教育院系中设置相关课程，有的正准备开设相关课程，全国每个特殊教育院系均有针对教育康复的思考及行动。

（二）厘清高等教育康复专业的办学思路

1.确定办学目标

各院系依特教理论和自身实际，结合教育康复的专业特点，确立本专业的办学目的。

2.进行课程设置

架构本专业的课程分布与结构。以华东师范大学教育康复专业课程设置为例，试论教育康复学专业建设，如图6.1所示。

3.决定形式和途径

以华东师范大学教育康复专业为例。华东师范大学教育康复专业必修满156+60个学分的课程，前156学分由华东师范大学教育康复专业承担，后60个学分（包括临床、康复实习）由上海中医药大学承担。学生毕业时即可获得教育学（教育康复专业）的学位证书，也可获得上海中医药大学康复治疗学专业证书（相当于第二专业）。硕士研究生的培养也可与上海中医药大学联合培养实行七年一贯制本硕连读模式，前三年在上海中医药大学学习医学与康复治疗学的课程，后四年在教育康复学专业学习心理与特殊教育类课程（硕士论文可有两校老师分别或联合指导），除让学生获得学位证书外，还积极支持鼓励学生获取相应职业证书（如取得助听器验配师、言语康复师资格证书），提升康复技能，为今后的实践奠定坚实基础。

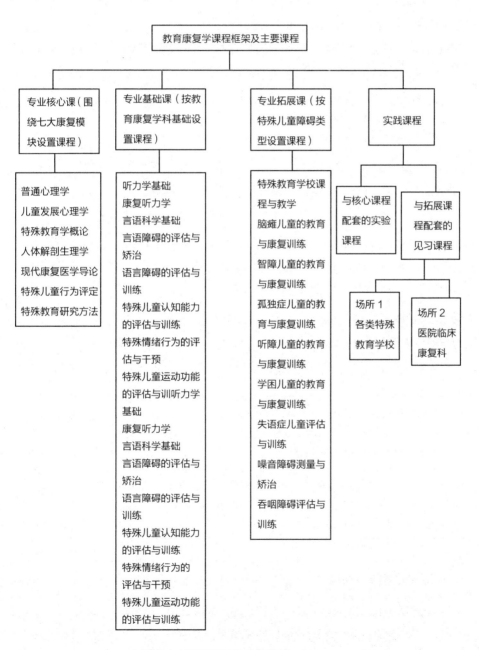

图 6.1 教育康复专业结构图

（三）培养教育康复专业教师，形成专业队伍

目前高等特殊教育专业教师专业背景多数为教育、心理、特殊教育专业毕业，部分为生理生物专业或生物专业或医学院校毕业，少量康复专业毕业。

教育康复专业教师团队组建途径可以是直接引进或从医学院康复专业毕业生中招聘，也可以将现任特教专业教师送出去培训，或者将康复专业人员（语言治疗师、物理治疗师等）引入学校进行师资培训。

教育康复专业师资培养及队伍建设要点有：需作系统化培训、形成精专的专业知识与能力；理论联系实际，强调实际操作能力培养；能做教育、康复的整合与运用；培养良好的沟通、合作态度与能力。

（四）选编专业教材

教育康复专业的课程门类众多、教材复杂，教材的选编受到重视。下面以两所高校教材出版及课程开发情况为例进行说明。

重庆师范大学以个别化教育康复服务为核心，纵向有特殊儿童早期干预、适应性功能教育、职业教育、融合教育、家庭教育；横向有特殊教育职业道德修养、特殊教育课程论、心理测验与评估、特殊教育诊断与评量、个别化教学活动设计、班级管理、应用行为分析、特殊教育学校卫生学、科技辅具等教材。同时开发了康复相关服务的动作训练、沟通治疗、作业治疗、音乐、美术、游戏治疗、心理咨询与辅导等教材。

南京特殊教育师范学院已组织出版的教材情况如下表所示：

教育类：《特殊儿童权利与保障》《特殊儿童教育导论》《特殊儿童教育评估》《特殊儿童早期发展支持》《特殊儿童沟通与交往》《特殊儿童认知训练》《特殊儿童行为管理》《特殊儿童发展教育》《特殊儿童体育与教育》《特殊儿童生涯发展与转衔教育》
康复类：《特殊儿童康复概论》《特殊儿童物理治疗》《特殊儿童作业治疗》《特殊儿童语言与言语治疗》《特殊儿童心理治疗》《特殊儿童艺术治疗》《特殊儿童舞动治疗》《特殊儿童功能性视力训练》《特殊儿童定向行走》《特殊儿童辅助技术》

（五）实施各门课程

教育康复专业各门课程实施当中应注意教师的选用，康复课程多由专门康复人员担任。强调理论与实践结合的原则，重视实践能力培养，突出实践操作当中以个案引领、以操作流程为线索的系统化实作训练，突出本学科的服务性。课程

实施在学校、家庭、社会、康复机构等多元环境中完成；大量采用小组式、讨论式、教学模式；教学见习、实习除学校规定的时间、时数外，运用大量日常教学环境（学校、机构、家庭）保持长期不间断、与特殊儿童的接触和教育康复干预服务。课程突出对本专业学生教育康复诊断能力、方案设计能力、教育康复实施能力和修正教学的能力培养。

（六）运用教学资源、创设教学环境

教育康复专业建设资源分为物的资源和人的资源。物的资源含教育类设施设备的计划、采购、运用；康复类设施设备较多，同样有计划、采购、安置、运用等大量的工作；其中还含多种资源的使用培训，以及信息资源，如图书资料、网络资源建设。无障碍环境建设有对新建环境的设计、建议，对旧环境的评估及改建等工作。人的资源是指教育康复专业整合多学科跨专业各种相关服务人员，在面对学生、家长、社会人员的各项工作当中充分发掘和运用人的资源。

（七）广泛的学习交流

教育康复专业各兄弟院校经常开展较为广泛的交流活动，且有相关学术讨论，以及国内外相互参访交流等。

（八）学生就业指导

教育康复双师型人才培养已有毕业生，毕业学生多数在特殊教育学校和康复机构工作，较好地发挥了双师型人才的专业优势，有的自主创业开展语言训练、动作训练，重点进行专门化康复服务，还有部分进入高校成为高等教育康复专业双师型教师。

二、教育康复专业未来

（一）清楚认识本专业发展路径的准确定位

①厘清专业目的、专业性质，取得共识。
②理解、领悟专业特征。
③形成本专业的明确目标和对本专业的整体把握。

（二）对本专业基础理论的深入钻研，建立专业指导思想

①专业理论引领专业实践。
②让专业实践依据性强，有对理论的验证，还有深入的发展。

（三）进行教育康复课程建设

①巩固现有的特殊教育各类课程和整体课程基础，并有实践运作。

②对现有康复课程有更全面的学习与运用。

③对特殊教育课程、康复课程均有更专门化、专业化的跟进。

④探索教育康复课程的整体性表述与实际运作。

（四）教育康复专业教学探索

1. 教师对课程的了解

承担每门课教师需有对本门课的理解，而有对每门课的目标、教学步骤、内容、方法、评量等的考虑。教师和学生教学双方应通过每门课的教与学的过程经历、体验教育康复的全进入。

- 每门课应有理论与实践的联系，有实际的运用性练习、实习。
- 教师、学生要清楚本门课在教育、康复专业大系统中的意义以及内容和作用。
- 知晓本门课与其他课程的关系、联系，而能与其他学科、其他门类课程交流、渗透。

2. 校内教师与校外（聘）教师合作执教

教育康复专业教师除本校教师的教学外，还聘入在某一方面有专业特长的专业人员执教，如语训、动作训练、专门人员、强调专业性而不一味强调职称和职位。

3. 各门课教学过程探索

对教学模式的选择，尝试以单元为核心的综合教学活动设计与实践，融合学生个别化教育计划和个别化支持计划目标，课程开设多用探究式、讨论式、实作式多有案例教学的运用。

4. 作业考试形式多样化

除以论文作为作业、考试主形式外，增加现场实际操作、讲课、说课、观察报告、评估报告、调查、访谈、个案教康报告等作业考试形式，增加学生的实际操作能力。

5. 教学、实习场地多元化、日常化

教育康复专业的教学实习基地应除学校、课堂外，开拓医疗、康复机构等实习基地以及家庭社区的多元教康服务。本专业学习需有大量的个案累积，所以日常学习中要有与特殊儿童接触和实施教育康复服务的机会。本专业开展相关服务，成为教育康复专业的重要组成部分。

（五）个别化教育教学从观念走向实际操作

个别化教育教学要走出仅仅作为理论、观念介绍的阶段，进入实际运用层面。个别化教育教学作为重要必修课程开设要求学生能够对个案进行个别化诊断、评量、拟订个别化教育计划、设计个别化教学活动并实施，掌握全流程而不只是局部。学生在一线教学实习中完善个别化教育教学的实作能力，并强化学习与练习。对个别化教育教学除流程的要求外，还要关注从学前至学龄以及职业教育的贯通性、全生涯的含学校、家庭、社会的教育教学。个别化教育教学应成为教育康复专业学生和从业人员的重要的基本功，日常教学能力。

（六）康复知识能力建设

康复知识技能是学习掌握的重点新知能，在特殊教育背景上，康复知识和技能是学习的重点与难点。

康复知能定位为与学校环境和学生需求相对应的康复知能。康复专业中与其相对应的系统化、专门化知能要求及人才培养规格，在培养规格下落实培训相应的个案量，实训时数、实习时数，达成标准规定。

制订每门康复课程标准，形成整合性共同课程，首先要拟订各门课程标准，例如，语言训练课程标准、粗大动作训练课程标准、感觉统合课程标准等。然后在各门康复课程标准下，形成各自课程目标系统，培养在教与学过程中生成课程目标的动态化课程。各门课程依本课程标准，以实际操作能力为目标，优化教育并改变训练方法，培养本门课程的精兵强将。

（七）教育与康复整合能力建设

各门分课程共同合作，在全人教育观下拟订出每门课程均参与认可的反映儿童全貌又表达各分课程的整合性大课程为合作团队共用。各门课程合作探究多学科跨专业整合的个别化教育与个别化支持服务多元模式，并作实践运用。

（八）教材使用与教材建设

教育康复专业授课中对教材的选用应突出本专业特点，具操作性、实用性，除主要教学外，还要给学生推荐参考教材，以形成较全面的本学科知识与技能体系。

形成性教材是指教学过程中教师与学生互动当中，形成适合该门课教与学的教材、资源等。在教学实践性服务当中，生成满足教育对象的学校、家庭教材，且能协助特教老师和家长使用该类教材，或共同开发相关教材。

（九）教学资源与环境建设迈出操作性、实践性一步

首先，要注重现有教学资源的运用、环境的运用。

其次，发展教学资源、环境的量身定制、个别化服务、创造教学资源及环境。

最后，高等院校开展针对特殊需求人员的教育与康复服务，充分运用人、财、物、环境、资源。

探究服务内容，多元服务模式，经由实践服务促进教育康复专业实质性成长，是全国各高校教育康复专业的发展方向与趋势，这是推进教育康复专业走向实践性、操作性的重要一步。

（十）发展深化多种评量

继续选用教育的、康复的多种评量。在教育康复专业深入发展时，大力发展针对重要关键点的评量，提倡师生合作的多元观察评量表的编制与运用。

（十一）教育康复服务拓展为更广泛的特殊需求人群和阶段

更广泛的特殊需求人群服务除有盲、聋、培智人员外，服务向广义的特殊需求人员，肢体障碍、学习障碍、情绪行为障碍、语言障碍、病弱、资优儿童等扩展。服务向义务教育阶段的两头延伸，教育康复除面对特校义务教育阶段的特殊需求儿童，还向学前和职业教育阶段延伸。

（十二）教育康复进入融合教育中

教育康复服务除在特殊教育学校和康复机构实施，还进入普通学校为融合教育中的特殊需求学生服务，该项目服务成为资源教室、资源教师和相关服务人员的一项重要工作。教康在融合教育里的服务从幼儿园、学前阶段介入至小学、中学、职业教育、大学教育中，让融合环境中的特殊儿童享有来自教育康复的更完善的服务。

（十三）教育康复服务有扩大量的任务，更肩负着提供有效性、高品质服务的责任

教育康复服务有扩大服务量的任务，让更多特殊需求儿童能获得教育康复服务，这在我国是很急迫的服务量的需求。与此同时，教育康复专业服务还有提供特殊教育的有效性，提供服务品质的责任。

（十四）教育康复专业教师培养

教育康复专业教师培养含大专院校教康专业教师培养，即教育康复职前教师和在职教师培养。教育康复专业的发展，关键是老师。所以教育康复专业教师的专业态度、知识与能力的培养已提到议事日程上。

第七章

教育康复教师专业发展 ◁▷

第一节　关于教育康复教师专业发展

教育康复教师专业发展是指从事教育康复专业的教师所需的知识、素质和能力的发展，具体由从事本专业的态度、知识、能力三个方面的发展构成。

一、大环境推动教育康复专业教师成长

（一）基础教育课程改革带来的挑战

基础教育课程改革带来的挑战有：

第一，教育观念的挑战。从师本教育到生本教育要求教师从师生关系、教学模式、内容、评价、管理、功效等方面调整到以学生为本上来。

第二，知识更新的挑战。多数教师原有知识已不能满足综合课程需要，教育教学专业知识要增加，教师实践性知识要增加。

第三，教师角色的调整。教师角色既是社会文化传播者，又是学生学习指导者、品德塑造者、行为引导者、身心健康保护者，因此教师要从知识传授者而成为学习促进者，从课程实施者而成为课程发展参与者，从教书匠而成为研究者。

面对以上挑战，各位教师的回答只能是：加强自身专业化成长。

（二）特殊教育课程改革与教师专业发展

1.特殊教育法律法规是特殊教育教师专业成长的保障

《国家十二五中长期教育发展规划》明确指出，"要关心和支持特殊教育，优化特殊教育学校布局，推进学校标准化建设，全面改善办学条件；完善随班就读支持保障体系；充分利用信息技术手段，创新残疾人教育模式，制订个别化教

育计划；加强特殊教育学校教师的培训，提高教师待遇。"

国务院办公厅转发教育部特殊教育提升计划 (2014—2016) 中强调："扩大特殊教育教师培养规模，加大特殊教育教师培训力度，提高特殊教育教师的专业化水平。"而教师专业水平的提高，则通过"研究建立特殊教育教师专业证书制度，逐步实行特殊教育教师持证上岗。制订特殊教育学校教师专业标准。推动地方确定随班就读教师、送教上门指导教师和康复训练人员等的岗位条件。将特殊教育相关内容纳入教师资格考试。教师职务 (职称) 评聘向特殊教育教师倾斜，将儿童福利机构特教班教师职务 (职称) 评聘工作纳入当地教师职务 (职称) 评聘规划。加大特殊教育教师培养力度，鼓励各省 (区、市) 择优选择师范类院校和其他高校增设特殊教育专业。鼓励高校在师范类专业中开设特殊教育课程，培养师范生的全纳教育理念和指导残疾学生随班就读的教学能力。加大国家级教师培训计划中特殊教育教师培训的比重。采取集中培训和远程培训相结合的方式，逐级开展特殊教育教师全员培训和校长、骨干教师培训。加强普通学校随班就读、资源指导、送教上门等特殊教育教师培训"等措施进行逐步落实。

残疾人教育细则第六章明确规定，各级人民政府应当重视从事残疾人教育的教师培养、培训工作；从事残疾人教育的教师，应当掌握残疾人教育的专业知识和技能；国家实行残疾人教育教师资格证书制度；国务院教育行政部门和省、自治区、直辖市人民政府应当有计划地举办特殊教育师范院校、专业，或者在普通师范院校附设特殊教育师资班 (部)，培养残疾人教育教师；县级以上地方各级人民政府教育行政部门应当将残疾人教育师资的培训列入工作计划，并采取设立培训基地等形式，组织在职的残疾人教育教师的进修提高；普通师范院校应当有计划地设置残疾人特殊教育必修课程或者选修课程，使学生掌握必要的残疾人特殊教育的基本知识和技能，以适应对随班就读的残疾学生的教育需要。

2. 当前特殊教育的大好现状

近年特殊教育教师国培项目急增，高等特殊教育专业激增，给特殊教育教师专业成长的大好时机。国家特殊教育课程方案和课程标准均提及教育康复，这也给教育康复教师专业成长以要求。

二、学校专业化建设与教师专业发展

校长应具相当学习能力，具特殊教育专业知识和能力，具有引领学校领导集体做专业的判断、选择、合作协调领导集体及全校成员，推动、促进全校的专业实践及支持专业创造。在校长、校领导集体带领下，全校教职员工共同讨论明确如下问题：

教育康复专业是什么，该专业的构成，该专业做什么（专业态度、专业知识、能力），确定学校的专业化目标。

三、建设专业队伍，形成专业气氛，共创良好校风

（一）建设专业队伍

1. 教师在学校专业化建设中的地位

教师是学校专业化建设的中坚力量，是学校的宝贵财富。萧宗六指出：教育是人类科学技术、文化艺术总遗产的继承者、传播者，是新知识、新文化的创造者，是教育目标组织实施者，专门人才培养者且是专业化建设的关键人物。古有教师"传道、授业、解惑"之说，现有"人类灵魂工程师"之谓。

2. 教师培养途径

想要教师持续成长，学校需提供多元化多模式持续培训，并形成专业化学校管理机制，含多种教研活动、教学成果汇编、评课活动，建立教学资源库，教师参与课程、教学、学校管理发展决策和强化专业成长的奖励规定。

3. 教师管理

教师管理是指对教师的任用以及对教师队伍的组织、服务、工作安排以调动教师工作的积极性。学校有责任依国家教育部门要求选聘教师，安排合适工作岗位，拟订教师的岗位职责及各类管理制度，创造良好的工作环境，提供教师必要的工作、生长、学习条件，落实教师福利，制订教师培训计划，做好学校奖励、评优、考核、升等、职称评定、工资劳酬等工作。

（二）形成专业气氛，共创良好校风

学校专业气氛是学校表现出来的给人的印象、感受与体会，校风则是由学校气氛浸润积累的。学校价值取向与学校内涵一同外化为学校同仁共同的行为习惯，是学校的态度及行为表现。

1. 学校专业气氛与校风的形成

学校校风首先是学校校长及其他领导集体的提议、倡导，此倡导依循校领导集体的教育理想及教育追求，如教育的人文关怀，对教育尊重，公平、正义，争取教育的高品质等理念，在全校教师职工、学生、家长当中宣导推行并达成一致。

上级给予环境支持，教师、学生、家长则有机会获满足、尊重。全校上下共同努力，经年累月，逐步形成全校每个成员的共同价值观和行为习惯。

2. 专业气氛与校风的影响

学校形成的专业气氛及校风表明学校的核心问题不止一般的技能技术，而是全体学校成员作为群集性整体的共同行为规范、价值观，这对每一个人起着重要的作用。

专业气氛及校风具有渲染性、示范性和调节作用，全校上下在专业气氛、校风的影响下，共同的价值与义务会浸润于学校所有事物当中；人与人之间的关系，所做的事情会感染每一个人对专业的追求、投入；良好的专业态度、过硬的专业本领、合作协同的专业团队，引导和示范了全校的工作目标且自然而然地调节了每个人的工作学习行为。

专业气氛及校风成就了学校成员的日常工作习惯，让教职工团结一致，共同追求高品质专业服务，为理想全身心投入教学工作及学校发展中；学生学习生活有成效、有进步、受到公平对待，有关心、有尊重、有鼓励、有希望；全校所有的成员心有温暖归属，精神焕发，以学校为光荣；学校管理从专业责任管理着手而又有学校的全面质量管理。

（三）学校专业气氛和校风的特点

1. 专业气氛和校风是对学校的整体影响

学校专业气氛、校风形成了学校的整体影响力，影响着全校的环境、人的精神面貌、人际关系、专业素养及专业品质，也影响着领导团队、教师团队、学生团队，当然会对学校大团体中的每个个体产生影响，因此，大团体的进步也是每个个体的进步。

2. 专业气氛和校风建设需要教育理想与教育精神

良好的专业气氛及校风需要所有管理者、教师、学生们有执着的教育理想与追求，不能太过功利与自私，需齐心协力共建。

3. 专业气氛、校风建设的持续性

良好专业气氛和校风建设不易，能持续性传递更难，需要代代相传，代代坚持。

4. 领导集团以身作则

在良好的专业气氛和校风建设当中，领导集团以身作则、打铁先得自身硬的行为示范很关键。创造专业气氛是形成良好校风的重要组成部分。

5.明辨是非，树立正气

专业气氛和良好校风的建立，除宣传、倡导外，应排除干扰，对校内的是与非，应有明确的辨识与态度，对努力工作，积极参与，勤奋上进。团体合作的个人和团队，及时给予肯定和表扬；对消极、冷漠、不思进取、离心离德的人和事应予批评教育。学校鲜明的态度赞成什么、反对什么、肯定什么、否定什么，是与非、对与错，只有旗帜鲜明，才能彰显正气，从而形成专业气氛，树立良好的校风。一所学校如果颠倒黑白、是非混淆，干与不干一个样，干好干坏一个样，甚至不做事、少做事的人胜于多做事的人，歪风邪气占上风，拖着走、混日子，只能叫人灰心倦怠，不良校风会严重影响学校的发展。

四、不间断持续专业学习

（一）外部环境提供的学习

近年特殊教育教师学习机会增多，有上级指派的专业学习和教师自愿参加的各类学习机会。

（二）教师的自我成长

教师的自我成长是专业主动性的表达，其学习内容形式多样，比如阅读、网络学习、访谈、讨论、参加各类专业活动等，这些学习形式和内容提供给教师自我学习与成长丰富的营养。

（三）对本专业核心问题和国际国内最新趋势的学习

教育康复专业是应用性很强的专业，平均每十年就会有新的理论提出。我国人口众多，生活多样化，教育康复的理论、实践，均会有不少新观念和新举措。站在专业前端的学习，既能拓展视野、胸怀，又能丰富专业内容，永不落伍。

（四）学以致用

教育康复专业提倡学以致用，有对理论的学习理解，并将理论操作运用，这是特殊教育专业的一大特点。比如，个别化教育理论、生态教育理论其理论背后一定会有与之匹配的实作：个别化诊断、评量→IEP的拟订→IEP实施→修正教学。步步落实的操作表现了本专业的真实能力和对真教育的诠释。这恰恰是教育康复专业最迷人之处。教育康复专业的学以致用还指学习实践操作之后的运用。比如，学习动作训练之后就要用于对脑瘫儿童和动作障碍儿童的教育训练当中。

学习应用行为分析之后启动自闭症儿童教育训练。一定要避免"学习时热气腾腾，回去后冷冷清清"这种学习与运用脱节的现象。

（五）形成本专业结构体系

结合所学和所用，运用教育、心理理论，教师应在专业的高度、广度、深度的基础上，归纳提炼出自己理解的本专业的结构关系体系，并能绘制出专业结构图，能对该图作言之成理的解释与说明，这有助于对教育康复专业构成的理解，有利于专业的发展。

（六）学会反思

教育康复教师的反思指对过往教育教学的回顾和思考。如果一个教师仅仅满足于获得经验而不对经验进行深入的思考，那么，即便有 20 年的教学经验，也许只是一年工作的 20 次重复。教师除非善于从经验反思中吸取教益，否则就不可能有什么改进。萧宗六曾提出教师成长的简要方式：经验 + 反思 = 成长。并指出没有经过反思的经验是狭隘的经验，至多只能形成肤浅的知识，如果教师仅仅满足获得经验而不对经验进行深入的思考，那么他的专业成长将会受到极大的限制。

1. 教育教学反思过程

奥斯特曼将教师的反思归为：具体经验—观察分析—重新概括—积极验证。反思可以自我反思，也可以通过讨论、交流进行反思。

2. 思是反思的核心

反思集中在思的运用，要有对经验的思考与判断，并有在经验基础上的提问，我做了什么？为什么要做？为什么要这样做？这样做的结果怎么样？这样的过程与结果对我有何教益？我还会这样做／或停止／或修正吗？我今后打算怎么做？

3. 反思的目的

反思的本质是教师探究解决教育教学中的问题，希望前事不忘后事之师，目的在于学会学习和学会教学。

4. 反思的品质

要有实事求是地面对、反思自己过往教育教学的动机。要有对过往教育教学的分析、比较、归纳与结论，能发现问题，明确并解决问题。反思中能主动地虚心听取他人的意见和建议，并能广泛地在多层面征求意见，如同行、专家、领导、家长、学生等。反思后应有新的行动目标、规划（步骤、内容、方法、策略等）。

要将新规划落实并实施。反思是特殊教育教师的工作能力表达，应成为特教工作者的习惯。

（七）个别化引领的教育康复与教学训练

作为教育康复教师要为每一个学生提供个别化教育服务。这是每位教师应树立的教育观念，是施教的原则和方法。个别化教育教学（诊断、IEP 计划拟订、实施）全流程实作是教育康复老师的基本功。教育康复教师在集体、小组、一对一教学活动中实施个别化教育；教育康复教师在学校教育、社会教育和协助家庭教育中实施个别化教育；教育康复教师要在学前、学龄、职业教育中，在特殊教育需求者生涯发展中实施个别化教育。教育康复教师还应依个别化教育计划，提供个别化支持服务。

五、教育教学行动研究

教育教学行动研究指教育康复实践者（主要指教师）系统化解决教育康复实践问题的研究过程。既有行动，又有研究。教师成为研究者是特殊教育康复实践发展的需要。斯腾豪斯认为：课程研究和编制是教师自己的事，如果大多数教师（而不只是少数人）掌握了研究技巧，那么教师的自我形象和社会地位就会得到改善。教师成为研究者有利于提高教育康复理性，教育康复理性能让人自觉思考并调控自己的主体性，教师们在思考自己正在做、为什么做、做得怎么样的反思性研究当中，从事由教育理性支配和调节的、有效果、有品质的教学实践。

六、特殊教育康复专业成长途径

（一）良好的专业成长环境

良好的专业成长环境指良好的家庭、社会、学校环境等。以学校环境来说，教师所在学校的专业成长气氛，学校领导对专业的提倡、重视、关心，学校对教师专业成长所给予的要求和支持，学校专业成长的条件（如培训、学习机会、资料、资源等），教师家庭所给予的理解、支持及具体的条件，社会对教师专业发展的理解、支持、肯定赞扬等均可发挥正向的支持作用。

（二）自我专业成长

外部的支持是外力，重要的是教师本人的自悟、自觉，专业成长一旦成为内驱力，其工作活力四射、尽职尽责、创新无限。教师能充分运用环境，主动改造、创建环境，也能勇敢面对环境中的问题，排除万难争取自我进步。特殊教育专业成长的关键是教师群体与教师个体的自我专业成长使然。

七、教育康复专业的沟通与合作

教育康复具跨学科多专业整合的特点、特殊教育工作者与各学科的合作，与教师、学生、家长均需大量而频繁的沟通合作。

（一）教育康复需要人际间的沟通合作

特殊教育是关于人的工作，教师与学生在相互频繁交往中共同完成教与学的活动。特殊教育的特点是教与育，教师与学生的关系关乎知识的传递，心灵的塑造及成长，学校是教化培养人的地方，教师则被称为"至圣先师""人类灵魂的工程师"，因而需要人与人之间（师生之间、教师之间、学生之间、教师与家长间、家长之间）的沟通与合作。

（二）教育康复沟通合作的特点

①营造积极向上、团结合作的生活、学习、工作空间。特殊教育所有参与者共建温暖、快乐的，相互沟通合作的心理环境、物理环境。

②沟通合作在关心与关怀、公正平等中进行，需相互尊重，让每个人获尊严感。

③教师与学生的沟通合作当中，教师是知识的传递人、信息提供者，是学生成长的指导者、答疑者、协助支持者，是学生的合作者、协商人，并与学生共建知识，是面对困难和障碍的人，也是成果的共享者，而不是传统的知识权威、独裁者的角色。

④教育康复的沟通合作以真诚、实事求是为本，除能坚持正向的沟通合作原则与行为外，也能及时修正错误、改正缺点，收获沟通合作成效。

⑤教育康复处在沟通双方或多方的互动当中。因教育康复的复杂性，其沟通是多元化的，除一般普通教育涉及的沟通合作层面外，还包括多学科、跨专业的沟通合作，因而互动的面向更多。这使得教育康复的沟通合作成为教育康复的日常工作，也是教育康复教师的基本工作能力。

⑥教育康复需要"温柔地坚持"，教育康复沟通合作有前提、有共识、讲原则、守底线，而坚持坚守讲究和风细雨、润物细无声、循循善诱、不急不躁、春风泽被，所谓刚在柔当中、刚为柔所化。

（三）不同人员之间的沟通合作

1. 教师、康复人员的沟通合作

教师、康复人员间是同事、工作伙伴的关系，面对同一个人或同一个班级学生。教师、康复人员均属于专业人员为学生提供介入式服务。

教康人员之间的平等合作，是教师出面邀请各相关专业人员进入，通过个案个别化教育服务，通过一日教育活动完成。所以应相互尊重，发挥特长，取长补短，且要多讨论交流，合作解决问题。

2. 教康人员之间的沟通协同

教康人员与家长之间的关系是教育、训练提供者与接受教育者的关系，是训练服务与被服务的关系，双方具有共同目标，均希望学生（孩子）能良好地成长。

教康人员与家长的沟通合作需尊重、真诚、平等，教康人员为家长提供支持服务，要听取家长的诉求，做好康复技术传授。

3. 教康人员与学生的沟通协同

教育康复者与受教育康复者的关系是教师康复人员通过知识技能的传递，让学生获得相关的知识技能从而获得成长。

沟通要点	基本措施
秉执尊重、尊严、关怀、关心，公正、公平，理解、接纳的基本原则。 提供适合的个别化教育康复与支持服务。 促进学生自我成长。	严禁体罚，避免对学生进行语言伤害，维护学生及家庭隐私。 提供学生选择的机会。 使用礼貌用语。 温柔地坚持。

八、对教康人员的专业评价

（一）对教康人员进行专业评价的目的

针对教康人员的专业评价意在了解其专业水平和专业服务能力，其目的在以下两个方面：

一方面，学校能依教康能力安排适当工作。学校在对教康人员专业评价后，能据此将其安排至适当的教学岗位，让其充分发挥作用，同时为其今后的专业成长与培训找到目标及方向。

另一方面，教康人员自己明确自己的专业水准。教康人员本人能明了自己当前的专业水平所在，同时能确立自我专业发展的内容及方向。

（二）教康人员专业评价

1. 专业评价的他评机制

专业评价由国家、学校进行。国家有对特教教康人员的专业要求标准，有一套完整的考评机制，每位教康人员除初入职的资格考评外，每学期均有国家的考评，考评达标续职。同时学校还有每学期针对教康人员的考评标准及考核制度，由学校领导、学校教师委员会共同执行。考评形式用目标评价与自我述职等多种形式结合进行。国家与学校结合的职称评定是对其专业的重要认定方式。此外，学校常年不断课评、日评、周评、月评、季度评、期末评，建立了严密的教师专业评价体系。

国家、学校的正式评价外，家长评价是很重要、很关键的方面，可以通过家长调查、问卷的评价方式，也可有口头评价或评议方式，教师专业评价还有参加各类比赛或社会活动中社会性评价及同行间评价。

2. 对教康人员专业评价的学生评价机制

对教康人员的专业评价，学生是最有发言权的。学生评价主要包含：学生的直接评价，即口头评价或发放调查表、评价表，填写后收回分析结果；学生的间接评价，即学生的进步情况，特殊教育常通过对学生学习进步情况看教师的教育教学。

以学生的个别化教育计划评量为例。学生课程评量有始评、期中评和期末评。该评量关注三次评量的对比，在意所绘制的评量侧面图的上升或停止不前等情况，教师需有对三条曲线的解释与反思。

3. 教康人员的专业自评

教康人员的专业自评包括以下几个方面：教师每天的工作日志，每堂课的教学评价记录和问题讨论时每一天的教育康复自评；教康教师工作总结与工作报告；教康教师不断进行的针对一学期工作计划、工作目标而做的月评、半期评和学期、学年评估；教康教师在各种专业活动中（比如：教研讨论、公开课、专业交流、学术会）所做的自我认识与评价；教师自我专业学习，比如：阅读专业著作，参加培训等中对自我专业评价。

（三）专业评价结果去向

在专业评价目的中已看到专业评价结果的作用，一是让学校了解教康教师，二是评价结果对教康教师本人的作用。

学校对教康教师的专业评价最终应与自我专业评价结合，让教康教师形成自我的专业认识，评价对教康教师起增力、激励作用，教康教师在此基础上更有专业的前进及方向。

第二节　教育康复教师的专业态度、知识、能力

一、教育康复教师的职业道德修养

职业道德修养是自我调节的制动器、能调节各方关系、有利于自我进步。教育康复专业教师的职业道德包括爱与良心、尊严与羞耻心、责任与义务感、幸福与荣誉、情感与意志。

特殊教育教康教师的自我修养涉及良心、爱心、自尊心、责任与义务、幸福、荣誉、情感培养、意志努力、事业心、爱岗敬业、热爱学生、团结合作、进取精神等，同时还含心理素质，人生态度、人际交往、个性倾向、个人气质、风度、良好行为习惯等。

（一）特殊教育教康教师的专业热情

专业热情指特殊教育教康教师在对本专业的感受、理解当中表现的专业关注和情感指向。热情能点亮人的心灵和头脑，排除所有困难、障碍，发挥无尽的创造力、思考力和实践力。热情满怀的特教教师能让生活、教育生辉，带给学生、家长、课堂、班级温暖和生机、持续的专业热情，伴随的是特殊教育康复专业持续的成长和专业幸福及专业享受。与热情相反的是冷漠，专业冷漠表现为对专业的不关心、不过问、可有可无，情感淡漠，缺乏工作主动性、应付、拖拉、得过且过，师生难于建立相互信赖的关系，教学成为无可奈何的光阴虚度。冷漠给学生带来极大的身心伤害，专业人员切忌。

（二）建立专业服务意识，有专业担当

服务性是专业的根本要求，任何一个专业得到承认，在于其能提供不可替代的优质服务，教育康复专业人员的责任是为每个学生服务，为每个家庭服务，为社会服务。因此，教康人员的专业服务意识的确立，应该是视专业服务为己任，敢于担当，善于学习，有判断，能抉择，面向困难问题能积极主动予以解决，累积经验，总结专业策略与方法，有对服务对象的关怀及对其需求的把握。称职的

专业人员正是在提供高品质专业服务的过程中，表达爱与追求。

（三）形成良好的专业习惯及专业行为

教康教师要有自己的良好专业习惯及行为，比如勤于学习，养成阅读习惯，每天有阅读时间保证，做读书笔记和摘录，能把专业理论与专业实践结合起来，重视理论的实际运用；随时能够面对问题与困难，能及时处理和解决，不推辞、不拖延；对问题能从发现、明确、假设、检验着手；对学生能从诊断、方案、实施、修正、个别化服务的角度切入，能从环境分析、互动当中找原因，看结果；良好的专业习惯及专业行为是专业服务有效性的保障。

（四）教育康复教师的心理建设

1.明辨是非，追求真善美

人活天地间，应有对基本是非、正义、邪恶有自己的判定，且有对人、对事、对物的求其真、求其善、求其美的感知、感动和行动。比如，对自然的崇敬、欣赏，对音乐、美术、舞蹈、戏剧、文学、书法等的喜好、品位，对亲情、友情，对人心、人情美的表达、感谢、维护。特殊教育教师带着丰富、温暖、厚重的心理内涵去创造并共度属于自己，也属于身边亲人、学生、同事、朋友充满阳光的生活。

2.良好心态

真诚、信赖是健康心理建设之本，真诚即生命的本真，只有心怀真诚之心，相信世界的良善、美好、真实的存在，能在希望里追求真、善、美，过真、善、美的生活，从心灵中摒除假、丑、恶，人的心理才敞亮和通透。

本专业要求从业者具理解、接纳态度，在对待特殊教育康复的学生、家长、同事的交往时能多观察、多分析，尽量了解其言行。尤其在面对特殊儿童及家长时能站在对方角度进行换位思考，从而理解他们、接纳他们。

特殊儿童的特殊行为表现、家长的焦虑、工作当中的困难、问题、不同的取向和行为方式、复杂情况，频频应对的艰辛、疲惫、挫折、失败，容易形成压力，让人产生孤独、消沉之感，突破重围的选择是站得高一点儿，看得远一些，以宽容之心态练就自己的大度之心、开阔胸怀。

3.不良的情绪害人害己

俗话说，人生不如意者常八九。伴随不如意而有不良情绪产生是生活常态，它影响着人的心情及生活。

不良情绪主要表现为嫉妒、自私、斤斤计较、狭隘、消沉、抱怨、虚荣、傲慢、易冲动等。看到别人进步比看到自己失败还痛苦，凡事先替自己打算，斤斤计较个人的得与失，锱铢必较，生怕自己吃亏，对公众工作尽力推诿，练就一身精致的利己主义本领，获得蝇头私利则虚荣满足，未满足个人利益则抱怨连天、退缩、懈怠、过于嫉妒，利己者追逐功利，天天殚精竭虑，必伤及他人，他人必有回击，处于战斗状态的人际关系伤了他人，害了自己，生活、工作赢之不坦然，输之不淡定。

易冲动则是自制力不足，冲动时"恶语一出六月寒"，决断的事情欠周全。人在冲动时易被人掌控，故要理智调控，延迟冲动反应，或作及时调整。

4.心理健康自己负责

各位当事人要有心理健康的欲望和追求，自己愿意进行心理建设，才会主动要求自己关注心理健康问题，有追求心理健康的积极行为。要做到心理健康，要有榜样，有学习，当然更重要的是要有行动，可以从以下几方面努力。可常常问自己，在一般的常态情境中，自己是良好心理环境建设的建设者、参与者、维护协调人，还是常扮演打破和谐、平静气氛的角色。做自己情绪的主人，要学会控制、宣泄、升华。调节情绪是心理健康的重要渠道，保持心胸豁达、开朗、乐观，同时了解运用一些心理治疗的方法（自我暗示、开导说理等）。

二、教育康复教师的专业知识与能力

教育康复教师的专业知识和能力包含广泛，有专业基础知识和专业知识能力。

专业基础知识是与教育、心理相关的共同性、普遍性知识，例如：普通心理学、教育学、教育心理、儿童发展心理、神经心理、人体解剖生理学，学校卫生学、行为矫正、统计学、中外教育史、学科教学法、儿童文学。

专业知识能力则体现在以下诸多方面：

教育康复自身发展出各类课程，比如，职业道德修养、特殊教育史、特殊教育概论、各种障碍类别儿童的心理与教育、特殊儿童早期干预、学龄期教育、职业教育、家庭教育、融合教育；

教育康复成长中的新知、新用；

用新思维应对教师康复新理论以及理论指导下的新行动；

教育教学康复中的问题和思考；

学校教育、班级教学、教育康复现场的问题和新发现，需要有对过往的继承及新的拓展；

学校专业化建设目标；

对专业态度、专业知识的深入再学习与运用；

深入学习特殊教育理论，如特殊教育全人教育理论、特殊教育个别化教育理论、特殊教育生态化教育理论、特殊教育发展性教育理论、特殊教育适应性教育理论；

与特殊教育基本理论相关的，比如生活质量、支持系统建设、积极行为支持、自我引导等重要概念的学习、理解及实践运用；

学习并实施特殊教育国家、地方课程；

开展校本课程改革，建立校本课程体系（阶梯阶段课程、生态课程、教康整合等课程）；

实施个别化教育与教学，参与建立校本个别化教育机制，全校教师培养、训练个别化教育教学基本功；

完善个别化单元核心教学模式；

建设教材、教学资源中心；

提供给学生多元化的语言、动作、艺术、辅助技术、心理咨询支持服务；

加强对康复、相关服务专业新知、新能的系统化学习；

在现有的学校教育基础上开展社区教育、家庭教育；

在启智教育基础上增加自闭症儿童教育、脑瘫儿童教育，以及学习障碍儿童、语言障碍儿童、情绪行为障碍、病弱儿童、资优儿童、多重障碍儿童教育；

开展融合教育；

促进学校专业建设；

实现教师专业成长，等等。

三、教育康复专业教师自我成长历程及效应

教育康复教师自我成长指教师在自我意识支配下，自觉、自愿地进行专业学习，进行专业探索、创造、运用。不断提升自己的教育康复专业服务水平，是教师康复人员专业主动性、积极性的表现。

叶澜指出："教师的自我意识意味着人不仅能够把握自己与外部世界的关系，而且具有把自身的发展当作自己认识对象和自觉实践的对象的作用，人能够建构自己的内部世界，只有达到这一水平，人才在完全意义上成为自己发展的主体。"教育康复教师的自我成长是教师对自己的专业发展要求和行动。主要从以下各方面展开。

（一）教育康复专业成长历程

1. 激发教育康复专业成长动机

动机是人行动的原因，是行动的推动力。动机让人处于行动状态，与人的内在需要愿望相关。当一位教育康复教师有自己的专业成长的愿望，认为需要提高自己的专业水平时，他的身心处于激发状态。"我要""我想"将会推动人将自己的注意力指向教育康复专业化相关的人与事，比如专业的书籍、相关领域的专家、别人对专业的评论。有动力推动的人能够在教育康复工作中进行专业思考，并能想尽办法克服专业进程中的各种困难，促使自己的专业发展处于进行时，并且致力于良好专业态度的形成、专业知识的扩展，专业能力的增强，专业服务品质的提升。相反，如果缺乏专业成长动机，教师工作就会陷入被动、应付、缺乏工作动机、问题堆积、工作效绩低下的状态，出现懈怠，教与学双方在时光虚度当中消沉。教育康复工作成为无奈，成为混饭吃的手段。

2. 发展教育康复专业知能

有动机支配的教育康复教师才能主动、积极地注意工作当中的点点滴滴，发现教学事件当中的人、事、物，并去认识他们，感知且理解他们，找到他们之间的关系和联接点，循出其中的规律与特点；且在无数的教育教学康复活动中，通过观察、学习、积累教育教学经验，获得教育康复的知识及能力。在教育康复专业知能积累当中，有主动性的教师对教育康复练就了本专业的敏感性，能够敏锐地看到问题，且能做到正确的判断，拿出解决问题，获得有效性结果的方法及策略，逐步成为本专业的多面手。

3. 形成专业认同，建立对教育康复的尊重

在教育康复工作中，随着工作时间的增长、内容的丰富、工作的深入，教师获得专业知能和有效的成果后，对专业的专门化、科学性、丰富性、系统性和多学科跨专业的整合性、伦理性和社会性，会有从感性到理性的认识，并逐步清晰地描绘出本专业的专业结构图。通过专业实践和与特殊儿童及家庭、与工作同事及相关服务人员的合作以及社会与其他特殊教育康复机构的交流，与国内国外专业同行的沟通，对本专业产生不止于仅凭爱心和耐心就能做好的浅层理解。而能洞悉本专业实质，看到本专业的宽广及高远，产生专业认同感，体会专业责任，而有对专业的尊崇和敬重。在专业认同和对专业尊重当中，把握专业发展实质与契机，实现专业追求。

4. 凝聚专业智慧，增进思维及专业创新能力

教育康复专业是多专业智慧的凝聚。教育康复专业从教育学、心理学中吸纳教育心理的普遍性理论与实践，从社会学、伦理学、哲学、法学中吸纳认识论、价值观，从社会、从整体道德观念、法学中确定本专业奠基性依据，又有生理学、医学、康复学的成果给教育康复学习，借鉴和运用。集多学科的成果与智慧教育康复专业结合自身特点而有了自己的专业思维，即提出问题，明确解决问题的思维方式，对工作任务的整—分—整思维，对任务、知识能力有细部分解和实施。教育教学康复中诊断、评量和拟订个别化教康计划、拟方案实施修正的工作流程，均以个案引领、生态化、全生涯贯穿的教康思路，强调人与环境的关系，运用情境教学、四段教学（说明、示范、协助、自动）、多感官、小步子、多重复的方法。教康教师的专业思维在连续不断的教学中得到增进，在"不让一个孩子掉队""让每个孩子成功进步"和向教育康复要品质的特教新趋势下，成长中的特教老师不会满足于已有的专业水平，而会常学常新。因此，学习康复知能，开展教康整合服务，实施生活为核心的综合教学康复活动，培养学生自我决定能力，促进自我成长是特教教师们的新目标和创新教育康复的推动力。

5. 确定专业方向，做专业发展规划并付诸行动

教育康复教师专业的认同和尊重的态度凭借专业智慧结合专业发展趋势会依据自己的专业性向、兴趣确立建立在自己能力和专业兴趣上的发展方向，比如：主要从事培智教育还是自闭症儿童的教育，或是主攻动作训练或语言训练，发展方向的确定使个人专业目标明确，学习工作内容清楚。在专业方向导引下，专业规划的拟订就能较为切实、有序。专业发展规划可以做长计划，三年、五年希望自己在该专业方向上达到何种水准，胜任怎样的工作，而有年度目标，规划也有更落实的每学期的安排，这样就能使自己一学期的专业成长看得见摸得着。目标、任务会让一学期生活满满充实。当然，规划仅是一张纸，重要的是行动，一学期在专业行动中、在追求目标的达成过程中的教师便会心无旁骛、紧张并快乐着，经历着、收获着。特教教师会在一个大的方向下，有无数阶段性目标，所以，规划、行动是一个接一个不断连接的。

6. 体验专业情感，追求专业理想

从事教育康复工作，有认知、思维和无数实践过程，知之深，方爱之切。教师有了对本专业的热爱，就能够关注在本专业的成长发展。并为之焦虑、奔走，为之呼吁增光。在热爱的情怀中从事工作，体验专业带来的紧张、疲惫、辛劳，

享受专业的成功、自信、幸福、快乐。在特殊教育教师成长中，常说的所谓幸福感便是专业成长发展给予投入其中的教师的回报。由此而树立专业理想，有理想的特教教师会在希望和追求当中度过自己整个教师生涯。

（二）教育康复专业带给从业者的专业效应

从业者从本专业获得的专业效应，表现在：从业者对专业的兴趣、动机，从事本专业的主动性和积极态度与专业行动；从业者成为本专业的专业骨干和专业带头人；专业是从业者的工作且成为从业者的生活的一部分。

第三节　教育康复专业教师培养案例

一、高等师范院校教育康复教师培养

（一）导、学、做、研、用

培养高校青年教师方法众多，每所院校都有一套自己的培养机制。以重庆师范大学特殊教育康复专业青年教师培养为例，重庆师范大学特殊教育采用的是"导、学、做、研、用"的培养方式。

1. 导

对青年教师要有引导、有要求、要有关心、有支持。

（1）引导对特殊教育康复专业的理解

本专业会由专业负责人与资深教师、工作人员以及青年教师共同讨论分析本专业与相邻学科的关系。

共同明确本专业性质。针对专业宗旨、专业培养定位、专业建设思路，支持平台、支持特色，通过报告分享，实例分析等多形式明确本专业的目的、意义。

（2）对本专业重要的课程结构体系、核心观点的关注

特殊教育专业所有教师，含特殊教育青年教师对本专业课程的基础类，成长类，扩展类课程的相互关系在讨论中形成共识；厘清个别化为主轴的专业核心课程群及相互关系；了解并实施本专业进行的"高等特殊教育康复通识师资养成性培养"模式；把握教育整合、多学科整合，特殊教育发展新趋势；促进融合教育的开展；实施特殊教育课程改革。

对特殊教育专业化的重视含特殊教育态度、知识、能力、引导青年教师的专业追求。

（3）为青年教师提供实践、实习、科研基地，推动"做"的行为

引导青年教师进入高等特殊教育康复专业，"做"是关键能力，而这也是多年来高等师范院校教师很难迈进的关口。本专业为青年教师提供了校内特殊儿童实验学校、校内设置的教康平台及校外实践基地，并以教康整合，相关服务，以第二专业学习为契机，较为有效地促进了青年教师走进特殊儿童群体，逐渐形成高校特殊教育教师的"以做为推力"的专业态度与行为。

2. 学

青年教师带着各自的专业背景进入教育康复专业，往往需要对自己的原有专业进行再学习。还需做好原有专业的特殊教育康复运用。新的学习是每位青年教师入行的首课，也是永远的课程。

（1）送出去攻读博士或进修学习

高校特教教师一部分硕士学位者，都有获得博士学位的要求。读博成为高校青年教师的成长路径之一。高校青年教师外出进修学习，有短期和较长期之分，有到国内也有赴国外的学习机会。

（2）请进来的交流与学习是本专业重要活动

本专业在请专家、学者、专业人员进入本校交流合作方面做了大量工作，也累积了经验。

（3）对专家、学者、专业人员的选择

广泛性：因特殊教育涉及面广，邀请专家、专业人员时注意在多学科、多专业面上选择。

针对性：在广泛面上选择的同时有针对性地选取目前关注的热点，自身工作遇到的难点或某专家研究的重点问题。

专业性：专家、专业人员的选择应是在某一领域、某方面有成果、成效和见解、负责任的人选。

（4）请进来的学术交流与学习，是本专业每期工作常态

本专业每学期请进来的学术交流活动3~4场，国内外著名专家学者主讲，并有各领域的优秀专业人员如：物理治疗师、语言治疗师、作业治疗师等。

交流模式有专项学术模式，有长期教育训练模式（持续3~5年的动作训练、语言训练、艺术治疗等），有开一门课的远程教学模式（与美国加州大学圣巴巴拉分校王勉教授合作的每周一次持续一学期远程教学）。

（5）博览群书及网络学习

为青年教师学习提供特殊教育资源和相关资源转介服务，购置图书，订阅报刊杂志。有专门阅览室开设和研究生学习室设置。

3. 做

高等特殊教育康复专业是应用性、实践性学科。所有的教育、心理理论到特殊教育康复领域全都要操作出来。失去实践和应用，便无存在必要。这里的"做"特指高校教师与特殊儿童、家庭、学校机构的联结和实践。本专业对青年教师的"做"除讲清道理，提供"做"的直接平台外，还有具体从专业成长出发的措施。

（1）让青年教师自己选择特教领域主攻方向

有的选择语言训练，有选动作。有选艺术调理，有选自闭症研究，有选融合教育等。同时在大学生、研究生中开设相应的选修课，教师与学生共同学习，并要求教师三年后能承担此课。成立相应的研究中心。

（2）为各中心请来专门人员

请语言、动作、艺术治疗等专业人员，拟订长期系统化培训计划。

（3）每个领域坚持3～5年，周五下午，周六、周日全天培训

在所有人的合作参与下，本专业青年教师有了质的进步。已基本能开设本课程。同时开展了每天接待各类障碍儿童的咨询和干预服务，随着个案量的增加，教师专业能力大大提高。接触特殊儿童已逐渐成为青年教师的工作习惯。今后教师就要带领大学生执行此工作学习模式。

（4）青年教师均有任聋生班主任的经历

每位青年教师都要轮流分期担任聋生班主任，从中体会聋教育。

4. 研

有了踏实的特教实践和不间断学习，其中的问题、重点，其中的感情、兴趣，很容易成为青年教师的思考点，成为研究课题。随着研究目的、内容的确立，随着研究过程和研究结果的落实，这些研究将会运用于特殊教育实践并指导实践，例如在动作训练、语言训练的学习和执行时发现两者的相关性，而有了动作、语言训练整合的思考，带来了语言、动作整合性训练实践。

5. 用

青年教师经导、学、研的过程，"用"则强调了特殊教育的运用性、服务性。通常高校易局限于所谓学术和理论，而将研究束之高阁，缺少社会责任感，特殊教育康复专业希望研究能对家庭、社会做出贡献。青年教师有将自己的研究成果运用于家庭社会和学校的责任，更需接受社会检验，向社会学习，因而青年教师

在特殊教育康复领域需将自己工作对社会的有用、有效性放在重要位置。

二、专业发展对高等特殊教育教师的要求

高等特殊教育康复专业是育人的工作，不仅需有一般教师的素质，一般高校教师的素质，因为是特殊教育从业者，还有一些更高的要求。

（一）高等特教教师的工作态度

1. 高等特教康复专业教师要有对特殊教育工作的理解

2. 对特殊教育康复持关心态度

3. 能对特殊教育教康工作负责任

4. 能主动完成工作任务

5. 能担当

6. 有坚持性和耐性

7. 能包容、接纳

8. 能公平、公正地对待每位学生（含特殊儿童）

9. 能在自己的工作生活中践行"尊重、尊严"的追求

10. 能与人沟通

11. 能诚信、守承诺

12. 能与人合作

13. 能参与社会服务

（二）高校特殊教育康复专业教师的专业知识

1. 有对特殊教育专业结构的把握

2. 有对特殊教育相邻学科的了解

3. 能明了本专业培养目标、宗旨

4. 有对特殊教育康复核心概念的理解（如个别化教育、支持系统建设、生活质量等）

5. 有对特殊教育康复基本理论的理解

6. 能将部分核心概念做实际运用

7. 能将自己原有的专业背景为特殊教育康复运用

8. 能对特殊教育的旧识和新知进行整合运用

9. 能应特殊教育康复之需继续学习

10. 能向特教康复一线学习

（三）特殊教育康复专业能力

1. 能把握特殊教育国际国内最新发展趋势

2. 能获得本专业最新的发展信息

3. 能进行专业判断

4. 能做专业发展规划

5. 能拟订自己的专业发展规划及专业定位

6. 具有专业的观察和感受力

7. 理论思考力

8. 能发现问题、分析并解决问题

9. 有专业动机与专业学习能力

10. 有调整和修正能力

11. 有掌控力

12. 有反思和创造力

13. 有坚持主张和表达主张的能力

14. 有研究兴趣和研究动机

15. 有宣导与感染力

16. 有组织活动能力（教学活动、康复活动、社区活动等）

17. 有推动能力

18. 有实践能力、操作能力

三、高等特殊教育康复专业教师应尽量避免的问题

作为高等特殊教育康复专业教师要尽量避免以下问题发生：

（一）对工作、对学生的冷漠

冷漠是一种态度，也是一种行为。特殊教育康复中的冷漠表明为对某件事、某人的不关心、不在意，没有情感，无关系。持冷漠态度的从业者表现的是缺乏工作热情和工作的主动性，是应付、拖拉得过且过使师生难于建立相互信赖的关系。教学成为一个无可奈何的光阴"虚度"。正如德雷萨修女所言："爱的反面不是恨而是冷漠"，冷漠会给学生带来最大的身心伤害，特殊教育教师切戒。

（二）缺乏责任心

责任心是工作品质的保证，是教师基本素养，缺乏责任心致使工作品质低下，

工作中错误百出，工作秩序混乱，工作场地杂乱、工作气氛涣散，致使学生心理受损，教学成效差，还有可能出现身体和安全问题，引发师生冲突、家校矛盾。

（三）工作推诿、斤斤计较个人得失

一事当前先替自己打算，不是设想如何将事情办好，而是设想如何让自己逃脱以最小的付出收获最大的效益，将做事情、多做事情主要为公家为单位做事视为吃亏和愚笨，斤斤计较所谓职业倦怠，过分自私是部分原因。

（四）抱怨多、行为少

特殊教育工作中常有不少抱怨情绪，领导不支持、同事不配合，场地不够、经费缺乏而有抱怨无可指责。但经常性为抱怨所困，仅在抱怨中生活，长期延续只会堆积不良情绪，且影响周围环境。有抱怨的时间不如行动起来。特殊教育本身就是为了面对和解决困难与问题而生的，特殊教育的精髓就是做。

（五）理论与实践严重脱节

受大专院校的潜在氛围及导向影响，固着于一般性从资料到论文的研究模式和工作状态。尤其在信息发达的今天，满足于人在家中坐尽知天下事的便捷。在特殊教育领域尚说不尚做，从理论到理论，从资料到资料，图方便，省事、省力只求向考核指标和规定性指标负责。唯独不向特殊儿童家庭和家长，不向社会负责。不愿到一线学校扎根，不能解决特殊教育实践中的问题。这严重影响了高等特殊教育质量，是高等特殊教育需直面的现象。

二、特殊教育学校教育康复教师培养——以广州越秀培智学校为例

（一）广州越秀培智学校的教师专业团队三梯度教师成长计划

1. 顺应教师专业成长历程的三梯度教师培养计划

教师的专业成长是一循序渐进的艰苦过程，须有外在环境的助力和教师自我的专业成长主动性结合，学校顺应教师专业成长的阶段段性规律及特点，秉执教师专业发展"人格魅力、学识魅力、终身学习"的原则，通过"积淀、探索、反思、薄发"的成长过程，拟订了三阶段及三层次教师培养及发展规划。

2. 发展规划激励教师进步，体会成功的快乐

发展规划有利教师成长，所有教师都可以从发展规划中找准自己的方向和如何发展，激励教师努力与进步，获得教育教学的成功，而有工作的快乐，享受到

工作带来的成就感、幸福感的教师会对教师生涯有更多领悟、珍惜与尊重。

3. 学校专业发展更具目的性和针对性

（1）教师发展规划的拟订和执行合乎学校实际

学校拟订教师发展规划并执行合乎学校实际情况，因学校有新任教师、外聘教师、在编教师，也有老、中、青等年龄层次的教师，组成三梯度教师培养迎合了教师构成的多元化现状。

（2）目的明确，针对性强

学校教师发展规划三梯度建立在学校调研、组织教师深入讨论，广泛征求意见基础上，使学校专业发展更有目的性和指引性，教师培训更有针对性，有利教师成长。

4. 三梯队教师

第三梯队：第三梯队的教师所占的比例最大，他们在常规教学岗位，熟悉常规教学工作，有较好的学习能力，并有意愿向专业康复方向发展，能根据专业康复目标设计教学活动，如果有一定的专业基础则更好（如有美术专业基础或美术爱好的教师愿意向美术教学发展）。

第三梯队的教师能了解与智障儿童教育相关的基础理论，能较深入地认识与本人工作岗位密切相关的理论、观点及教育或训练策略、方法等，能有较好的一线操作能力。只要他们要求上进，上升空间也比较大。

第二梯队：第二梯队的教师是学校中有较好的专业操作能力，有较好的学习能力，有意愿向培训者方向发展，能做本专业第三梯队成员的实际操作指导及培训。

第二梯队的教师除具有第三梯队教师的能力外，还能深入地掌握与本人专业密切相关的理论和教育训练方法，能清楚所属专业的发展需求，善于总结实践。

第一梯队：第一梯队的教师是学校中最专业的老师。他们有熟练的专业操作能力，较好的理论讲解能力，能组织自己专业的各种培训，能研发本专业的课程，能清晰所属专业的发展需求，能制订所属专业的发展规划，能带领自己专业的团队并促进专业的成长。

在培养目标方面，第一梯队的教师除具有第二梯队教师的能力外，还能较广泛、深入的掌握与本人专业可能相关的各种理论、教育训练方法和研究成果，能灵活地进行不同领域专业技术整合，具有较好的理论讲解能力，能组织本专业的培训，能开发有一定体系的专业课程，能为专业老师进行理论培训。

（二）学校专业化——教师培训、对话、评价

1.对教师进行专业培训

学校的专业建设、课程改革，教师是关键，越秀启智学校将教师培训放在重要位置，专业培训路径很多，以下介绍越秀的专业讲座和系统化专业培训。

（1）专业讲座和系统化专业培训

专业讲座。就国内外最新、具前瞻性和关键热点问题以及学校面对的焦点问题，聘教育专家或某领域带头人来学校开展专题介绍或辅导，也可由学校内部某方面具有有效深入的研究且很有心得的人员团队就学校关心的专业问题开展专题报告会。

专业培训。与教师讲座有相似之处，不同在于较讲座更有系统性、连续性、持续时间较长，培训不止于对一个主题的介绍、了解，更关注的是一个主题的学习过程和该主题如何通过培训者变为受培训者的知识、能力，即要"过手"，受培训者经培训要能够自己运用、操作。

专业讲座和培训分将外面的专家教授请到学校来，也含运用本校专业人员所具备的优势，在本校开展讲座和培训，培训还有"送出去"，即将教师送到外面（国内外）进行培训。

（2）加强教师专业培训的思考

①特殊教育中培智教育发展迅速，需求量大、面宽，教育观、教育知识、技能的新知能若不能即时获得运用，学校和教师就会落伍，学生不能受到有品质的服务，获得最新、最关键的国际、国内特教信息，最落实的方法即通过培训、学习，让教师即学即用。

②便于学校、教师研究找到努力方向。培训学习在走出去、请进来当中能促进特殊教育教师眼界的开阔，教育教学站在新的高度，了解国际、国内对相关问题的发展现状，学习更加科学、先进的教学方法，教育观念、技术，找出差距，对学校当前和下一步工作确立内容及方向是有帮助的。比如：陈凯鸣校长到德国参加两个月的培训、交流发现：启智学校办学观念并不差，但我们要学习人家的是认真、细致，把每样东西落到实处。参加江津向阳中心工作营的老师花一周用录像、介绍发展性课程评量，学校意识到这样的知识重要而越秀未做过，便联系向阳督导李宝珍老师，利用她来广州到越秀学校进行相关的指导；越秀请台湾语言治疗师、感觉统合专家、ABA专家来校针对学校教育教学实践中的焦点问题、突出问题进行解决。

③促进教师求新、求变的创造性和教育智慧的增长。学校从教育实践出发，面对选取的共同问题，在激烈观念碰撞中生成新的教育智慧，促进教师创造性思维的生成和运用，解决问题产生的求新、求变，其动机和激励作用是强大而深远直击内心的。

④形成教师培训课程。结合学校教师实际，学校制定《越秀区启智学校教师培训课程》，包括岗前在岗培训、初阶、中阶和高阶培训课程，从而让教师更好的对照自己能力及发展目标来确定教育规划，明确自己要参加怎样的培训、讲座和学习交流活动。

（3）教师培训有效性保证

①学校要有教师培训的紧迫感和对教师成长的期待，教师个人有自我专业成长的要求，对学校委派或学校的教师培训资源能够善用、珍惜，从而学校有常年教师专业培训的计划安排。教师个人也有自我专业成长规划，教师在愿望需要驱动下参加培训方有获得成效的可能，如果学校和教师将培训作为对付上级下达的任务或应付考核指标的搪塞走过场只会浪费时间、经费。

②培训要依需求做选择。有效培训要选择的内容，主要针对学校遇到的困难、问题，本专业新成果、新趋势、学校教师共同提议等。培训要选择的培训者，是某方面、某问题的有专攻和专精的人士。培训针对问题准确，有专业含量，培训才会有效果。

③培训之后要即时践行。学校花费时间、精力进行各类培训，意在提升服务品质，所以培训之后将所学运用于教育教学实践是培训的目的。只见培训未见行动是务虚的表现。当然将培训内容用于实际教学，需要学校、教师不断内化，勇于改变调整固有的习惯化了的东西，同时，要有谦虚之心，能看到新知的价值，善于吸纳且善于与其他教师合作共同实践探索。

④成长教师个人，成长教师团队。常用的外派培训促进个人成长，但外培往往是一个人参与某培训，在个人获得收获时注意内容和心得不能止于个人，要有培训分享。越秀启智校要求外培教师回校后向教务处做培训报告，并做好培训记录且复印一份培训资料交教务存档。老师写心得体会且给学校、老师们做二次培训。并收集外培教师对培训效果以及下次培训的期望和要求，让一个人参培，全体教师受益。

（4）专业培训情况

①校内培训。

2013—2015 年广州市越秀区启智学校外聘专家来校讲学情况

时　间	内　容	主讲人（工作单位）	参加者	培训时间（天）
2013 年			全校老师 市骨干教师 家长代表 越秀区幼儿园、中小学随班就读教师	
2014 年		刘劲（广州市越秀区启智学校） 林丽英（台湾心路社会福利基金会） 黄昀绮（台湾心路社会福利基金会） 孟瑛如（台湾新竹师范大学） 林美瑗（台湾发展迟缓儿童早期疗育协会） 陈恒霖（台湾昆山科技大学） 赖铭次、吴荔云（美国布利克诊疗中心）	全校老师	4 24 3 3 1 7 23
2015 年		陈恒霖（台湾昆山科技大学） Barbara Baldwin（澳洲鲁道夫·施泰纳治疗教育与社会治疗协会） 林丽英（台湾心路社会福利基金会） 吴武典（台湾师范大学）	略	10 1 12 1

②外出学习或培训。

2009—2013 年广州市越秀区启智学校教师外出学习情况

时间	地点	内容（题目）	培训者	主要参加者（参与人数）	性质	级别
2009	教育局	多媒体软件评奖活动专题培训	Mr.Olli(芬兰）	黄洁薇（3）	培训班	区级
	文德路小学	信息技术与学科教学整合课例	李崇信（台湾）	苏燕芳（3）	培训班	区级
	麓湖会议中心	慧灵支持性就业研讨会	张文京	林碧军（2）	研讨会	市级
	重庆、成都、广州	广州市特殊教育教育骨干教师培训	许家成	黎丽琼（2）	培训班	省级
	上海	启智博士治疗仪培训班	代光英	康慧卿（1）	培训班	省级
	上海	可视音乐治疗仪	泰亿格	陈凯声（1）	培训班	省级
	重庆江津	智力障碍成人服务的模式与技术研习	向阳儿童发展中心	劳颖（1）	培训班	省级
	香港	香港机构参观学习	方武	刘劲、刘美仪（6）	参观学习	省级
	重庆江津	第13期弱智教育咨询教师工作营	李宝珍	彭飞、林静娴（3）	培训班	省级
	香港	香港姐妹学校参观学习 动作治疗培训	余碧泓 等		参观学习	省级

续表

时间	地　点	内容（题目）	培训者	主要参加者（参与人数）	性质	级别
2010	市残联康复中心	自闭症儿童康复教育技术培训班	略	朱敏燕（12）	培训班	市级
	广州华泰宾馆	广东省残疾人康复协会儿童孤独症		唐颖（2）	研讨会	市级
	重庆江津	康复专业委员会成立大会		李满秋（7）	研讨会	市级
	杭州天元大厦	音乐治疗在特殊教育的应用		陈凯声（3）	培训班	市级
	重庆江津	全国特殊教育学校"医教结合、综		谢立瑶（2）	研讨会	国家级
	广州慧灵	合康复"实验基地建设项目实施方		李康娥（2）	培训班	省级
	华东师大	案研讨		刘劲（2）	培训班	市级
	江苏昆山	第十四期弱智教育咨询教师工作营		陈霞（4）	培训班	国家级
	北京	慧灵育盟自闭症工作坊		钟杰锋（1）	培训班	国家级
	市残联	"听觉言语"和"言语语言"康复		彭飞（1）	培训班	省级
	广州华泰宾馆	技能培训		彭少健（1）	专题报告	市级
	重庆江津	全国特殊教育学校"医教结合"教		罗文勇（2）	培训班	市级
	中山三院	师培训班第一期		钟杰锋（2）	培训班	省级
	康泰学校	Floor Time		刘劲（2）	培训班	市级
	省残联	广东省医学会第一届康复医学管理		唐颖（2）	培训班	市级
	区委党校南校区	高峰论坛暨粤港澳台		朱敏燕（6）	越秀区教	区级
	华泰宾馆	阿斯伯格的疗育		黎丽琼（1）	育局	市级
	重庆师范大学	The scerts model		苏燕芳（28）	培训班	国家级
	向阳儿童发展中	智障康复教育专题讲座			研讨会	省级
	心	2010年越秀区教育系统第2期中青			培训班	省级
	重庆江津向阳	年干部培训班			培训班	国家级
	哈尔滨燎原学校	广州市随班就读学校校长、教师专项			研讨会	国家级
	华东师大	知识培训				
		智力残疾障碍新概念及新操作系统				
		"为特殊教育培养语言治疗的种子人				
		员"研习				
		语言训练研习班				
		2010年全国培智教育"医教结合、				
		综合康复"办学模式				
		上海言语语言康复培训				

续表

时间	地　点	内容（题目）	培训者	主要参加者（参与人数）	性质	级别
2011	清远	广州市特殊教育教学研究会组织的有关课程的理论培训	略	黎丽琼（2）	培训班	省级
	广州员村工人文化宫			陈霞（3）	培训班	市级
	重庆江津	第三十三期中国早期教育亲子课程时间观摩师资培训		刘美仪（3）	培训班	省级
	天河员村二横路	"自闭症类别为主的语言治疗种子人员研习"		陈霞（1）	培训班	市级
	天河员村二横路			钟杰锋（2）	培训班	省级
	苏州工业园区博爱学校	第二十五期中国早期教育蒙台梭利课程师资培训		梁颖茵（3）	培训班	省级
	重庆江津	苏州国际儿童康复治疗研讨班		梁耀斌（1）	培训班	国家级
	天河员村二横路	第十五期弱智教育咨询教师工作营		刘劲、邝艺清（10）	培训班	国家级
	北京海淀培智学校	作业治疗与感觉统合		刘劲（2）	培训班	国际
	重庆师范大学	体育运动康复组教师外出学习考察		刘思琳（3）	参观考察	国家级
	华东师范大学	张正芬：自闭症训练		彭飞（3）	培训班	国家级
	华东师范大学	语言治疗培训		魏玲、黎丽琼（12）	培训班	国家级
	深圳康宁医院	自闭症教学研讨		林碧军（2）	教学观研	省级
	澳门	华人地区智能障碍者康复服务研讨会		黎丽琼、王睿（6）	研讨会	国家级
	广西桂林	全国第三届特殊教育多媒体整合课例比赛		林静娴（4）	课例比赛	国际
	重庆受评山庄	语言培训		曹丽敏（3）	培训班	国家级
	省残联	科技辅具及新专业整合培训			培训班	
	重庆受评山庄	语言培训			参观交流	
	香港	新教师专业知能基础培训班				
	哈尔滨	杨日霖纪念学校				
		全国特殊教育医教结合实验项目成果展示汇报会				

续表

时间	地 点	内容（题目）	培训者	主要参加者（参与人数）	性质	级别
2012	广州市残联	特殊儿童阅读推广人培训	陈苑靖	彭飞（6）	培训班	市级
	广州市第二少年宫	"肢体潜能艺术课程"教师培训	吴瑞文	丁琳（4）	培训班	市级
	重庆江津	平衡疗法	陈玮静	刘美仪（4）	培训班	省级
	上海	感知觉培训	李宝珍	梁琼予（2）	培训班	国家级
	重庆江津	语言治疗培训	郭色娇	罗文勇（2）	培训班	省级
	市教研室	正向行为支持	赖铭次（美）	刘劲（6）	培训班	市级
	深圳	应用行为分析 ABA	罗逸凯	郑哲佳（2）	培训班	市级
	重庆江津	ALP 主动性学习方案	苏庆元	林静娴（1）	培训班	省级
	广州	戏剧工作坊	曼努艾拉维德迈	魏玲（3）	培训班	省级
	启智礼堂	奥尔夫音乐教育培训班	尔博士夫妇	陈崇杰（3）	培训班	省级
	上海华东师大	儿童感知觉培训	陈达德	梁颖茵（12）	培训班	国家级
	深圳市仁爱康复服务中心	"医教结合"实验项目第三阶段培训	卢红云	周嘉萍（11）	培训班	国家级
	华南师范大学	TARGET 全国师资培训	赵程德兰、冼权锋		培训班	省级
	重庆江津	省特殊教育骨干教师培训班	柯木夫、叶苑秀、		培训班	省级
	四川大学华西第二医院	生活品质的支持与美好生活的经营	陈凯鸣、丘举标、		培训班	省级
	广东第二师范学院	CPN 国际儿童康复进展学习	陶德清		培训班	省级
	云南昆明	广州市基础教育系统"百千万人培养工程"	金荣			
	重庆江津	2012 年国际特奥会东亚区足球教练员培训班	李崇信			
		艺术治疗在特殊教育的应用"工作坊"	陶德清、黄志超 苏庆元 等			

续表

时间	地　点	内容（题目）	培训者	主要参加者（参与人数）	性质	级别
2013	北京星星雨	国际自闭症研讨会"艺术治疗种子教师"培训班	美、日、英、专家	魏玲（3）	研讨会	省级
	重庆江津			梁颖茵（3）	培训班	市级
	上海	脑瘫及其他发展障碍儿童动作训练人员系列培训班	于佩懿	冯佩仪（2）	培训班	省级
	重庆江津		金荣	苏燕芳（2）	培训班	市级
	苏州	2013年菲尔普斯特奥游泳教练员培训班	李宝珍	钟杰锋（1）	培训班	省级
	重庆师范大学		李晓捷	丁琳（2）	培训班	省级
	市教研室	国际小儿脑性瘫痪现代康复技术培训班	乔治博士、王冕教授、高天、王冰	彭飞（7）	培训班	省级
	启智学校			自闭症组（28）	培训班	市级
	番禺区钟村金山	中国音乐治疗研讨会	赖铭次	曹婷婷（2）	培训班	国家级
	大道"自然童年"	自闭儿青春期性教育	曹纯琼	黄洁薇（4）	培训班	国家级
	机构	自闭症鹰架式语言训练方法	赖铭次	曹丽敏（6）	培训班	省级
	重庆江津	儿童脑神经发展	芭芭拉·鲍德温（澳）	陈洁莹（2）	培训班	市级
	市教研室	戏剧教育与治疗在特殊教育的应用		梁琼予（2）	培训班	省级
	重庆江津	系列研习	苏庆元	陈果意（1）	培训班	国家级
	广州	正向行为支持	钮文英	梁颖茵（3）	培训班	国际级
	重庆江津	动作治疗	金荣	启智学校班	培训班	市级
	启智学校	特殊教育骨干教师培训	冼权锋	主任（30）	培训班	市级
	惠州市启智学校	各类非标准化量表的使用	于佩懿	余艳华（3）	培训班	市级
	北京	机构融合教育经验介绍	郑丽月	梁颖茵（9）	培训班	
	浙江嘉兴	学习障碍儿童的定义、坚定工具和流程	方静	余艳华（2）	培训班	
	重庆江津		孟英茹	张淑玲（2）	培训班	
	市教研室	"智力与发展性障碍教育康复国际新进展"研讨会	夏洛克（美）	刘佩（3）	培训班	
	重庆江津		张蓓莉		培训班	
	澳门	动作治疗	李宝珍		培训班	
	市教研室	融合教育支持体系与资源教室方案	澳门扶康会		培训班	
	越秀区启智学校	启智教育新进教室专业知能研习	钮文英			
	重庆江津	"构建完整社区照顾体系—实践与展望"研讨会	郑丽月			
			林丽英			
		特殊孩子的"正向行为支持"——个案研究	美国肯塔基州州立大学教师团队			
		特殊孩子的检核	焦建利、汪晓东等			
		智能障碍者之沟通训练				
		特殊教育中的音乐治疗				
		戏剧教育与治疗在特殊教育的应用				
		系列研习				

续表

时间	地　点	内容（题目）	培训者	主要参加者（参与人数）	性质	级别
2014	重庆江津	"艺术治疗种子教师"培训班	于佩懿	梁颖茵（3）	培训班	省级
	惠州	ABA	方静	吴群娣（2）	培训班	市级
	重庆江津	动作治疗	肖飞、钱志亮	陈洁莹（2）	培训班	省级
	北京师范大学	广州市特殊教育学校校长研修班	方武、李宝珍	朱敏燕（2）	培训班	市级
	重庆江津	推动特殊青年的美好生活理念、策略、方法	戴玉敏	陈果意（2）	培训班	省级
	广州少年宫		陈静江	常艳艳（1）	培训班	省级
	广州	培智教师咨询工作营	叶仑甫	丁玲（2）	培训班	市级
	重庆江津	特殊教育中的音乐治疗	苏庆元	梁溥（3）	培训班	省级
	广州市	广州市中职特殊教育教师培训	金荣	钟杰锋（5）	培训班	市级
	重庆江津	自闭症、情障等特殊学生之全人疗育	黄慈爱、秦丽花	萧丽丝（1）	培训班	省级
	市教研室	广州市特殊教育通识培训	曾琼霞	劳颖（4）	培训班	省级
	重庆江津	戏剧教育与治疗在特殊教育的应用系类研习	于佩懿	冯佩仪（2）	培训班	省级
	重庆师范大学	动作治疗	李宝珍、戴玉敏	梁颖茵（2）	教研	省级
	广州大厦		汪崇渝	劳颖（3）	培训班	省级
	广州江湾大酒店	特殊儿童行为管理和学习策略	林亮吟	常艳艳（1）	培训班	市级
	东川路小学	"艺术治疗种子教师"培训班系列	吴武典、郭奕龙	陈果意（1）	交流访问	市级
	北京		徐福荫			区级
	上海	国培计划2014	金荣		培训班	省级
	重庆江津	特殊教育咨询	李毓秋、郑松年			省级
	北京	资优教育概述	高金英			区级
	珠海北师大三中	21世纪人才技能培训与新信息技术教育应用	梁东标			区级
	台北市	全国辅具博览会及全国特校辅具汇报	杨坤堂、錡宝香、吕翠华			国家级
	重庆江津	BOBATH技术培训	苏庆元等			省级
		动作治疗				
		百佳班主任培训				
		韦氏四主试资格版				
		海峡两岸融合教育理论与实务研讨会				
		戏剧教育与治疗在特殊教育的应用系列研习				

注：本表各列内容并未完全一一对应，仅示意用。

③教师外出讲学。

2014 年广州市越秀区启智学校教师外出讲学情况

地点	内容（题目）	主讲人	性质	级别	培训对象（人数）	培训时间（天）
十中	学习障碍、情绪障碍、注意力缺陷学生的生理特征及教学策略	刘衍良	培训	校级	宏慈园康复中心教师（30）	1
华南师范大学特教系	行为管理原理与技术	谢立瑶、唐颖	培训	校级	特教系学生（25）	18
广州市远程教育中心	智力障碍儿童的康复与训练	黎丽琼、黄洁薇	培训	校级	广州市中小学继续教育学员（2 500）	18
红火炬小学	自闭症学生的生理特征及教学策略	梁颖茵、曹丽敏、彭飞	培训	市级	校内全体老师（50）	3
清水濠小学	听障、视障、语障学生的生理特征及教学策略	梁颖茵、曹丽敏、彭飞	培训	区级	校内老师	1
雅荷塘小学	动作、语言、自闭症专题讲座	梁娟	培训	区级	校内老师（35）	1
宁夏银川	学习障碍、情绪障碍、注意力缺陷学生的生理特征及教学策略	梁娟	培训	区级	校内老师（50）	7
水荫路小学	学习障碍、情绪障碍、注意力缺陷学生的生理特征及教学策略	林静娴、彭飞	培训	省级	江西国培班学员	1
七株榕小学	听障、视障、语障学生的生理特征及教学策略	钟杰锋、林静娴、吴群娣	培训	区级	校内老师（60）	1
永曜北小学	社会性能力发展法案	彭少健	培训	区级	校内老师（50）	1
珠光路小学	适配性辅具在特殊教育的应用	龙雯强	培训	区级	校内老师（42）	3
浙江杭州	学习障碍、情绪障碍、注意力缺陷学生的生理特征及教学策略	梁溥、彭飞	培训	市级	校内老师（37）	1
北京海淀培智	智障学生生理特征及教学策略	刘劲	培训	校级	杭州市公办学校特教老师（50）	1
云山小学	听障、视障、语障学生的生理特征及教学策略	钟杰锋	培训	区级	校内老师（100）	1
知用小学	自闭症学生的生理特征及教学策略	龙雯强	培训	区级	校内老师（34）	1
沙涌南小学	听障、视障、语障学生的生理特征及教学策略	谢立瑶	培训	区级	校内老师（77）	1
天秀小学	自闭症学生的生理特征及教学策略	周嘉萍	培训	区级	校内老师（28）	1
环市路小学	听障、视障、语障学生的生理特征及教学策略	彭飞	培训	区级	校内老师（31）	1
小北路小学	自闭症学生的生理特征及教学策略	曹丽敏	培训	区级	校内老师（51）	1
珠光路小学	听障、视障、语障学生的生理特征及教学策略	林静娴	培训	区级	校内老师（70）	1
广东东莞	特殊教育导论	周嘉萍	培训	市级	校内老师（37）	3
华侨外国语学校	听障、视障、语障学生的生理特征及教学策略	曹丽敏	培训	区级		1
大沙头小学	听障、视障、语障学生的生理特征及教学策略	林静娴	培训	区级		1
登峰小学	听障、视障、语障学生的生理特征及教学策略		培训	区级		3

学校	主题	人员	形式	级别	对象（人数）	次数
雅荷塘小学	智障学生生理特征及教学策略	周嘉萍	培训	区级		1
浙江金华	IEP在课堂的实施	刘劲	培训	市级	金华市特殊教育骨干老师（50）	1
环市路小学	听障、视障、语障学生的生理特征及教学策略	林静娴	培训	区级	校内老师（51）	1
黄花小学	智障学生生理特征及教学策略	黎耀斌	培训	区级	校内老师（55）	3
旧部前小学	听障、视障、语障学生的生理特征及教学策略		培训	区级	校内老师（73）	1
天秀小学	自闭症学生的生理特征及教学策略	谢立瑶	培训	区级	校内老师（31）	1
江西南昌	班级教学	黎丽琼、罗文勇	培训	省级	江西国培班学员（100）	1
登峰小学	智障学生生理特征及教学策略	曹婷婷	培训	区级	校内老师（50）	1
旧部前小学	学习障碍、情绪障碍、注意力缺陷学生的生理特征及教学策略	曹丽敏	培训	区级	校内老师（73）	1
东风西路小学	行为情绪管理	黎丽琼	培训	区级	校内老师（100）	1
环市路小学	特殊教育导论	龙燮强	培训	区级	校内老师（51）	3
回民小学	自闭症学生的生理特征及教学策略	周嘉萍	培训	区级	校内老师（50）	1
沈阳	听障、视障、语障学生的生理特征及教学策略	梁溥	家长培训	区级	家长培训（85）	1
回民小学	平衡疗法	康慧卿	培训	区级	校内老师（30）	1
	行为情绪管理	黄绮玉	培训	区级	校内老师（85）	1
	自闭症学生的生理特征及教学策略	林静娴		区级	校内老师（50）	1
	听障、视障、语障学生的生理特征及教学策略	梁佩忠		区级	校内老师（61）	1
	特殊教育导论	曹丽敏等		区级	校内老师（50）	1

注：本表各列内容并未完全一一对应，仅示意用。

165

2. 与教师专业对话

专业对话指教师在专业领域里针对问题与其他教师和专业人员进行交流、讨论，以获得问题解决方法。分为校内专业对话和校外专业对话。校内专业对话多以教研活动形式展开，分为横向专业对话，即与教师对话；纵向专业对话指与上级领导、行政人员、专家、教授等的对话。这里着重从学校专业对话进行介绍。

（1）教研活动

教研活动是校内专业对话的主要形式。教研活动以自我反思、同伴互助、专业引领等为主要活动形式，以主题整合为导向，灵活运用案例分析、问题解决、调查研究、实践探索、区域交流等多种方式，努力提高教学研究的针对性和实效性。我校倡导开放式教研活动、促进式教研活动、学科整合式教研活动、针对式教研活动等多种教研形式。

开展课堂教学研讨活动。分两步走：第一步，采用推门听课的方式，与个别教师研究教学规律。我校要求每位教师每学期上1节研究课，每位教师每学期听课达10节以上，新教师15节。教研组长听课达15节以上，教导主任和主管教学的副校长听课达30节以上。第二步，采用观摩研讨的方式，每位老师要上一节汇报课，并录像供大家评课、学习。老师们都认真对待，有的录第一次不满意，甚至录第二次、第三次，力求把自己最成功的课例展现给大家看。

组内活动。学习是教师专业发展的主要途径。为了提高学习的效果，我们在各专业对口组的教研活动中，采用了分享式学习的方法，要求在每次教研活动中，老师分别以小型专题讲座的形式，通过预先拍摄的视频、收集的资料或者是学习的内容向其他老师进行简单介绍。因为小组中每个老师都有自己负责的内容，而且每个人负责的内容都有所关联，所以能形成很好的互相学习、互相讨论的氛围。以自主阅读、集体分享的形式进行，人人参与，以集体带动个人成长。

同伴互助的形式。以学科组和学习型小组为互助载体，促进教师间的对话。注重"以老带新，以强带弱"；提倡在校本教研中有不同呼声，在一个群体中有不同思想，鼓励教师大胆批评，大胆提议，各抒己见。以教师提出的问题为研究内容，将问题入组，以组为单位制定计划，开展研究。每学期召开本课堂教学研讨会2—3次，不断促进提高。

自我反思。反思是教师以自己的职业活动为思考对象，对自己在职业中所做出的行为以及由此产生的结果进行审视和分析的过程。反思的本质是一种理论与实践之间的对话，是理想的自我与现实的自我心灵上的沟通。教师要结合专业发展《报告册》自定个人教研学习、专业提高学习计划，并根据学校校本培训计划内容，自行学习和对自己教学行为进行分析，提出问题，制定对策。教师必须每学期写教学行为叙事案例5篇，总结1篇，每学年研究性论文1篇，每周教学计划1篇，反思1篇。写作教育行为是一种有效可行的反思形式，教师能够在写作的过程中总结和反思自己的行为。2009年参加广州市特殊教育专委会、论文比赛，共有55位老师的论文获奖。

教研组活动。每月定期开展两次教研活动，时间固定、地点固定、内容固定，教研组长负责，教师各抒己见，形成思维的碰撞，激起思维的火花。教师要充分利用这个时间，将教学活动中遇到的典型问题拿出来进行研讨、分析，寻找解决问题的办法和途径，有效解决问题，提高教学效率。此外，每学期开展一次教学活动汇报展示，通过教师备课、上课、说课、评课，开展交流，磨练教师，展示教育成果；并且不定期组织教学论坛，将教师放到开放的教学环境中，交流新思想、新方法，形成教师思先于行、行后反思的良好学风，促进教师队伍素质的整体提高。

通过课题开展教研活动。课题研讨式校本培训是通过组织教师参与教育科研，学习新理论、接受新信息、探索新模式、实践新方法、创造新成果，提升教师精神追求，提高教师教育教学水平和能力。课题研讨式培训是克服教师职业倦怠、促进教师进一步成长发展的必由之路，它既适合促进骨干教师的提升和发展，也能促进全体教师的学习热潮和共同提高。多年来学校以各种科研课题为由带动教师整体素质的提高，有力提升了教师的理论水平。

（2）汇编教学成果

不断地完善智障儿童的支持体系，是学校长期的工作重点之一。不断地深入挖掘和探索各种支持策略，尽可能为特殊儿童提供生活适应所需要的一切支持。越秀启智学校依获得的成果等编写了启智学校系列丛书。理顺了知识结构，在思考过程中把理论与实践联系起来，清楚地知道自己的不足和努力的方向。

（3）评课活动和比赛活动

校内开展评课比赛，同时鼓励参加越秀区、广州市等举办的各种授课比赛。通过比赛，教师们认真备课，精心思考课堂的每一个环节，想办法使整个教学环环相扣，自然流畅，在不知不觉中挖掘了潜能。参加市、区、全国的各类专业比赛，获得多项奖项。而且对教师自身成长有较大帮助，更好的作专业发展定位。

学校在全校低、中、高三个年部全面展开晨点课的课例评比，要求各班拍摄一周五天的晨点课，要求班上每个老师必须参与且其中至少一节是主教老师的教学活动，目的是通过课例评比，促进各个年部开展集体教研，促进班任老师认识到晨点课的目的、功能和意义，同时教导处通过标准化的评价标准，更科学、规范地了解到各个班级、各个老师对晨点课的认识和上晨点课的技能所处的水平。

学校还依特教热点问题组织"启智学校信息技术整合比赛""主题设计优质课例"等比赛，促进教师专业注意力和相关能力成长。

（4）设立教师资源库

由于学生的能力和需求不同，为学生设计的课程就应该不一样，智障教育不可能像普通学校一样有现成的教材和教案，因此依学生要求设计和实施课程是智障教育老师的基本技能之一。学校一直注重教学资源的共享和老师之间的交流，在我校校园网上建立了资源库，把全校各年级的教学主题内容、教学课件、周教学计划、作业、老师们的教学反思等放入其中，以供老师们及时查阅和参考，达到了资源共享。教学资源库的建设可以在一定程度上帮助整理各年部设计出来的主题，为以后的设计主题提供一些参考作用，也可以为其他兄弟学校提供设计主题的思路参考。因此，一批骨干老师，把历年来各班所做的主题、IEP 目标、教学设计等进行整理，共制定出 100 个教学主题，分别把学生 IEP 目标、教学目标、教学设计、作业、课件等相关资源完善到即将开放的特教网站。

此外，学校还为教师开展教研学习活动提供了充足的硬件环境。互联网和校园网也为教师学习、收集理论资料提供便利条件。

教育康复整合课程及专业建设案例 ◁▷

案例一 江津向阳儿童发展中心教康整合专业建设与实践探索

向阳儿童发展中心自 2003 年开始引进动作康复技术，自台湾邀请物理治疗师、作业治疗师、语言治疗师等陆续到重庆举办各种康复训练培训班，培训全国各地公办或民办的特教老师，向阳中心的专业累积有一个传统：即学了就要用，上一章中列举的公开举办的每个培训班，向阳老师都全体参加，经历无数个回合的听讲与习作，我们深深觉得只有把这些康复技术用在教学过程中，才会真正学习到手。

当时特教界还在忙着实践个别化教育计划的应用，哪有闲暇来练习物理治疗语言治疗呢？何况当时出来接受特教服务的学生障碍情况比较轻，也比较少合并其他障碍（其实是有，但当时的专业水平很难发觉，也无暇他顾），基本上只要用特殊教育的方法就能使学生有所进步，所以专业整合的特教服务一直都只停留在数据上。但是向阳中心早就经历过了个别化教育计划的全盛时期，学生对象也越收越复杂，他们的障碍是多重的，需求是多元的，我们早就比一般公办或民办特殊教育机构感觉到康复专业对学生的重要，因此自 2003 年起，我们就开始尝试如何将康复融入教学的探索，促使我们特教老师自己学习康复理论与技术的原因，确实也是当时在大陆很难找到医疗界的康复资源为我们所用的缘故。重庆当时医疗界为发展障碍的孩子做物理治疗、语言治疗等的人员非常少，1996 年我们在江津开办向阳儿童发展中心时就收了几个既不会行走，也坐不稳的脑瘫学生，当时我深知他们除了还不错的智力需要教育的支持外，最重要的还是物理治疗对他们动作发展的帮助，但是重庆哪有这方面的资源呢？于是那时候的解决之道就是每年从台湾找来一位热心的物理治疗师（就是后来也陆续来开办培训班的林丽琴老师），经她为脑瘫学生做动作评估后，教向阳的老师们给学生做一些她传授的动作训练的方法，然后就是我回台湾时把向阳老师为脑瘫学生做训练的视频带回去请教物理治疗师，再把她的建议带回给我们老师，后来我们觉得必须提高自己的动作康复专业质量，培养自己的动作康复师，才是长久之计，当时为脑瘫学生做动作训练的两位向阳的老师，在后来多位台湾物理治疗师的培训之下，今日已成为能独立帮有动作障碍的学生进行动作评估与有效训练的专业动作老师，可以说我们的决定是明智的、必须的。

当向阳有了一支可以解决多重障碍学生的各项障碍问题的队伍之后，我们面临的问题便是：如何来运用这支队伍？如何使康复活动和特殊教育活动融于一炉？如果只是各做各的，那太容易了，效果也出不来，于是在大家的讨论设计与实践中，向阳自2003年起经历了两次专业整合的尝试，运用了两种不同的整合模式，而这两种模式相信和国内其他地区的专业整合模式是不一样的，这是一种小型机构，自己有自己的动作康复、语言康复等专业人员，形成一个以个案需求为核心的专业团队，这是最密不可分的整合模式。两种模式都基于一样的理念和原则：整合要从课程目标开始就整合，然后各领域的评量要整合，拟订个别化教育计划的目标时也要整合，订定功课表是整合后的时间表，而教学与康复训练的活动更要整合。

下面就介绍其中较近的一次的探索例：为低幼年龄段的学习适应课程的专业整合模式。向阳儿童发展中心以学生的知觉动作能力为中心，设计出一套学习适应课程，并全校开展探索实践，以帮助学生能关注并理解学习要求，适应学校集体的学习生活。学生对象以义务教育年龄段中的低幼年龄段之发展障碍学生为主。课程的设计与实施充分展现各领域专业人员横向整合的意志与管理。以下将以一位学生为例，初步介绍我们的课程发展与教康整合的探索经验，包括从课程与其评量之整合，一直到各领域专业人员对其教学内容之教材编选的整合。向阳儿童发展中心的教康整合模式是"以知觉—动作为核心的学习适应课程"的教康整合。

一、课程与评量的整合阶段

向阳中心的教学团队：含特教老师4位，动作康复师2位，语言训练老师1位，艺术调理老师2位，教学团队召集人与行政支持1人，顾问1人。

本阶段整合重点：各专业人员整理好各自专业的评量工具，共同参考这些分散各科的评量工具的内容，以课程的学习适应能力为范围，整合出一套大家认可的课程评量内容与评量项目。以后凡要进入以知动为核心的课程学习的学生，其评量皆以此为主，而不是各评各的。

本学习适应课程评量包括：①知觉动作评估表（应用台湾物理治疗师叶仓甫老师编全人疗育评估记录表三）；②"学习适应课程评量表"（向阳儿童发展中

心2014年7月编）。分为：学习能力、学习常规、生活自理方面的生活（学习生活）适应能力检核。（本课程内容请参见附1）

二、个别化教育计划的拟订的整合阶段

教学团队必须共同出席每个学生的个别化教育计划会议，在会议中每位专业人员充分叙说他对该生评量结果的分析与建议，例如动作康复师要提出他发现的小宇的动作的优势与弱势，并且提出他认为小宇需要发展的动作目标，而语言训练的老师也应该就评量的结果提出小宇的语言方面的优弱势，以及应发展的语言目标等。

但是并不是把每个专业人员建议的目标都接纳进来就称为教康专业整合，而是会议上大家还要就这些不同的领域的不同建议做一个整合，找到各个领域之间的关系，找到其中对学生目前最关键要发展的能力，作为整个个别化教育计划教学目标的核心（主要目标，例如感知觉与动作发展），核心领域的教学目标要先讨论出来，而这时其他领域（例如语言或认知领域）目标，就依据和主领域的关系来选择。请参见以下小宇的个别化教育计划例。

（一）个案基本资料

王宇（化名），男，7岁，自闭症，向阳儿童发展中心二班（小龄组）。

（二）学前适应课程评估结果形成以知觉—动作为核心的IEP目标

该生通过《知动评估表》评估出现有知觉动作能力在第9项（交替半跪及复诵数数1~10下），以此为主要目标，各领域人员依照其知动能力发展的需求，设计了整合的IEP目标。

领　域	短期目标
1. 细动作	1.1 能与人相互调控操作物品
2. 社会	2.1 能在活动中关注别人的行为
3. 认知	3.1 能唱数 1—10
4. 语言	4.1 能仿说单字的物品名称 10 个
	4.2 能仿说单字的动词 5 个
	4.3 能主动发音表达需求（吃间食和午餐时）
5. 生活	5.1 能自己洗脸
	5.2 能与人配合刷牙

三、功课表的整合阶段

在确定了 IEP 目标之后，就进入要安排全班功课表的工作了，这需要同时考虑到全班同学的需要，因此我们会把全班同学依据知觉动作能力分为三个组（如果可以和其他班协同教学共同来分组就更好）依照目标订出所需科目，继而拟订了本学期的功课表）。

分组依据如下：以知觉动作能力评量结果，通过评量项目的 9 项以上的为 A 组，通过第 6 7 8 项的为 B 组，未通过第 6 项的有两位学生，做为 C 组。功课表上虽然各组都设置了相同的科目，但是其教材内容和教学方法的设计会因其知动能力而有调整。这在后面的教材编选阶段又要各科统整编选（分组的知动能力依据请参见附 2）。

（以下所附的功课表是向阳学龄部两个班的学生协同教学，两个班共同分出三个组的功课表安排例，仅提供上午部分。）

向阳儿童发展中心功课表 2014 年 9 月—2015 年 1 月

班 级	星 期 一、二、四、五	
时间	一 班 东、冀、逸、安、兰、民、涛——朱 T、实习 TA、TB	二 班 运、鸿、钧、胡、鹏——浦 T、实习 TC、TD
8：30-9：00	知动早操 A 组：东、兰、逸、安、鹏、涛 B 组：冀、民、喆、运 C 组：钧、鸿	
9：00-9：20	劳动服务＋今日计划	点名活动
9：20-9：50	知动语文 W12、知动数学 W45 A 组：东、兰、逸、安、鹏、涛	知动美术 W12、知动音乐 W45 B 组：冀、民、㊤、喆、运 ／ 知动个训 C 组：钧、鸿
9：50-10：10	休闲茶点 东、冀、逸、安、兰、民、涛	间食 运、鸿、钧、胡、㊤、鹏
10：10-10：40	知动语文 W12、知动数学 W45 B 组：运、冀、民、㊤、喆	知动美术 W12、知动音乐 W45 C 组：钧、鸿 ／ 知动个训
10：40-10：50	转换时间	转换时间　转换时间
10：50-11：20	知动数学 W12、知动语文 W45-C 组：钧、鸿	知动音乐 W12、知动美术 W45 A 组：东、兰、逸、安、鹏、涛 ／ 知动个训 B 组：运、冀、民、㊤、喆

四、各科教材编选的整合阶段

依据学生的能力及 IEP 需求，将学生分组，该生分入 B 组进行学习，各科制订了本学期的学期规划，包括各组的教材如何依据该组的之动能力与目标的特点来选编该科本学期教材与教学主题。各科的分组教材统整如下表：

（一）知动音乐教材规划 2014 年 9—12 月

向阳儿童发展中心音乐领域教师 朱秋雷

知动项目			知动音乐教材分布
一、本能地跪下	0	(诱)坐 20 度摆位椅（诱）坐楔型垫	听：放松的音乐、喜欢的音乐 唱：自己随意发音（老师模仿发出他的声音） 乐器：随意玩 律动：亲子活动类的活动 社会：建立信任感、 增强物的多样化
	1	(诱)扶物高跪姿 2 秒	
	2	(诱)独立高跪姿 2 秒	
	3	(诱)跪走 3 步	
二、关注人、模仿、视觉注意、视觉辨别	4	(诱)单手扶持各单脚半跪姿 1 下	听：熟悉的音乐 唱：自己随意发音 乐器：随意敲 律动：半跪、高跪、跪走、翻身 社会：模仿别人，关系建立
	5	(诱)单手扶持交替半跪 3 下	
三、配合人、听懂指令、听觉注意	6	(指)前进跪走 3 步	听：辨别声源、有简单歌词的歌曲、辨别音乐之有无 唱：自己随意发音 乐器：跟随音乐的有无或老师指令敲（无节奏）、（选择、配合老师乐器，认识物品） 律动：前进跪走、倒退跪走、配合歌词相对应的动作 社会：配合别人的意识、社会参照能力
	7	(指)倒退跪走 3 步	
四、粗动作带动语言	8	(指)交替半跪 3 下	听：有节奏感的歌曲、辨别音乐快慢、大小声等、感受 ABA 的音乐 唱：跟随老师发声音 乐器：跟着音乐乱敲（分两组的乐器活动）乐器：跟着音乐乱敲（分两组的乐器活动） 律动：交替半跪、社会性游戏的活动（木头人，抢椅子等）、 简单的大动作 社会：配合老师的节拍做动作
	9	(指)交替半跪及复诵数数 1—10 下	听：歌词简单的歌曲、歌词有重叠音的歌曲、歌词里有数字的歌曲 唱：多发各种声音（大自然、歌词、动物，数字等） 乐器：配合歌词或配合节奏敲打（配合前奏） 律动：交替半跪、蹲走、跪走、配合歌词、配合节奏的动作、双人舞 社会：互相调控（音乐游戏）（个人演出）
	10	(指)交替半跪及复诵发音数数 1—10 下	
五、动作、语言记忆、一心二用	11	(指)交替半跪及自主数数 1—10 下	
六、带动认知、一心数用	12	(指)交替半跪及诱导建立 1—10 数量概念	听：各种歌曲（增加听音乐的类型） 唱：唱有歌词的歌、哼唱歌曲，旋律正确 乐器：依节奏依指挥敲击乐器（配合） 律动：用动作帮助了解数概念及数的意义（如七步舞等） 社会：音乐游戏（益智类、数字类）音乐剧集体演出

（二）知动美术教材规划 2014 年 9—12 月

向阳儿童发展中心美术领域 浦佳丽

知动项目	教材		涂鸦、绘画、刷	撕、剪、贴	印染	动手玩	动作
一、本能地跪下	0	（诱）坐20度摆位椅 （诱）坐楔型垫	自我刺激之涂刷抹 帮S刷，提供S喜欢的刺激	和T一起撕(任意撕)		自我刺激	
	1	（诱）扶物高跪姿2秒					
	2	（诱）独立高跪姿2秒					
	3	（诱）跪走3步					
二、关注人、模仿、视觉注意、视觉辨别	4	（诱）单手扶持各单脚半跪姿1下		模仿撕	任意印染	选玩具玩	跪走、游戏（膝上有颜料或绑彩笔……推拉）
	5	（诱）单手扶持交替半跪3下					
三、配合人、听懂指令、听觉注意	6	（指）前进跪走3步		同色配对贴盖手印、脚印、膝印		听令玩玩具 模仿玩玩具	接力赛（彩带、色笔）
	7	（指）倒退跪走3步					
四、粗动作带动语言	8	（指）交替半跪3下				颜色 形状 配对 分类	轮流
	9	（指）交替半跪及复诵数数1—10下		听令撕贴			
	10	（指）交替半跪及复诵发音数数1—10下					
五、动作、语言记忆、一心二用	11	（指）交替半跪及自主数数1—10下	介绍自己作品			指认颜色、形状	
六、带动认知、一心数用	12	（指）交替半跪及诱导建立1—10数量概念	颜色 名称 形状 几个			说出所要玩的玩具名称	

（三）知动语文教材规划 2014 年 9—12 月

向阳儿童发展中心语文领域教师　周千勇

知动语文教材分布

序号	知动项目	行为表现	非语言理解（动作,表情,手势……）	语言理解（口语-听、读）	语言理解（非口语-图片,文字,符号）	非语言表达（动作,表情,手势……）	语言表达（口语-说、写）	语言表达（非口语-图片,文字,符号）	知识内容	教学方式
0	一、本能地跪下	（诱）坐 20 度摆位椅 / （诱）坐模型垫	随着大人的视线或者手势而注意某人或某物	听懂自己的名字		以动作表情与人打招呼 能以手指指物	能发出两三种声音		声音语音	粗动作—细动作
1		（诱）扶物高跪姿 2 秒								
2		（诱）独立高跪姿 2 秒								
3		（诱）跪走 3 步								
4	二、关注人、模仿、视觉注意、视觉辨别	（诱）半跪姿扶各单脚 / （诱）单手扶各单脚跪 1 下	关注别人、模仿别人	听懂 50 个常用词	指认 4 种动作图片	以手抛＋动作＋单字来表达	模仿听过的声音/话 会说十个单字或一些两个字的词	PECS 第一级（机械化的交换）	常用单字、单词	知觉 动作—配对
5		（诱）单手扶交替半跪 3 下								
6	三、配合人、听懂指令、听觉注意	（指）前进跪走 3 步	配合别人	理解动词＋名词的句子 听懂一般问话	PECS 第一级		说电报句 回答最简单的问题	PECS 第一级	电报句	分类
7		（指）倒退跪走 3 步			PECS 第二级		会说形容词 仿画圆形线条	PECS 第二级	简单完整句	
8	四、带动语言	（指）交替半跪 3 下	发出更多的声音声调	理解更多的词汇（300 个左右）	PECS 第三级（图片约 100 张）		会说长句子 会回答特定问句	PECS 第三级（图片约 100 张）	6-8 字长句子、问句	指认
9		（指）交替半跪及复诵数数 1—10 下								
10	五、动作、语言记忆、一心二用	（指）交替半跪及诱发复诵数数 1—10 下		理解更多的词汇（1000 多个）	PECS 第三级扩充		会正确说"你咬他" 会正确命名颜色（15 种） 会说连词如还、也…… 说声母 bpmdtngkh	PECS 第三级扩充	段（简短故事）	命名
11		（指）交替半跪及自主数数 1—10 下		理解更多的词汇 理解故事主要情节						
12	六、带动认知、一心二数用	（指）交替半跪及诱导建立 1—10 数量概念		理解更多的词汇和句子	PECS 第四级		会说否定名 可解释简单图画 会提各种问句（如谁的？什么时候？） 能仿画十字 声母 fjzhchshzc	PECS 第四级	各种句式	规则

（四）知动数学教材规划2014年9—12月

向阳儿童发展中心数学领域教师 戴玉敏

知动项目		知动数学教材分布	IEP目标之知动数学目标	知动数学活动流程2014年9月
一、本能地跪下	0 （诱）坐20度摆位椅、（诱）坐楔型垫	1.1 愿意把玩操作喜爱的物品 1.2 物体恒存概念		
	1 （诱）扶物高跪姿2秒	1.2.1 能觉察到玩具被别人拿走		
	2 （诱）独立高跪姿2秒	1.2.2 能够寻找隐藏起来的物品 1.2.3 能拿掉积木的盒子玩积木 1.3 对人的声音有反应		
二、关注人、模仿、视觉注意、视觉辨别	3 （诱）跪走3步	2.1 愿意把玩操作经常接触的物品 2.2 对能根据物品间关系简单配对		
	4 （诱）单手扶持各单脚半跪姿1下	2.2.1 拿物品放到到容器里（物品配对） 2.2.2 听到数做动作（声音与动作配对）		
	5 （诱）单手扶持交替半跪姿3下	2.3 一一对应概念 2.3.1 物品放入一容器内	C组： 1. 龚约：第6项 ※ 能看人的手势参照完成拿放动作 ※ 能模仿老师的动作 2. 杨鸿：第5项 ※ 能了解自己动作的因果关系	见语文课C组活动设计
三、配合人、听懂指令、听觉注意	6 （指）前进跪走3步	3.1 愿意把玩操作身边新的物品（老师给的教具） 3.2 能够根据物品的特点简单配对（推理） 3.2.1 相同的物品配对 3.2.2 相同图片的配对 3.2.3 物品放到到指定地点		
	7 （指）倒退跪走3步	3.3 一一对应概念 3.3.1 两个物品配相对应的两个容器		

序号/领域	具体内容	学生分组	教学环节
8	（指）交替半跪3下		一、上课准备 二、上课礼仪 数字儿歌＋操作1—10 三、知动操作数数1—10
9	（指）交替半跪及复诵数数1—10下	B组： 1. 成鹏：第9项 ※能自己依序发音唱数1—10 2. 王民：第8项 3. 王宇：第9项 ※能模仿发音唱数1—10 4. 胡喆：第10项	1. 一个物品配一个物品 2. 一个图形配一个物品 3. 一个图形配一个图片 4. 一个声音做一个动作 四、作业 一个图形上画一下
四、粗动作带动语言 10	（指）交替半跪及复诵发音数数1—10下 4.1 物品与图片操作（包括图片）间的特点简单配对 4.2 能根据颜色差异大的物品依颜色配对 4.2.1 能将颜色差异较大的物品依颜色配对 4.2.2 能将形状差异较大的物品依形状配对 4.3 一一对应概念 4.3.1 一个声音做一个动作 4.3.2 一个物品配一个物品 4.3.3 一个图形配一个物品 4.3.4 一个图形配一个图片		
五、动作、语言记忆、一心二用 11	（指）交替半跪及复诵主数数1—10下 5.1 实物与图片操作（＋数字） 5.1.1 唱数1—10 5.1.2 认数字1—10 5.2 能比较同类物图片间的差异简单配对分类 5.2.1 能将差异较大同类物品图片依大小分类 5.2.2 能将差异较大同类物品图片依长短分类 5.3 一一对应概念 5.3.1 手指与唱数（一对一点数到10） 5.3.2 大动作与唱数（一对一做数到10）	A组： 1. 郑乐：第11项 ※能依看到或听到的数字做出相应数量的动作 2. 兰鑫：第11项 ※能够唱数1—10 3. 何冀：第11项 ※将数字1—10排序 4. 万安：能知道结束（停）的概念 ※能够将声音与动作一一对应 5. 代一（脑瘫）：第11项 ※能够看令数字做出1—10以内的动作	一、上课准备 二、上课礼仪 数字儿歌 唱数到1—20 唱数＋操作＋排序1—10 三、知动操作1 1.1 个物品放一个物品 2.1 个图片放一个物品 3. 数1拿1个物品 4. 数1拿1个图片 5. 数1做1个动作 四、知动操作2 1. 2个物品放一个物品 2. 2个图片拿一个图片 3. 数2拿2个物品 4. 数2拿2个图片 5. 数2做2个动作 五、分类1、2的图片、文字 六、作业
六、带动认知、一心数用 12	（指）交替半跪及诱导建立1—10数量概念 6.1 图片与数字操作（＋实物） 6.1.1 唱数1—20以后 6.1.2 将数字1—10排序 6.2 能比较同类物品（图片）间的数量差异简单配对分类 6.2.1 将数量为1与许多的物品或图片配对分类 6.2.2 将数量1与2的物品或图片配对分类 6.2.3 将其他物品或图片依数的物品或图片配对分类 6.3 数概念 6.3.1 数到几就是几 6.3.2 听令数出1—10个以内的物品 6.3.3 看令数出1—10个以内的物品 6.3.4 听令看数字做出1—10以内的动作		

* 资料来源：四季向阳 2014年秋季号，戴玉敏编辑，2014年9月30日。

五、各领域专业人员教学与康复训练的实施阶段的整合

从功课表上可以看出：

①所有知动个训课是由动作康复师负责的，此时若人手不够，会加入特教老师，和动作康复师共同训练。

②知动语文与知动数学的教材是根据班级学生的知动目标而订的，而其活动设计也经过大家讨论，事后的教研也需要大家共同参与。教研时间是每周三下午例行。

③知动音乐与美术的教材也是因应班级学生的知觉动作目标而订，其活动设计由艺术老师依据动作老师之建议自行设计，但在教研活动仍要共同改进。

④全校例行的早操有动作训练老师协同，点心时间的语言互动有语言训练老师的设计，语言训练师还要巡视各科（尤其语文科）的师生交流情况。

⑤教学团队的召集人负责整个团队的各个整合阶段的执行与追踪，与教研活动的效率。

在以上各个教育阶段的循环，几年之后实现：学习适应课程帮助发展障碍学生达到适应学习生活的目的，以验证教康整合在本课程实施过程中的重要性。

附1 向阳学习适应课程评量表

向阳儿童发展中心 2014 年 7 月 21 日制定

课程目的：帮助特殊孩子适应特殊学校学习生活

课程目标：1.为特殊学校老师接纳

2.遵守特校的学生常规，参与班级活动

3.在特校中有基本的生活自理能力

内　容			评量指标	备　注
1.学习能力	1.1 知动	1.1.1 知觉动作协调控制良好，情绪稳定，具备自我意识与学习意识	0 未达 1 1 通过知动能力第三题：诱导下跪走 2 通过知动能力第六题：指令下跪走 3 通过知动能力第九题：交替半跪复诵数数 4 通过知动能力第十二题：交替半跪具备十以内数量概念	

内　　容			评量指标	备　注
1. 学习能力	1.2 精细动作	1.2.1 能主副手配合操作教材教具	0 未达 1 1 虽操作技巧不好，但不破坏 2 能在协助下双手操作 3 能双手协调操作 4 能主副手配合操作	
	1.3 语言	1.3.1 具备参与上课的基本沟通能力	0 未达 1 1 对于非语言沟通有反应 2 对于常见口语有反应 3 对于人际互动语言有反应 4 对于上课中的语言有反应	
	1.4 认知	1.4.1 能学习平面的教材	0 未达 1 1 虽认知不好但不影响课堂 2 认知到具体的动作 3 对物品的外形有认知 4 对于平面的东西有认知	
2. 学习常规	2.1 人际常规	2.1.1 人际互动时注意安全	0 未达 1 1 虽有打人咬人行为，老师容易安抚 2 老师诱导下，没有危险举动 3 互动时无危险行为 4 互动时会注意危险行为并避免	
		2.1.2 能主动和同学互动	0 未达 1 1 虽然不和同学玩但也不影响别人，如不抢别人玩具、不哭闹 2 能被动地与同学一起玩 3 主动和一两个同学互动 4 主动和同学互动	
		2.1.3 能主动跟老师互动	0 未达 1 1 不跟老师互动但不会干扰 2 老师要求什么就会去做什么 3 能主动和老师有少量的互动 4 能主动和老师互动的频率高(乐于和老师互动)	
	2.2 上课常规	2.2.1 能在活动中避免危险	0 未达 1 1 没有危险意识也没有危险顾虑 2 能在提示下避免做危险的事 3 在活动中有点危险意识 4 能主动在活动中注意安全	
		2.2.2 能适应学校作息时间	0 未达 1 1 愿意到学校 2 能遵守上课信号 3 能遵守上下学时间 4 能遵守作息表（课表）时间	

续表

内 容		评量指标	备 注
2. 学习常规	2.2.3 能适应学校的场地	0 未达 1 1 能找到自己的教室 2 能找到自己的座位 3 能找到自己的私人空间（如柜子） 4 能找到学校内与自己有关的场所（如厕所、自己老师的办公室等）	
	2.2.4 能适应学校的活动	0 未达 1 1 在下列活动中不干扰不逃离排队、站队、静坐、等待、注意、听指令回答老师问题、完成任务、接受增强或惩罚、看黑板、注意同学操作、配合收发物品听令休息、离位后回到自己的座位 2 协助下被动做上活面那些活动 3 模仿同学或老师做大部分活动 4 主动做到大部分活动	
	2.3 物品常规	2.3.1 适当使用教室里的玩教具	0 未达 1 1 不会使用但不会破坏 2 老师协助下会使用玩具 3 模仿同学使用玩具 4 主动适当使用玩具	
		2.3.2 适当使用教室里的用品	0 未达 1 1 不会使用但不会破坏 2 老师协助下会使用用品 3 模仿同学使用用品 4 主动适当使用用品	
		2.3.3 适当使用教室里的墙饰	0 未达 1 1 不会使用但不会破坏 2 老师协助或提示下会注意或使用墙饰 3 跟随同学一起注意或使用墙饰 4 主动注意或使用墙饰	
3. 生活自理	3.1 饮食	3.1.1 吃（能在学校吃）	0 未达 1 1 没有过度挑食，厌食和异食，不影响别人吃 2 在老师的协助下愿意吃 3 模仿同学吃 4 自己吃（不用指挥）	
		3.1.2 喝（能在学校喝）	0 未达 1 1 不故意打翻水 2 老师给他水喝他会喝 3 看到同学喝水就去喝水 4 在教室里，口渴时，能主动喝水	

内　容			评量指标	备　注
3.生活自理		3.1.3 餐具（能在学校正确使用以下餐具：杯子、汤匙、筷子、盘子、碗）	0 未达 1 1 不破坏餐具 2 配合老师使用餐具 3 模仿同学使用餐具 4 自己使用餐具	
	3.2 如厕	3.2.1 小便	0 未达 1 1 很少尿湿裤子 2 老师带到厕所就上小便 3 能跟队伍上厕所小便 4 自己想上小便时就自己去上厕所	
		3.2.2 大便	0 未达 1 1 很少大便在裤子上 2 能按作息时间定时蹲大便（带领下） 3 跟随队伍去蹲马桶 4 自己想上就上厕所	
	3.3 身体清洁	3.3.1 洗手	0 未达 1 1 虽不洗手，但手不脏 2 老师带领着洗手 3 跟随同学去洗手 4 自己去洗手	
		3.3.2 洗脸	0 未达 1 1 虽不配合洗脸，但也不强烈反抗 2 老师协助洗脸时能配合 3 模仿同学洗脸 4 自己用毛巾洗脸	
		3.3.3 刷牙	0 未达 1 1 虽不配合刷牙，但也不强烈反抗 2 老师协助刷牙时能配合 3 模仿同学刷牙 4 自己用牙刷刷牙	
	3.4 穿着	3.4.1 拉上拉下裤子（如厕时）	0 未达 1 1 被动接受大人拉上拉下裤子 2 老师协助拉裤子时能配合 3 按情景拉上拉下裤子不到位 4 按情景拉上拉下裤子	
		3.4.2 穿脱外套	0 未达 1 1 虽不配合也不强烈反抗 2 被动配合老师穿脱外套 3 模仿同学穿脱 4 自己穿脱外套	

续表

内 容			评量指标	备 注
3. 生活自理		3.4.3 穿脱鞋子	0 未达 1 1 虽不配合也不强烈反抗 2 被动配合老师穿脱鞋子 3 模仿同学穿脱鞋子 4 自己穿脱鞋子	
		3.4.4 背书包	0 未达 1 1 虽不配合，但不把书包乱丢 2 协助下背上放下书包，自己背着走 3 模仿同学试着背书包 4 自己背书包	
		3.4.5 脱下衣服，书包等会放在某处不丢地上	0 未达 1 1 不乱丢衣服，书包，会把衣服书包拿在手上一会儿 2 配合老师放衣服书包 3 模仿同学一起放 4 自己知道怎么放	
	3.5 午休	3.5.1 能在学校午休	0 未达 1 1 午休时不吵闹，不乱跑 2 在老师安抚下躺在床上休息 3 能和同学一样在床上午休 4 自己午休	

附2 知觉动作评估项目简介

骨盆控制现有能力：（依功能性能力一岁半至三岁左右发展顺序编列）

1 □（诱）双手扶物高跪姿 2 秒

2 □（诱）独立高跪姿 2 秒

3 □（诱）独立向前跪走 3 步

4 □（诱、模）单手扶持各单脚半跪姿活动 1 下

5 □（诱、模）单手扶持（物）交替半跪活动 3 下

6 □（指）独立向前跪走 3 步

7 □（指、诱）独立倒退跪走 3 步

8 □（指、模）独立交替半跪活动 3 下

9 □（指、模）独立交替半跪活动及复诵数数 1—10 下（有语言能力—心数用）

10 □（指、模）独立交替半跪活动及复诵发音数数 1—10 下（无语言能力—心数用）

11 □（指）独立交替半跪活动及自主数数 1—10 下

12 □（指）独立交替半跪活动及诱导建立 1—10 数量概念

下肢控制现有能力：（三岁左右至六岁指令下能力及目标）

13 □（指）独立各单脚稳定半跪姿站立起 1 下

14 □（指）独立交替半跪活动及正确对侧抬手、数数活动 1—10 下（一心数用）

15 □（指）扶地蹲姿 2 秒

16 □（指）独立蹲姿 2 秒

17 □（指）独立连续蹲站 2 次

18 □（指）扶地向前蹲走 3 步

19 □（指）独立向前蹲走 3 步

20 □（指）独立向后蹲走 3 步

21 □（指）四点爬姿正确对侧交替抬脚、手及倒数数活动 10—1 下（一心数用）

22 □（指）独立连续向前蹲跳 2 下

23 □（指）独立连续稳定原地及向后蹲跳 2 下

24 □（指）独立各单脚维持站立 5 秒

25 □（指）四点爬姿交替抬脚、手各维持 10 秒及正确倒数数活动 10—1 下（一心数用）

26 □（指）独立各单脚原地连续跳 5 下及各维持 5 秒姿势控制并配合数数（一心数用）

注意：本表 26 项知动能力系叶仓甫物理治疗师设计，本处只用来说明本中心学生分为三组之能力依据，请读者勿自行当成评量用。

案例二　滨州医学院教康整合专业建设与实践探索

2012 年，滨州医学院成功申报特殊教育专业，成为全国第一个在医学院校开设特殊教育专业的学校，作为一所医学院校，为何要开设教育康复类专业？作为一所医学院校，如何办好教育康复类专业？三年来，围绕教育康复类人才培养，滨州医学院特殊教育学院开始了教育康复类专业建设的理论建构与实践探索。

一、专业建设的背景

医学院校为什么要开设教育康复类专业？对其合理性的证明是办好专业的重

要前提。滨州医学院特殊教育学院在教育康复类专业开设伊始，承受了诸多质疑，承担了很大的压力。事实上，滨州医学院教育康复类专业的开设与滨州自身的历史发展息息相关，这一选择是滨州医学院自身高等特殊教育办学历程发展的必然结果，也是滨州医学院关注社会行业人才需求、研判国家政策形势、把握特殊教育发展前景的必然结果，有其前瞻性、科学性与紧迫性。

（一）教育康复类专业的开设是滨州医学院高等特殊教育发展的必然选择

1. 鲜明办学特色：滨医特教 30 年的残疾人教育

滨州医学院于 1985 年创办了全国第一个专门招收残疾人的本科专业——临床医学，开创了我国残疾人高等医学教育的先河，在国内外产生了广泛的影响。30 年来，学校坚持以人为本的办学和育人理念，弘扬人道主义，锐意进取，不断开辟残疾人高等教育的新境界，为我国残疾人事业的发展做出了突出贡献。中国残疾人联合会主席邓朴方给予极高的评价："滨州医学院在国内首先提出创办残疾人高等医学教育，培养的学生非常出色，这是我们的骄傲！"如今，人们说起我国的残疾人高等教育总是从 1985 年滨医创办医学二系讲起，而说起滨州医学院也往往首先想到她的残疾人教育，残疾人教育已经深深融入到滨医的精神生命中，成为滨医一个鲜明的办学特色。

2. 深厚文化底蕴："立人为本""和谐发展"的全人教育理念

滨医的残疾人医学教育为残疾人开辟了一条成人、成才、成功的宽广道路，保障和实现了他们平等的教育权利，促进了他们的健康成长和全面发展，给了他们做人的尊严和创造共享社会文明的能力，可以说，教育改变了残疾人的命运，解放了残疾人一家，影响了社会一片。残疾人高等医学教育是历史的产物，随着社会文明进步，随着高等教育的开放和多样化，残疾人将有更多的选择，残疾人高等医学教育可能随着医学教育形式的变化而面临新的挑战，乃至完成其历史使命，但是，它倡导和实践的以人为本的育人理念，它探索和形成的规律性认识，将永远融入我国残疾人高等教育的发展历程中。

被专家誉为"滨医模式"的残疾人医学教育，以特殊的教育对象为载体，对医学教育模式的转变做出了积极探索，为推进大学生素质教育创造了成功经验，实现了医学教育、残疾人教育和生命教育的深度融合，这种探索和创造积极顺应了世界残疾人教育发展的主流、高等教育的改革发展大势和医学教育的重要转型，其所蕴含的丰富理念和探索精神具有深远的意义。

3. 创新专业发展新格局：残疾人教育与残疾人服务人才培养协同发展

随着社会肢体残疾学生数量的减少，肢残人教育的招生数量急剧减少。如何继续保持滨医特教在全国高等特殊教育发展领域的领先地位，滨州医学院在残疾人教育十二五发展规划中提出"进一步完善残疾人高等教育体系，拓宽残疾人高等教育专业领域，依托学校临床医学、康复医学、心理学等专业，顺应'医教结合'的发展趋势，积极开设特殊教育、听力与言语康复学专业，大力促进学科交叉和融合，构建多专业、多层次、多残疾类别协调发展的残疾人高等教育体系，形成残疾人教育与残疾人服务人才（教育康复类人才）培养协同发展的专业格局"。至此，教育康复类专业的开设正式被提上议程。增设特殊教育、听力与言语康复学等教育康复类专业符合学校办学定位和总体发展规划。

4. 坚强有力的保障：学科支撑、残联合作、国家特殊教育示范园区建设

滨州医学院具备增设特殊教育专业的必要条件。学校对发展特殊教育专业有清晰的思路和长远规划，以临床医学、康复医学和心理学等相关成熟学科为依托，与华东师范大学特殊教育系及自闭症研究中心的研究团队建立密切合作，为学校培养兼具特殊教育学和康复治疗学的基本理论和技能的复合型应用型人才奠定了基础；滨州医学院与中国残联建立全面战略合作关系，学校特殊教育事业的建设与发展得到了中国残联和各级教育康复机构的悉心指导和大力支持，为增设特殊教育专业提供了广阔的空间和平台；2012年，滨州医学院纳入了国家特殊教育学校建设二期项目，国家支持学校特殊教育事业相关专业的建设和发展，为教育康复类专业建设提供了充足的物质保障。

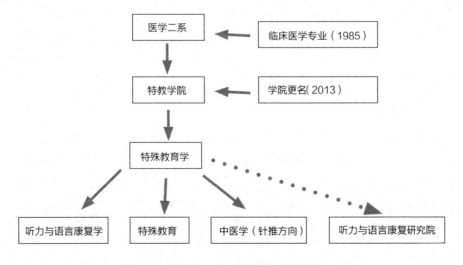

附录图1　滨州医学院特殊教育学院学科专业发展

（二）教育康复类专业的开设得益于国家相关政策的大力扶持

近年来，特殊教育师资及康复类人才在招生学校数量和招生规模呈现快速上升态势，但是，我国特殊教育师资短缺、结构不合理、专业化水平底的矛盾依然十分突出。特殊教育以及康复服务模式变革需要教育康复类新型人才。对此，国家明文发声，大力支持增设教育康复类专业发展。2012年4月，发改委、教育部、中国残疾人联合会办公厅发布了关于印发《特殊教育学校建设二期实施方案暨编制专项建设规划的通知》（发改办社会〔2012〕896号），其中明确提出："扩展特殊师范专业范围，研究增设教育康复类专业"。之后，教育部等五部委联合发布的《关于加强特殊教育教师队伍建设的意见》（教师〔2012〕12号）中提出："加强特殊教育专业建设，拓宽专业领域，扩大培养规模，满足特殊教育发展需要。改革培养模式，积极支持高等师范院校与医学院校合作，促进学科交叉，培养具有复合型知识技能的特殊教育教师、康复类专业技术人才。"因此，在医学院校开设教育康复类专业顺应了国家政策的要求。

（三）教育康复类专业的开设迎合了社会实践的人才需求

1.教育康复类人才培养的困境

随着特殊教育零拒绝理念的推行，较之以往，特殊教育学校的教育对象发生了很大的变化，具体表现为：特殊儿童障碍程度加重，残障类型增多，多重障碍儿童增多等。在学校环境中，这些儿童不仅仅面临学习方面的问题，也面临着身体各功能的康复需求。然而，长期以来，我国康复治疗服务主要由医院承担，而教育主要由特殊教育学校提供，两种模式是相互分离的。这种相互分离的模式一方面导致特殊儿童个体很难兼顾学习与康复，另一方面，使得医生的康复治疗不能有效地为教师的教学服务。面对特殊儿童教育与康复的双重需要，现行的相对分离的培养模式困境重重。

2.教育康复类人才培养的三个转变

面向服务对象与需求的变化，人才培养也出现三个转变：特殊教师培养模式由学科型向复合型转变，即教师教育模式逐渐由单纯注重学科知识的传授转变为对知识、教学技能和人文精神的共同关注，这就需要对高等特殊教育师资培养机制进行改革，培养大批具有教育与康复双重知识和技能的师资。当前一个好的教师，不但要具备扎实的学科知识，还要能解决教育过程出现的种种问题；一个好的特殊教育教师，往往需要能够运用教育和康复的综合手段，具备复合型人才的知识能力、素质结构；特殊儿童服务模式由相对分离向医教结合转变，基于学校的康复治疗模式开始发展，并且逐渐成为教育过程的一部分；医学模式由生物模式向现代康复模式转变，现代医学由生物医学模式向"生物—心理—社会"医学模式转变对医学教育提出了更高的要求。医学教育改革强调通过改革课程体系和实训体系，提高医学生的学习能力、创新能力、实践能力、交流能力和社会适应能力。医学（包括康复医学）教育越来越注重实践技能的培养以及学生的人文医学教育。

在特殊教育服务对象和模式发生重要变化，以及教师培养模式、康复医师培养模式发生深刻变化的背景下，如何培养适应教育康复实践需要的"上手快、能力强、后劲足"的高质量人才显得更加迫切。在"医教结合"的大背景下，如何充分借鉴教师教育和康复医师培养模式改革的成果，在新型人才上实现培养模式的创新是一个重要的课题。

（四）教育康复类专业的开设顺应了"医教结合"的趋势

残疾儿童的康复治疗是一个长期艰巨的过程。基于医院的治疗模式有两个弊端：一是康复治疗的对象很难兼顾学习与康复，有时学习的负担使得康复治疗计划不能很好地执行和落实；二是康复治疗与学习完全分离，医生和教师各念各的经，康复治疗不能有效为教学服务。基于此，2010年教育部基教二司发布文件《关于在特殊教育学校建立"医教结合"实验基地的通知》，在全国1 700余所特殊教育学校中选取18所特殊教育学校，作为首批实验校，承担"医教结合"实验项目。2014年《特殊教育提升计划》中也明确提出，要初步建立布局合理、学段衔接、普职融通、医教结合的特殊教育体系，鼓励开展"医教结合"实验，探索教育与康复相结合的特殊教育模式，提升残疾学生的康复水平和知识接受能力。

二、专业建设的理论意义与实践意义

滨州医学院依托丰富的基础医学、临床医学、康复医学教育资源，探究建立医学院校教育康复类专业人才培养模式，具有重要意义：

第一，有助于解决国家急需人才培养，服务"人人享有康复"的国家战略。加强教育康复类人才的培养，有助于缓解当前我国特殊教育师资短缺，有利于提高特殊教育教师专业化水平和服务质量，对丰富康复人才类别、完善康复人才结构是一个重要突破。

第二，有助于服务国家创新体系建设，建立人才培养协同创新机制。长期以来，我国医学教育与教师教育处于各自独立发展的状态，旧的人才培养模式已经难以满足当今社会对于康复治疗师、特殊教育教师的要求，滨医开办教育康复类专业，为促进医学院校与师范院校优势学科的融合渗透以及优势教育资源的整合搭建平台，为建立"政产学研用"的教育康复协同创新平台，提供医学学科、行业标准与规划的支撑点。

第三，有助于探索医学院校教育康复类人才培养的有效模式，探索创新专业发展的成功路子。积极服务国家战略，促进跨专业、多学科的交叉融合，建立复合型人才培养的协同创新机制，是地方医学院校跨越发展、创新发展、特色发展的必由之路，滨州医学院通过发展教育康复类专业，更好地服务国家残疾人事业，不仅提升学校的社会贡献度和影响力，而且，为其他院校提供经验，具有示范作用。

三、教育康复类专业发展的指导思想

（一）指导思想

滨州医学院特殊教育、听力言语康复学专业的发展，坚持"立人为本、和谐发展"的全人教育育人理念，立足滨医特教发展的历史积淀，努力探索适合特殊教育发展与社会需求的专业发展思路，在培养目标、培养过程、育人模式、文化引领等方面逐步构建"普特结合、教康结合、医教结合"的教育康复类人才培养模式，促进学生全面发展。

（二）专业定位

滨州医学院作为全国第一个开设特殊教育师范类专业的医学院校，与师范类院校相比较，医学院校的优势在哪里？特色在哪里？这牵扯到专业发展的根本性问题：专业如何定位？专业特色如何凝练？特殊教育学院借鉴国内外特殊教育发展的先进经验，结合自身的实际情况与当前的就业形势，对专业发展做了如下定位：

1. 专业方向定位

特殊教育专业主要是以特殊儿童的教育康复为方向，在人才培养目标定位、课程设置、实践教学安排、社会服务等环节都围绕特殊儿童的教育康复进行培养教康整合的特教教师；听力与言语康复学专业主要以言语治疗师、助听器验配师、康复治疗师为培养方向，在人才培养设计上有所兼顾。

2. 专业人才培养目标定位

在人才培养目标上，围绕教育康复类专业复合型、应用型人才培养，在充分调查研究国内特殊教育学校、康复机构、医院等领域对教育康复类专业人才需求基础上，分析该类人才在知识、能力和品德素养方面的内涵结构，提出基于岗位胜任力的人才培养目标；同时，促进医学学科专业与特殊教育学科专业的交叉融合，建立人才培养协同创新机制，培育建设教育康复新兴学科和新型人才；最后，为保障人才培养质量，建立健全教育康复人才标准和评估体系，保障人才培养质量。

（三）专业建设整体思路

第一，关注教育康复的需求，立足滨医特教的发展历史，构建残疾人教育与服务残疾人人才培养协同发展的专业格局。

第二，挖掘医学院校独特的教学资源，构建医教结合、教康结合、普特结合的人才培养模式。

第三，发挥医学院校附属医院的资源优势，加强实践教学，打造坚实的实践教学体系的实践教学体系。

第四，加强与兄弟院校的合作关系，构建教育康复类人才协同育人机制。

第五，面向黄蓝服务区，增强社会服务。

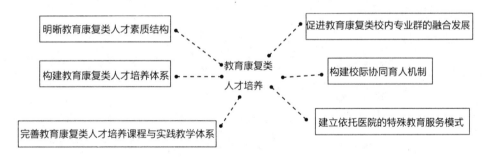

附录图2　教育康复类专业人才培养的的整体设计

（四）专业特色

1.普特结合、医教结合、教康结合的人才培养模式

即普特学生和特殊学生的融合，教育与康复的结合以及医学与教育的结合。

2.学科交叉与融合

基于医学院校康复治疗学、临床医学、心理学等学科的有机交叉和融合，系统培养教育康复类复合型人才。

3.医教结合与协同创新

打破医院负责康复治疗、师范院校负责教育的相对分离的人才培模式，建立医学院校与师范院校、医学院校与社区、医学院校与医院的医教结合与协同创新的发展道路。

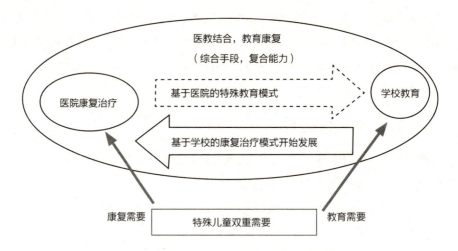

附录图 3　滨州医学院教育康复类人才培养模式特色

四、教育康复类专业的实施

（一）专业简介

我国特殊教育人才的培养开始于 1987 年，到 2015 年，我国已有 60 余所高等院校开设特殊教育专业，本专科在校生一万多人。特殊教育专业人才的培养主要依托师范类院校及在职特殊教育教师的培训。

2013 年，滨州医学院特殊教育专业面向全国招生，现有在校生 130 余名。专业设特殊教育教研室 1 个，特殊教育专业专教师 4 名，其他基础课和专业课专职教师 11 名，其中副教授 2 人、讲师 5 人，全部教师具有硕士学位。

（二）专业特色

滨州医学院是全国 62 所开设特殊教育专业的高等院校中唯一一所医学院校。1985 年，滨州医学院开创了我国高等特殊教育的先河，形成了残健融合、教育与康复相结合的"滨州医学院模式"。凭借学校多年的办学经验，以国家特殊教育园区建设项目为依托，特殊教育专业以"医教结合""教康结合""普特结合"为特色。在人才培养过程中，培养学生兼具特殊教育学、心理学、教育学、医学、康复医学等多学科基础，在突出专业知识综合性的同时，注重学生康复技能的培养。在课程体系上，突出特殊教育多学科的整合，生理与心理的整合，教育与康复的整合；在培养模式上，以教育对象为中心，以理论为先导，以实用性为原则，提倡理论联系实际，注重培养学生的实践操作能力。

（三）专业人才培养目标

特殊教育专业的培养目标是：培养适应社会主义建设需要的，具有社会责任感和文化修养；具有教育学、心理学、康复治疗学、基础医学和特殊教育学多个学科的专业知识与专业能力；能够在各级各类学校和专业服务机构从事特殊儿童教育、教学、康复训练和有关研究工作的应用型专业人才。

（四）学生就业走向

学生毕业可在各级各类特殊教育学校和康复机构从事特殊儿童的教育康复工作，包括特殊教育学校、普通学校辅读班和资源教室、特殊教育康复与服务机构、社区和医院康复与服务机构、特殊教育与残疾人事业管理机构、残疾人事业发展机构、特殊儿童早期诊断和干预中心、儿童福利院以及老年人安养所等专门服务机构。毕业生也可以继续攻读特殊教育学、心理学、教育学以及其他相近专业的硕、博士学位，也可以出国留学。

（五）课程设置

1.课程框架

特殊教育专业人才培养课程体系分为专业基础课、专业必修课、专业选修课和实践课程四个板块。四个课程板块设置的专业课程框架及主要课程如下图。

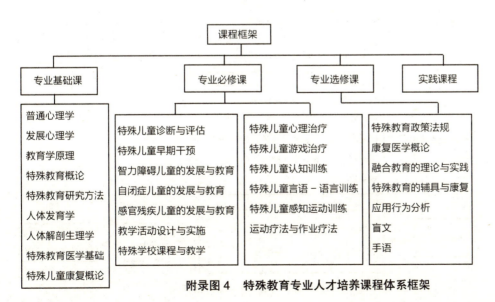

附录图 4　特殊教育专业人才培养课程体系框架

2. 课程设置原则

（1）基础复合

专业基础课程设置突出"基础复合"的特点。以医学、康复医学、教育学、心理学和特殊教育学多个学科的知识为基础，让学生从基本的生理和心理发展过程去了解特殊儿童这一群体，掌握基本的教育和康复基础理论，为从事教育康复工作奠定学科基础。

（2）专业细化

专业必修课突出"专业细化"的特点，围绕特殊儿童的教育教学和康复训练两方面设置课程。从事特殊儿童的教育教学，要熟悉特殊儿童的发展情况、教育内容和教学方法，相应的课程包括特殊儿童早期干预、特殊儿童诊断与评估、智力障碍儿童的发展与教育、教学活动设计与实施、特殊学校课程与教学等。从事特殊儿童的康复训练，要了解各种康复理论和技术手段，相关课程包括特殊儿童康复概论、特殊儿童心理治疗、游戏治疗、认知训练、言语－语言训练、感觉运动训练、运动疗法与作业疗法等。

3. 人才培养能力结构图

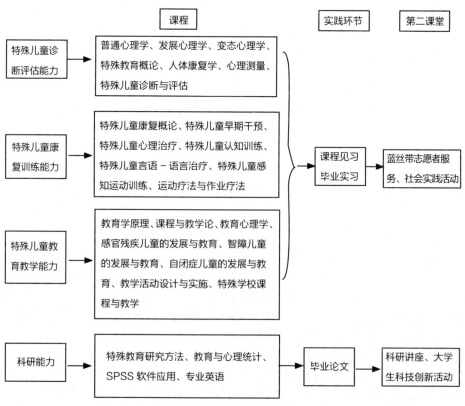

附录图 5　人才培养能力结构图

（六）专业实施过程

1. 培养阶段

全学程 4 年，分为两个阶段。第一阶段：2 年，为基础学习阶段。此阶段主要学习哲学与社会科学课程、应用教育学科课程、生物医学课程、心理学课程、教育学课程、特殊教育学课程以及部分康复医学课程。第二阶段：2 年，为专业学习阶段。此阶段主要学习特殊儿童教育康复课程和部分康复医学课程，其中毕业实习 0.5 年。

2. 培养模式

特殊教育专业实行学年学分制培养模式的同时，实施"复合性＋应用型"的人才培养模式。学年学分制培养模式为学生按照教学进程表修读学年学分。"复合性＋应用型"培养模式强调培养学生具有较高的人文素养，掌握特殊教育学、教育学、心理学、康复医学多个学科的基本知识、理论和技能，并能够从事特殊儿童的教育教学及康复训练工作。

在全学程中贯彻落实我校的办学定位和"三个统一"的育人理念，即基本理论知识与实践创新能力的统一，使学生既具有扎实的基本理论、知识基础，又有较强的实践和创新能力；全面发展与个性发展的统一，使学生德智体美等各方面全面发展的基础上，个性得到充分的发挥和张扬；科学精神与人文精神的统一，使学生既懂得事物发展的可观规律，有科学态度，又具有较高的人文素养和社会责任感。

3. 培养体系与培养措施

（1）人文素质培养

通过开设思想道德修养、人文社会科学课程，构建高水平的人文知识结构框架；通过加强人文社科类选修课资源库建设，进一步充实人文知识内容；通过第二课堂、人文素质教育讲座、社会实践等多种形式，提高学生的人文素养。

（2）科学精神培养

在必修课中开设一定的自然科学课程，为学生学习特殊教育的基础理论、基本知识、基本技能打下基础。

（3）实践能力培养

特殊教育专业是临床操作性很强的专业，必须加大学生的实践力度，才能保证学生具备较强的特殊教育的实践能力。实践能力的培养从以下三点入手：①充分利用校内实训资源。为了便于课堂教学观摩，在校内设立特殊儿童教育康复实训室（含特殊儿童测评中心、感觉运动训练室、多重感统训练室、言语－语言治疗室、游戏治疗室、艺术治疗室、个别化训练室），建立特殊儿童实验学校，让学生有机会为特殊儿童提供适合其发展的个别化教育服务，同时，为本科生提供学习、实习和研究的基地。②做好见习实习和实习基地建设工作；在4年的教学计划安排中，保证学生在特殊教育学校、普通学校辅读班和资源教室、特殊教育康复与服务机构、社区和医院康复与服务机构、特殊教育与残疾人事业管理机构、残疾人事业发展机构、特殊儿童早期诊断和干预中心、儿童福利院所见习。鼓励学生利用假期到特殊教育机构参加社会实践，积累实践经验。建设一批有良好资质、指导能力和合作关系的校外实习基地。③根据专业课程的具体要求，增加特殊教育专业课程课内实操的比例，增加学生观摩和实际操作的机会；采用讲座、研讨会、远程教学等方式灵活授课，理论、实践课时有机结合，交替进行。

（4）创造思维和科研素质的培养

通过基础和专业阶段的学习，加强学生创造思维能力的训练，提高学生的综合实践能力。同时，通过名师讲坛、开设研究方法等相关课程、毕业论文撰写等多种途径，对学生进行调查研究、科研设计、数据处理等科研方法的训练，培养学生的科研意识和科研素质，为以后进行科学研究打下良好基础。

（5）专业技能的培养

通过心理学、教育学、特殊教育学、康复医学和特殊儿童教育康复课程的学习，使学生掌握良好的专业技术知识理论，并具备较高的特殊儿童教育康复相关实践技能。

（6）终身学习能力培养

为学生创造广阔的学习空间，激发学生的学习热情，提高他们自主学习的积极性，培养其终身学习和继续深造的能力。

（7）社会实践

举办社会调查原理与方法讲座，使学生掌握开展社会调查的方法；深入社区、医院开展社会调查、生产劳动、志愿服务、公益活动、科技发明和勤工助学等社会实践活动，包括驻地"文明创城"、农民工子女结对帮扶、留守儿童陪护、环境保护、科普宣传等方面的服务工作；组织暑期"三下乡"社会实践、各种校内外竞赛、学生社团活动、社区公益服务活动等，实现对学生的早接触社会教育。

（8）教学方法

教师在教学过程中要注重学科间的联系和交叉，不断整合和优化教学内容；

采用启发式、研究式、讨论式、案例式等先进的教学方法；运用现代教育技术手段，让学生学会融会贯通，充分发挥学生学习的主体作用；学生通过自主选课和充分利用优质网络教学资源，主动学习，积极思考，发展个性，逐步具备终身学习和继续深造的能力。

4. 考核方式

（1）课程考核

课程考核方式分考试和考查，提倡形成性评价，采取多形式、多角度考核，充分反映学生的实际水平与能力；实验课程应以平时表现、操作考核结合部分笔试的方式进行；考查课程考核方式由承担课程的教研室制定。

（2）毕业论文

为了提高学生综合运用所学知识分析问题、解决问题的能力和发现问题、提出问题的创新能力，学生必须按照要求完成毕业论文。学生在指导老师的指导下进行科学的选题，独立完成毕业论文的撰写。毕业前进行毕业论文的答辩。

5. 毕业资格认定及学位授予

学生在学校规定的年限内完成全部应修课程和培养内容，考核成绩全部合格，修满规定学分，经审核无影响其毕业的违纪现象和学籍处理情况，则准予毕业，颁发本科毕业证书。经学校学位评定委员会审核，对符合学位授予条件的毕业生，授予教育学学士学位。

（七）社会服务

特殊教育专业特别重视学生的社会实践服务，并成立了依托专业的"蓝丝带"志愿服务队。"蓝丝带"志愿服务队是以特殊儿童为服务对象、以自闭症儿童的干预训练为服务特色的公益性团队，秉承"真诚服务、实践创新、公益无偿"的服务理念，致力于为特殊儿童和家庭提供专业的公益服务。依托滨州医学院教育、康复类专业，共享校内资源。由特殊教育、运动康复以及听力与言语康复领域的高水平教师做专业指导，共享特殊儿童个别化训练室、感知运动训练室、游戏治疗室、单项观察评估室等专业训练室及训练设备。目前，团队已与烟台市特殊教育学校、学前儿童康复中心、儿童福利院等多家规范单位建立了长期合作关系，立志为每一个特殊儿童提供更多的专业服务。

其服务准则是奉献、关爱、接纳、赋权，服务目的一是培养志愿者的人文关怀和奉献助人精神。致力于为特殊儿童和家庭提供专业的服务，使他们得到来自社会的帮助和关爱。二是增强社会对特殊儿童的关注。让更多的社会大众了解他们，让更多的爱心人士帮助他们。三是培养志愿者的人文关怀和奉献精神并提高志愿者的专业胜任力。发扬"做中学"的精神，在服务中积累实践经验，提高自身专业素质。服务内容包括校内服务和校外服务两个方面：

1. 校内服务

①自闭症儿童个别化训练。针对每个儿童的能力水平和需求，设计个别化训练方案，为每个儿童建立档案，做到"一人一案"。

②自闭症儿童能力评估。在专业老师的指导下，对每一个前来咨询和训练的自闭症儿童实施发展性评估，以更好地了解儿童的能力水平、优势和不足。

③自闭症儿童家长咨询和指导服务。家长咨询主要以电话咨询或预约来访的形式进行，向家长提供康复训练、心理疏导、教育安置等方面的咨询服务；家长指导包括现场观摩指导和培训讲座。

2. 校外服务

①开展助教服务。面向特殊儿童就读的学校和康复机构提供助教服务，辅助教师对特殊儿童的教学和康复训练。

②协办、承办公益活动。承办、协办与特殊儿童相关的公益活动，向社会大众宣传特殊儿童的相关知识，为特殊儿童及其家人提供咨询和指导。

③开展帮扶活动。针对偏远贫困地区，开展志愿者帮扶活动，为偏远地区的特殊儿童送服务、送温暖、送爱心。蓝丝带服务对在志愿服务过程中，让更多的社会人士了解关注特殊群体，呼吁更多的社会群体关爱、帮助特殊儿童。同时，参与师生在服务中积累自身实践经验，提高自身专业素质，培养志愿者的人文关怀和奉献精神。

二、听力与言语康复学专业的实施

（一）专业简介

听力与言语康复学是一门综合运用多学科知识、技能和手段对存在听力残疾、言语语言残疾等的个人或群体进行评估、治疗和康复的应用性很强的综合性学科，涉及言语语言病理学、听力学、神经生理学、特殊教育学、康复医学、计算机与电子工程学等多学科内容。

2013年，滨州医学院听力与言语康复学专业面向全国招生，现有在校生80余名。专业设听力与言语康复学教研室1个，并依托听觉康复研究院，拥有"泰山学者"海外特聘专家郑庆印教授团队。专业现有专业教师7人，全部是具有博士学位的教师，在海外知名学者郑庆印教授的引领下，听力与言语康复学专业与听觉康复研究院人才与师资队伍建设成绩突出，教学科研力量雄厚，打造了一支素质高、能力强、结构合理而又充满活力的教学科研团队。

（二）专业人才培养目标

听力与言语康复学专业旨在培养适应社会主义建设需要的，德、智、体全面发展的，具备听力与言语康复专业态度、专业知识与专业能力，能在各级医疗单位、康复机构、相关企业从事听力障碍、言语障碍、语言障碍以及嗓音问题人群的诊断、治疗、康复训练、教育和研究工作的专业工作者。

（三）培养要求

1. 思想道德与职业素质要求

①树立科学的世界观、人生观和价值观，热爱听力与言语康复事业。

②珍视生命，关爱患者，将维护人民的健康利益作为自己的职业责任。

③尊重同事，有团队合作精神。具有实事求是的科学态度，对于自己不能胜任和正确处理的专业问题，能主动寻求其他人员的帮助。

④具有与患者及其家属进行交流、沟通的意识和能力，使他们充分参与和配合治疗计划。

⑤在职业实践中重视伦理问题，尊重患者及其家属。

⑥在听力与言语康复过程中充分考虑到患者及其家属的利益，使促进健康、防治疾病的工作成本低、效果好，发挥可用资源的最大效益。

⑦具备用法律保护患者和自身权益的意识和能力。

⑧树立终身学习的发展观念，具备从事听力与言语康复学临床工作的基本素质和发展潜力。

⑨树立辩证批判的创新观念，具有科学态度和一定的科研基础能力，具有熟练运用现代信息技术的能力，具有参与现代科学技术竞争的基本素质和发展潜力。

2. 知识要求

①掌握听力与言语康复学相关的人文、社会、自然科学基本知识和科学方法，并能用于指导未来的学习和实践。

②掌握耳鼻喉科学基础理论和必要的临床医学知识。

③掌握听力康复、言语语言康复的基础理论与必要知识。

④掌握听力与言语康复相关的医学、教育学、语言学、心理学相关知识。

⑤熟悉助听器验配技术。

⑥了解国家卫生、教育工作的方针、政策和法规。

3. 技能要求

①具有运用听力与言语康复学理论和知识处理各类听力障碍、言语障碍、语言障碍的能力。

②掌握各种听力障碍的诊断、评估与康复方法。

③能够对患者进行言语、语言发展状况、嗓音质量评估，制定相应的言语矫正方案和个别化康复计划、集体康复计划、家庭康复计划。

④掌握助听器验配技能，熟悉各类助听设备的使用，初步提出研发意见。

⑤具有与患者及其家属进行有效交流的能力，具有与他人交流沟通与团结协作的能力。

⑥具有对患者和公众进行健康生活方式、听力与言语疾病预防等方面知识的宣传教育的能力。

⑦具有利用图书馆和计算机、网络等现代信息技术研究听力与言语康复学问题及获取新知识与相关信息的能力。

⑧具有初步的科学研究能力。

⑨具有自主学习和终生学习的能力。

（四）学生专业走向

学生毕业后可在各级各类特殊教育机构（包括特殊教育学校、普通学校辅读班和资源教室、特殊教育康复与服务机构等专门服务机构）、助听器相关企业（外企等）以及综合医院耳鼻喉科、康复科和各级各类康复机构从事听力障碍、言语障碍、语言障碍以及嗓音问题人群的诊断、治疗、康复训练、教育及研究工作。

（五）培养过程与培养模式

1. 培养过程

全学程4年，分为3个阶段。

第一阶段：2年，为基础学习阶段。此阶段在校内学习思想道德修养课程，自然科学、行为科学、人文社会科学、康复治疗学基础、听力学基础、言语科学基础等课程。

第二阶段：1年，为专业核心课程学习阶段。此阶段在学校和实践教学基地完成。

第三阶段：1年，为毕业实习阶段。此阶段在实践教学基地（特殊教育学校、综合医院、康复中心、助听器相关企业等）进行。

2. 培养模式

培养模式为学年学分制培养模式，学生按照教学进程表修读学年学分。

围绕学院"高质量残疾人高等教育与高层次残疾人服务专业人才培养协同发展"格局，坚持"残健融合、医教结合、教康统合"的"三合"培养模式，使学生具备为残疾人服务的意识、与残疾人沟通的能力和职业操守，具有扎实的医学、教育学和听力与言语康复学的基本知识和实践技能，并能将其有效整合加以应用，把学生培养成具备成为行家里手的能力并具有研究探索意识的应用型专业人才。

在全学程中落实我校的办学定位和"三个统一"的育人理念，即基本理论知识与实践创新能力的统一，使学生既具有扎实的基本理论、知识基础，又有较强的实践和创新能力；全面发展与个性发展的统一，使学生在德智体美等各方面全面发展的基础上，个性得到充分的发挥和张扬；科学精神与人文精神的统一，使学生既懂得事物发展的客观规律，有科学态度，又具有较高的人文素养和社会责任感。

3. 培养体系与培养措施

人文素质培养：通过开设思想道德修养、人文社会科学课程，构建高水平的人文知识结构框架；通过加强人文社科类选修课资源库建设，进一步充实人文知识内容；通过第二课堂、人文素质教育讲座、社会实践等多种形式，提高学生的人文素养。

科学精神培养：开设一定的自然科学课程，为学生学习听力与言语康复学基础理论、基本知识、基本技能、科学精神打下基础。

实践能力培养：充分利用实验教学资源，整合更新实验内容，开设诊断听力学、言语障碍评估与矫治实践等课程，加强实验室开放力度，培养学生的实践能力和创新精神。

批判性思维与科研意识培养：通过名师讲坛、开设文献检索等课程、进行撰写文献综述的训练、开设综合性设计性实验、开展大学生科技创新活动等多种途径培养学生的批判性思维、科研意识，掌握听力与言语康复学研究的基本方法。

临床思维与临床能力培养：在基础阶段（从入学教育开始）进康复机构观摩案例等途径让学生早期接触听力与言语康复学基础知识，在桥梁课程和临床课程教学过程中，为学生提供充足的接触临床机会，培养学生的人际沟通能力和解决临床实际问题的能力，使其获得足够的临床知识和技能。

社会实践：举办社会调查原理与方法讲座，使学生掌握开展社会调查的方法；深入社区、医院开展社会调查、生产劳动、志愿服务、公益活动、科技发明和勤工助学等社会实践活动，包括驻地"文明创城"、农民工子女结队帮扶、义务导医、留守儿童陪护、环境保护、科普宣传、社区医疗服务、法律援助等方面的服务工作；组织暑期"三下乡"社会实践、各种校内外竞赛、学生社团活动、社区公益服务活动等，实现对学生的早接触社会教育。

群体保健知识与技能培养：统筹安排社区卫生实践，巩固健康教育、听力疾病筛查的知识和技能，培养学生对影响社区居民健康的常见听力、言语疾病的防治能力。

教学方法：教师在教学过程中要注重学科间的联系和交叉，不断整合和优化教学内容，采用启发式、研究式、讨论式、案例式及 PBL 等先进的教学方法，运用现代教育技术手段，让学生学会融会贯通，充分发挥学生学习的主体作用；学生通过自主选课和充分利用优质网络教学资源，主动学习，积极思考，发展个性，逐步具备终身学习和继续深造的能力。

4. 实习安排情况

岗前培训1周、助听器相关企业9周、特殊教育学校14周、医院耳鼻喉科14周、医院康复科或康复中心14周。

5. 考核方式

课程考核：课程考核方式分考试和考查，提倡形成性评价，采取多形式、多角度考核，充分反映学生的实际水平与能力；实验课程应以平时表现、操作考核结合部分笔试的方式进行；考查课程考核方式由承担课程的教研室制定。

毕业论文：毕业论文是对本专业学生综合运用所学理论知识的最后检验，是培养学生科研能力和创新能力的重要阶段。要求学生在导师的指导下，通过参加一个专题的科研工作全过程，受到严格地科学研究训练。一般安排在最后一个学期进行。毕业论文工作必须由学生自己动手独立完成。在完成毕业论文写作后，申请毕业论文答辩。毕业论文的成绩根据学校的有关固定进行评定。

毕业资格认定及学位授予：学生在学校规定的年限内完成全部应修课程和培养内容，考核成绩全部合格，修满规定学分，经审核无影响其毕业的违纪现象和学籍处理情况，则准予毕业，颁发本科毕业证书。经学校学位评定委员会审核，对符合学位授予条件的毕业生，授予理学学士学位。

案例三　重庆师范大学教育康复专业成长

一、教育康复专业建设总思路

（一）专业建设背景

1. 已有基础

重庆师范大学有二十四年特殊教育专业开办的基础，尤其形成了特教课程论、教学论以个别化教育为核心的特殊教育研究与实践体系。

该体系已有的一室（重庆市高校特殊教育心理诊断与教育技术重点实验室）、一学科（重庆市高校重点建设学科）、一学校（重庆师大儿童实验学校）、一中心（西部资源中心）、一系（特殊教育系）、一基地（康复基地下设六平台）构成的所谓六个一教育康复架构。

本基础架构涵盖了特殊儿童教育实验校，康复基地发展性障碍儿童的学前教育、义务教育，特殊人群（聋人大学生本科教育）与特殊教育专业大学生教育，硕士研究生教育，在职教师教育的整合，教育与康复的整合，科研与实践的整合，学生自我成长与支持系统的建设，这是一个完备的教育康复架构。

"六个一"架构是特殊教育专业建设的支持性基础，当然也是教育康复专业建设的支持性基础。

2. 康复课程建设

近年重庆师大特殊教育专业较为准确地把握了特殊教育康复整合的发展趋势和方向，引入了教育康复专业人员，在全系教师、学生（大学生、研究生）和儿童实验学校全面开展康复知识和技能的学习和运用。

（二）专业定位、宗旨和特色

1. 专业定位

教育康复专业旨在通过教育康复专业态度、专业知识和专业能力的学习训练培养出在特殊教育学校、康复机构和多元环境中提供高品质服务的教育康复专业人员。

2. 专业宗旨

尊重、尊严、以人为本；专业精进，创新担当；建构支持，服务社会。

3.专业特色

科研促教学，理论联系实际；教育康复及相关学科整合；个案引领，实际操作。

4.专业成长原则

·以教育、以学校为核心。

·继承传统，并有以传统为基础的学习与发展。

·新知的学习、新能力的形成与创造性新运作，如：学习康复技能，有教康整合新运作模式。

·以提供高品质有效性服务为目的。

二、教育康复专业课程设置

教育康复专业课程设置依教育—特殊教育—康复—教康整合的思路，结合教育理论与实践需求而设置。

教育康复专业课程设置

专业核心		特殊教育教师职业道德修养、特殊教育课程理论与实践、特殊儿童诊断与评估、个别化教育与教学、教学活动设计与实施、应用行为分析、特殊教育班级管理、特殊儿童学校卫生学、动作训练、语言训练、艺术训练、特殊儿童心理咨询与指导、科技辅具
专业主干	专业方向	各类障碍儿童心理与教育（盲、聋、智障、自闭症、脑瘫、学障、情障） 学科教学法（语、数、音、体、美） 生涯发展（学前、学龄、职业、融合、家庭）
	专业基础	发展心理学、特殊教育学、特殊儿童沟通（盲文、手语、聋儿语训）、行为管理与技术
学科基础	必修	教育学原理、教育心理学、神经心理学、康复机能评定、普通心理学、人体解剖生理学
	选修	基础教育改革专题研究、教育社会学、中外教育史

三、教育康复专业建设实作

（一）以明确的培养目标确立专业培训方向

一个专业只有明确了自己的培养目标，教学双方才有方向，才有自己的定位，我们的培养目标是：

经特教通识师资养成性培养，培养具备人文、社科基本知识，具有教育科学、心理科学和特殊儿童心理、教育康复等方面知识，具有在特殊教育学校、班级和康复机构、社区、在随班就读资源教室从事特殊儿童教育训练，具有康复服务工作态度与能力的临床实作特教师资。

（二）以科研为生长点的专业背景

科研是专业的生长点，特殊教育康复专业教师在科研项目的确立，科研实施当中，发现问题，明确并解决问题，通过科研拓展自己的专业知识与能力，形成有自己特色的科研方向。我们完成的研究项目有智障儿童鉴定常规，个别化教育、教学，课程理论与实践，教育诊断评量，建立教学模式，教学活动设计，职业教育，社区教育，环境生态教育等十多个研究课题（获国家级教学成果二等奖，国家教委世行贷款一等奖，及省、市级多项奖项）二十四年科研累积成就了我们专业的生长、发展。

（三）以自创的特殊儿童实验校为基石的专业根基

1. 实验校功能

如同医学院校需有自己的实验、实习医院一样，我们认为特殊教育康复研究，高师特教专业成长必须建立在实践基础上，只有亲眼见，亲手摸，亲自与特殊儿童在一起，教育康复才能有土壤，有根基，特殊儿童实验校成立二十四年来作为科研的研发地，作为专业大学生、研究生的教育实习基地、教学基地，发挥了不可替代的核心、奠基作用。

2. 实验校宗旨

本实验校招收3—16岁身心障碍儿童，从1993年开办至今，现部分学生已毕业或进入普小班级及辅读班就读，部分学生已工作。本实验校宗旨是"尊重生命为第一要义"，为每个学生提供个别化教康整合服务，促进其个人实现与社会实现相统一，最终能平等参与社会生活。

3. 实验校对教康整合的意义

本儿童实验学校开展全日制特殊教育服务，涵盖特殊教育全息，只有通过学校自然时间表对应的所有活动，将各单一侧面或教育或康复融入一日学校全部生活，锤炼出生活化、生态化运作。可称为九九归一，归向生活、学习的有效服务。因此，只有落实于融汇于一日生活中为提升学生生活品质的教康整合才具有真实意义。

实验校含学前、学龄、职业教育，不同年龄阶段的教育对象。呈现了贯通式生涯发展的教康整合。同时反映出各年龄阶段教康整合的特点以及与家庭、学校、社区环境的关系，从大学生、研究生教学科研角度，儿童实验学校贡献了不可替代的教康整合的全部信息和系统化元素，具有不可替代的重要意义。

4. 实践指导

儿童实验学校对大学生、研究生的实践指导有：特殊教育课程编选与实施，个别化教育诊断、评量，个别化教育计划拟订实施，教学活动设计实施，班级管理，积极行为支持，职业道德修养，教育康复整合，一日活动设计与实施，生涯发展贯通性教康整合，家庭、学校、社区教康整合服务等。

（四）成长中的人才培养教育康复新基地、新平台

在原有儿童实验校的基础上，新增集教育、康复、科研、人才培养为一体的综合性平台，作为教研基地、教学基地、实习基地，加强了高校青年教师成长及大学生、研究生的培养与发展。

教育康复基地建设以原有重点实验室和重点建设学科为基础，2008年建立西部资源中心，建立康复基地开展教康整合探索工作，钻研特殊教育的相关服务技能。外聘资深的康复和相关服务专业人员开展动作训练、语言训练、音乐调理，教师康复人员带领大学生、研究生服务脑瘫儿童、语言障碍、情绪行为障碍儿童，开展专门化一对一为主的家长参与半日、小时训练服务。近年形成了教康新专业基地，开展教康新专业服务。新专业学习与服务（具体利用每周五、周六、周日三天，在特教专业大学生、研究生中开设教康整合的必选课，结合实践性服务。2009年动作训练一年开设了500小时，经历200多脑瘫儿童个案。

经历扎实、密集的教康整合性实践，获得经验与感悟。使大学生、研究生扩展教育服务能力的同时，加入康复能力，教康的整合促进了大学生、研究生成长也增强了教康专业队伍的服务能力，因此又称为专业能力倍增行动。随着教育康复专业教师队伍的成长，直接效应是对特殊教育康复需求儿童及家庭服务的有效性和品质的提升。

教育康复新基地包含如下平台：语言平台、动作平台、艺术治疗平台、ABA平台（应用行为分析平台）、融合教育平台、沙盘治疗平台。

（五）以临床教康整合为特点的专业实践

1. 以实践为本位的参与性与非参与性见习，结构性实习与开放性实习

见习：一是组织非参与性的盲校、聋校、培智学校、普通学校、康复中心、儿童医院见习。二是组织大学生义工服务作特殊儿童个别补救、集体教学、常规

辅导、家庭服务等多种形式的参与性见习。此类见习延续于学生整个在校期。

实习：一为结构性实习。本专业教师依教育计划、步骤、按教学要求指导实习生，并以儿童实验校班和新建教育康复各新基地为主场地提供学生进行日常实习，或学生进入盲、聋、培智教育校、班、康复机构、医院，由该校、班教师、康复师、医生及本专业教师共同指导的结构化实习。二为按社会需要、家庭、学校需要而进行的较富弹性的开放性实习。

2. 重视学生特教职业道德修养

（1）开设特殊教育职业道德修养课

本专业在第一学期即开设特教教师职业道德修养，从理论、态度上坚定学生的专业思想，重视道德修养问题。

（2）提倡义工服务，拓展潜在课程

本专业积极支持大学生义工服务，并指导义工提供服务机会，通过做义工，大学生收益良多。同时重视潜在课程开发，除义工服务外，组织特教同行的专题报告会，与残疾人面对面交流，每期均有与来访的全国各地教师，校长的座谈会，有与国际国内著名专家，港台同行的交流，特教征文活动，专业录像及一些人文影视的观看等。以上活动开阔了学生眼界，创造出了团结，向上，认真，负责，投身于专业的良好氛围。

（3）毕业前专业统整

学生实习完结后，本专业有整整一周时间作专业统整。在教师引导下，学生作实习学校教学流程，教学模式，一日活动等清理，按实习小组，进行充分讨论。然后再整理大学期间所学课程，找到各学科关系，并要求将所学与实习（班）现状比较，拟出所在实习学校、机构的教学方案、康复方案，与班级管理方案。

邀请当地及来自外地的特教专家、校长、教师、医生、康复师、教康管理干部、家长以及毕业学长与学生交流，专业教师这一周与学生朝夕相处，有充分的互动。一周的活动使学生理清并形成了所学专业知识与教学实践相联的理论——实践架构，增进了师生间学生间互动，做好就业心态及相关专业准备，教师、学生均感收获颇大。

（六）以广泛合作为契机的专业纽带

本专业与国内高校特殊教育院系及一线特教学校机构（班）有长期密切合作，与美国、挪威、瑞典、比利时、加拿大等特教专家、同行有广泛合作。与港台地区有深入交流、合作。

在每个学期，均结合专业和学生成长开展至少 3-4 次广泛的学术交流活动（仅 2011 年 9 月至 11 月就有港台、美国 20 位学者举办近 30 天 15 场学术讲座）。含国际国内相关专业的顶级专家、学者及专业实践人才的既广泛又系统，既具最新理论又具实践性的学术交流。其中含：最新研究方法、融合教育、积极行为支持、诊断评量、教学设计、教学方法、策略；特教发展趋势，语言、动作、音乐、科技辅具、政策法规，各障碍类别儿童的心理教育等等。近年引入康复专业人才，如语言治疗师、动作治疗师、艺术治疗人员来校进行 2-3 年持续性系统培训。高品质学术、技术交流的开展拓展了学生的国际视野推动了专业行动。

（七）以多层次、多形式建构的专业格局

从 1996 年开始本专业开设了面向全院本、专科师范生的特教公共选修课，该课程受到大学生欢迎，有上千名学生选修本课程，许多学生建议将选修课，开为高师学生公共必修课。2001 年开始招收特殊教育硕士研究生。

本专业经二十多年努力形成了以临床实验校为基础，以科研为背景的特教专业教育，开设大学生公共选修课，研究生、成人教育多种、多层次办学形式，为培养教育康复师资创造了良好条件。

我们经历了高等特殊教育专科→特殊教育硕士研究生→特殊教育专业本科的人才培养梯次结构。这使得特殊教育本科专业建立在扎实的专科和研究生教育基础上。有充分的实践证明和充分的理论指导。在特殊教育专业主干下，2005 年拓展出中国西部第一家聋人高等教育本科方向—特殊教育信息与资源。2011 年在特殊教育专业下的康复方向也招收 30 名本科生。为教育康复专业建设奠定基础。

（八）形成专业成长课程群

建立高等特殊教育康复专业成长课程群的结构框架。以个别化教育教学为线索，纵向含学前教育、义务教育和职业、成人教育、家庭教育、融合教育等贯通性课程与特殊教育职业道德修养，特教课程论，特教诊断、评量，个别化教学活动设计，应用行为分析、班级管理，特殊儿童学校卫生学，特殊教育科技辅具，特殊儿童相关服务形成的横向课程圈相结合。从而奠定了纵横交错的、独具特色的高等特殊教育专业核心课程群。

围绕课程群培养年青教师，建设课程群多学科教师合作队伍。形成课程群教材、专著，打造各门课教学模式（突出理论与实践结合，以解决问题为核心）并形成校级、市级精品课程。

（九）以临床科研为条件的教师培养及拓展型师资队伍建设为专业核心

1. 要求高师特教专业课教师必须作临床科研

高师特教专业课教师自我应加强特教态度修炼，加强特教理论教学与实作指导能力，作为培养教育康复教师，需作"教育康复整合"的努力，教授本专业课教师近三年内需有临床科研的经历。

2. 拓展型师资

本校专业课教师应有与校内、校外的交流、授课，同时本专业注重聘请专业实力派教师来我院任教，作长期（一学期、一学年）短期讲座、专题报告，使本专业学生能吸纳更广泛的知识，开阔眼界，增进能力。

3. 青年教师第二专业的学习

本专业鼓励青年教师在已有专业背景下，结合双师型师资的培养，再学习一门相关专业，达到理论与实践整合程度。比如：语言训练、动作训练、艺术调理等。

四、教育康复专业成长课程群建设

经历二十余年时间进行的专业成长课程群建设，以个别化为主轴连缀教育和康复，这是在普遍性课程设置的基础上，对教育康复专业特征和专业构成的体系性表达。

（一）高等教育康复专业成长课程群所指

共20余门课程。简称"成长课程群"或"课程群"，详见下图所示。

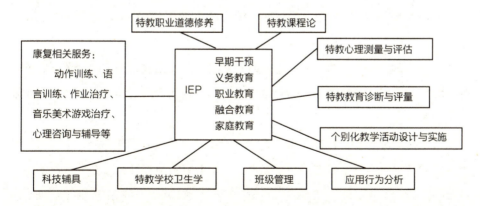

（二）专业成长课程群建设思路与特点

1. 个别化教育与教学为课程群主轴

个别化教育与教学是特殊教育的原则、方法，在发达国家也是特殊教育的法律规定。通过个别化教育康复计划的拟订与实施，对特殊儿童的尊重与公正、公平从一句口号变为教育康复行动。个别化教育康复可以具体个案引领，从纵向主轴上将IEP（个别化教育康复计划）贯通于早期干预、义务教育、职业教育、融合教育、家庭教育。横向连接从职业道德修养至康复及相关服务各门课程。主轴上的个别化教育教学强调个别化教育观的历史溯源，教育心理学基础、社会学基础、支持辅助等理论阐述。横轴重点给出了IEP操作实施程序：接案→教育康复诊断→拟订IEP→设计教学→实施教学→修正教学。个别化教育教学课程包括了特殊教育康复全程，可以说个别化教育与教学这一主轴，从纵向与横向，从生涯发展的贯通层面与个别化教康计划拟订实施层面架构了成长课程群立体结构，整合了教育康复重要且具关键核心意义的教育教学目标和内容。是教育康复的关键、核心专业能力构成。

2. 个别化教育与教学的生涯发展纵轴课程构成

这是一个以个别化教育教学贯通的从学前教育、义务教育、职业教育、融合教育、家庭教育的生涯发展历程，构成纵向序列课程群轴。既重视生涯每个阶段的个别化教育教学的核心、关键、特点，又连缀生涯成长过程连续和传承的完整性。

①学前教育课程：针对0—3、3—6岁特殊儿童促进其成长、发展的课程，主要含粗大动作、精细动作、感知、沟通、生活自理、认知、社会七个领域的基础能力成长、教育。

②义务教育课程：针对学龄前期、学龄中、后期儿童、少年（6—16岁）的以生活为核心分为家庭、学校、社会生活，强调生活知识与生活能力教育训练。

③职业教育：对16岁以上的特殊少年、青年做职业知识、职业能力、职业态度、适应性教育训练。

④融合教育课程：本课程从融合教育定义、意义出发，关注融合教育理论与融合教育学校和班级建设以及融合教育教学。融合教育融汇学前、学龄、职业教育人生各阶段。

⑤家庭教育课程：特殊儿童教育中，家庭教育是重要组成部分，本课程从家庭教育原则、内容、家庭支持系统建设、家庭教育策略展开，家庭教育伴随生涯成长各阶段。

⑥转衔教育课程：在人生转接阶段，承上启下的课程设置确保生涯各阶段的顺利过渡。

⑦生态课程：将学生置于其生活环境中，分析学生与家庭、学校、社区生活

的关系，具体呈现学生的现实生活状态，而形成有针对性、有现实性的教育对策。生态课程是各种课程的主体，生态背景伴随相关课程。

3. 个别化教育与教学横向运作课程

①特殊教育职业道德修养：培养从业人员的工作态度与基本的价值观和工作行为常规。

②特殊教育课程论：本课程突出特殊教育教学的灵魂导向——课程论，从普教课程到特教课程，涉及特殊教育重要的全人教育理论、生态理论、个别化教育理论、发展理论、适应性理论。从课程编制、课程评量、课程的个别化运作以及特殊教育中盲、聋、培智新课程改革如融合教育课程等均有自编、选编的理论与实践的探究，且有多元特教课程的生成及运用。本课程呈现了特教各类课程实例，形成本课程特色。

③特殊儿童心理测验：针对标准化心理测验的编制与多种儿童心理测验的特殊教育运用，有知识性介绍，并有对特殊儿童心理测验的量表及工具使用的操作性要求。

④特殊儿童教育康复诊断：运用观察、调查、评量等多种方法，针对特殊儿童进行其学习特点、学习目标、内容、学习生活环境，对其身心发展、学科能力、目前状况、优点、弱点的认识和了解，并因应教育的教学方案与对策。

⑤个别化教学活动设计：在个别化教育计划指引下的特殊教育教学设计理论，教学设计与实施全流程介绍，目的在培养学生集体、小组、个别教学以及一日教学活动和融合教育中的个别化教育康复贯通性整合能力。

⑥班级管理：这是针对特殊儿童班级管理这而作班级管理项目、内容和实施的介绍，并有对班级管理规划的呈现和拟订、实践班级管理规划的要求。

⑦应用行为分析：培养在普通学校和特殊学校及康复机构从事特殊儿童行为评估，拟订行为培养训练方案，进行行为教育训练，含个别化课程设计，多种教学活动设计与组织，推广此技能并能作新教师督导的专业教师。

⑧特殊教育学校卫生学：就特殊学校卫生，学生学习、生活，劳动卫生，学生营养，疾病防治、卫生习惯养成等有系统的介绍和实作要求。

⑨科技辅具：着重介绍与特殊教育相关的生活辅具、沟通辅具、运动辅具，以及各类辅具和个别化支持服务。

⑩相关服务：是近年开设的课程，含动作、语言训练、艺术调理等新课程，是特殊教育要系统学习和运用的新知新能，应予特别关注。相关服务课程除计划

内开设，还运用了更多课余时间、周六、周日系统开设。相关服务各类课程还包括各分课程的开设。

4. 涵盖教育康复专业态度、知识、能力的课程群建设

①课程群把专业态度培养放在首要位置，《特殊教育职业道德修养》课开设目的在培养学生职业道德、情感和道德认知能力、促进职业道德实践。

②课程群涉及的专业知识多而广泛，每门课均有相关知识的介绍与传授。

③教育康复专业能力的培养是课程群的重点，除每门课有专门能力要求外，对个别化教育教学能力和班级管理等能力及语言、动作、艺术调理等康复能力也有很明确的要求。课程群主张将专业态度、专业知识和专业能力综合运用在教育康复实际工作当中。

5. 理论与实践紧密结合的课程群建设

课程群重视对特殊教育理论和重要特殊教育观、康复观的介绍、归纳、分析、论证，力图奠定较为坚实的理论基础，如《特殊教育课程理论》对课程的基本原理、特殊教育主要理论有详细而深入的论证，对特殊教育各种各类课程有尽可能全面的涉及。课程群建设特别重视特殊教育理论和特殊教育观、康复观对特教实践的指导作用和特殊教育理论的实际运用。这恰恰是教育康复最迷人之处。任何一个教康理论均会应用于实践，并一一有操作性佐证。课程群建设对课程理论指导下的实践自然加倍看重，比如生态观下的环境分析课程。全人教育观下的发展性、适应性、职业教育，家庭教育观下的家庭系统教育、家长权力、家庭个别化服务计划，教康整合观下全新康复知能与教育联手都充分说明了理论和实践结合与课程群建设的关系。

6. 多维度整合课程群建设

多维度整合表现在课程群建设中生理和心理的整合。教育与康复的整合，家庭、学校、社会、教育的整合，阶段性成长关照与生涯发展的整合。课程从整合的角度组合，意在对特殊需求者完整、全面理解中，提供有合力、周全的教育康复思维方向及行为模式。

7. 个案进入结构化、系统化课程群建设

如前所述，本课程群结构清楚，以个别化教育康复贯通生涯发展为纵向，以个别化教育康复过程为横向，交织为一个立体的课程群组。每门课程各自独立，各有该门课程的目的、内容、特点、教材、教法、评价。同时各门课程又是相互纵横连接形成一个完整的立体大结构。

当一个具体儿童个案进入本课程群，凭借这一个案，课程主轴贯通为这一个案学前、学龄、职业、成人生活的生涯轨迹。横向连接的所有课程与个别化教育康复流程有一一对应的关系。由个案统领学习每一门课。也可以说每门课学习都以该个案为实例，从"课程"走到"康复相关服务"便是个别化教育康复的全程。个案使课程群的结构化、系统化全盘活起来，充满生命生活的活力。具体安排是大学第一学期开设《特殊教育职业道德修养》，目的是让专业大学生一进校就由职业道德修养引路，接受专业教育，感受教育康复与心灵的接触。如果特教介入不及时会错失良机，影响学生以后的专业思想渐进。第二学期开设《特殊教育课程理论》对特殊教育基础理论，特教观和特教丰富多彩的课程、对课程评量、运用，有理论和实作的学习。在第二学年，《特殊儿童个别化教育康复》《特殊儿童教康诊断、评量》同时开设以后各学期逐步完成其余各门课的学习。而个案则一直伴随着每门课程。

8. 具体实作性和有效性的课程群建设

由于教育康复专业成长课程群的结构清楚、系统完整与个别化运作流程紧密联接，更由于完整结构、系统在与个案这本活教材的演绎中，完成每一环节、步骤的实际操作。最终课程群教学结束之时，便是个别化教育康复教学全流程走过的历程。教与学的实践性、时效性终以个别化完整的教康服务于个案呈现。

五、高等教育康复专业成长课程群实施

（一）课程群实施对象

课程群实施主要经过教师教授课程群的多门课程，与本校大学生、研究生和在职培训的学员一起共同完成。而课程群实施效果除大学生、研究生的学习成效检验外，还可通过服务个案的成效说明。

（二）课程群实施

1. 实施模式

教学组织、教学法：主要运用自调式，合作式学习及个案研究等方法。课程群教学应用讲授，自调式学习，合作学习，有意识发展自调式、合作式学习及个案研究。

从第一门课开始将学生分为4—6人为一组的学习小组，各小组由学生自行规定，自然选择标准、选出组长，拟出各组组名，如：奋进组、大河组等，并确

定队呼，教学中多以小组为单位，以儿童实验学校一名儿童或一个班级为个案。

随着某门课程的进展，比如：学习"课程"单元时，以小组为单位运用选择的课程到儿童实验学校（课程与教学基地），这是一综合实践基地，是所有基地的整合运作，针对本小组承担的个案作为期两至三周的课程评量，且完成评量结果分析与报告。进入"教康诊断"，如学习"调查法"时，在教师处抽取调查题目如"重庆师大义工服务情况调查""重庆市爱心儿童玩具图书馆运作情况调查""重庆市残疾人工厂情况调查""重庆市随班就读工作状况调查""脑瘫儿童动作训练情况调查"等，然后按照所学的调查流程：各小组分析主题、确定调查范围、查找收集相关资料，讨论形成调查提纲，确定调查对象，联系调查时间、地点、内容、进行调查、做问卷记录、整理调查资料、形成调查报告，最后进行全班性调查报告（班级形成评分组，由各组推荐各组成员及教师构成，各组的成绩也是全组同学每个人的成绩，这是全组同仁共存共荣的体现）。

以一个班级个别化教育康复的开展为例，合作式、自调式以小组为单位的学习内容有：

①运用发展性课程评量，以及相关能力评量，如：语言、动作、情绪等评量（针对个案为期一个月）。

②调查法运用（按照调查主题为期一个月）。

③样本抽样观察记录和轶事记录（每位同学独立操作，针对儿童实验学校一名学生或康复平台学生）。

④召开一个个案的讨论会（针对儿童实验学校或康复平台个案讨论，会议时间1.5—2个小时，做各类评测，收集资料整理两周）。

⑤拟订个案的个别化教康计划（针对个案拟订IEP）。

⑥自调式、合作学习的成效与思考。

课程群教学中大量运用自调式、合作式学习，增加了学生自我学习与同伴合作探究学习的机会与能力，学生从更多方面主动思考问题，学习与人沟通，与人合作。

课程群有较多的教学实作，是亲历过的教学内容和教学步骤，加深了对问题的理解，学生在与儿童的教育康复接触中对理论有了新的感悟。同时增强了教学实作能力。

2.教育教学中的师生关系

课程群对教师来说要深钻各类理论，单纯的教授减少，精心设计的问题和学生指导，手把手训练，答疑大大增加，与学生的互动，对实践环节的分析、发现，促进了教师与学生相互理解和教学相长，学生学习的主动性、积极性、兴趣较高，在实际操作中争论、讨论，同学之间更加关心、亲和。

3. 教学环境、教学资源更富有弹性

课程群已不拘于教室里的传统的教师讲、学生听，在与个案的学校生活、家庭生活、和社区生活场景里与个案有亲密的接触、广泛联系，且与相关教师、康复人员、家长及义工、社会工作者、医生等沟通，共同探讨，采用多种教学手段，多媒体辅助，带来教学新天地。因地制宜，因材施教的理念，催生了教育康复时空的调整，教具、学具、多种辅具、多种信息的开发与利用。

4. 教材组织

课程群实施的教材多为选用，自编结合，且在具体的教学活动中再生，因主题的不同而使用不同的教材内容和组织形态，呈现方式。本课程群已公开出版专著20部。

5. 多元评量

课程群评量除传统的考试评量外，采用了自评与他评相结合，纸笔评量与实际操作评量相结合，过程评量与结果评量相结合，一次性评量与多次评量相结合，改变原有的竞争方式为合作式评量，改变评出不会，评到失败的评量而为找到已会，导向成功的评量。

6. 课程群运作中潜在课程的形成

教育康复专业成长课程群运作对潜在课程的影响有明确的认识与理解，所以义工队伍的形成让特教大学生、研究生在不为任何物质报酬的情况下，为改进社会，为社会需求，为特殊儿童需求提供服务，贡献个人的时间和精神。义工服务培养了特教大学生、研究生对特教的情感与理解，增进特教能力，享受助人助己的阳光人生。教育旅游让特教大学生、研究生追寻教育、社区建设先贤，比如：从张自忠、卢作孚、陶行知、梁漱溟、老舍、梁实秋等先辈身上吸取精气神。大量的社会活动与社会服务，比如：助残日服务、残疾人运动会，为各类学术会议服务、读书会、报告会、调查、访谈活动等等均支持、帮助了学生的成长。

7. 形成课程群教师团队

本课程群在二十多年的建设中形成了一支稳定的教师队伍，各任课教师对自己承担的课程有意愿、有认识、有研究，并逐渐积累了经验，主动积极学习教育康复新知能，成为各自的专业核心能力。课程群教师团队成员秉承理论与实践相

结合原则，开展各门课程教学，成为学生教育康复新专业能力养成的重要支持者、引路人。

六、专业成长课程开设与具体执行举例

（一）特殊教育教师道德修养课程

1. 缘起

考虑特殊教育对教师基本素养，尤其是对教师道德修养的高要求，从专业化角度开设了特殊教育教师道德修养课。该课程从 1993 年开设至今已有二十多年。

2. "特殊教育教师道德修养"在本专业课程中的位置

①特殊教育的人性化、人本化特征。

②以特殊教育教师道德修养为先的特殊教育专业课程、专业态度与专业能力、以一定高度，整合多维度特教专业课程。

3. 特殊教育教师道德修养课程构成

（1）课程目的

特殊教育教师道德修养课程目的：培养学生的职业道德情感和道德认知能力，促进职业道德修养实践。

（2）课程内容

本课程主要内容有：绪论、特教教师的爱与良心、尊严与羞耻心、责任感与义务感、幸福与荣誉、意志与意志培养、职业道德认知、职业道德评价、特教教师道德实践、人际交往道德、自我道德修养。

本课程开设在大学一年级第一学期，目的是让专业大学生一进学校就由特教道德修养引路，接受到专业的教育，感受到特殊教育与心灵的接触。对确立专业思想，有积极之功。由于我国一般人对特殊教育较为陌生，当专业学生跨入大学校门的那一刻便急于了解本专业。部分学生对专业存在猜测或疑惑，如果特教介入不及时，则会错失良机，影响以后的专业思想渐进。

4. 特殊教育教师道德修养课程实施

课程实施的基本原则是建立以情导情的课程，明事理、辨是非的课程，道德修养实践为导向的课程，显隐交织、无处不在、伴随终生的课程。

第一，教学形式。分教室内外教学。室内教学以讨论问题、探究为主、讲授为辅的教学形式。分成教学小组，多开展合作学习。采用了价值澄清、角色扮演、情景评议、讨论、辩论会、报告会等多种教学形式。

室外活动开展，在教室以外的场景：开展教育旅游，参观教育博物馆、烈士纪念地；开展与本专业其它课程整合的调查访谈，了解家长举办的社区家园，和非盈利性服务特殊儿童家庭的爱心儿童玩具图书馆及公立私立特殊教育机构。学生在其中开了眼界，在道德修养层面也受到启示。

第二，义工服务。有意识地引导学生义工服务，提供自办的儿童实验学校和各研究平台作为义工服务基地，对义工有培训有检查，同时展开了义工校内服务，校外，家庭服务等多种形式的服务，本着自愿参加的原则，加强义工管理，试图通过这一工作给专业大学生一个职业道德修养实践的生动活课堂。

第三，考试与评价。陶行知先生在针对道德修养评价时指出，"绝对评价与相对评价结合，自评与他评结合，集中评与经常评相结合，定性分析与定量分析，过程与结果结合"。本门课程有纸笔问答，题目中有自评项目，也有一些道德认知、判断的题目，期末会参考平日学生的言行，在义工活动中的记录，服务场所人员所作的评议等，综合的给一个分数，学生参加义工服务前、义工服务中，绝不承诺会在考试成绩上加分。

本门课在专业学生中作为必修课开设，学生普遍反映，很重要、很有作用。认为"这门课引我们走入特教殿堂，我们会以毕生努力做一名合格的特教教师"。

（二）动作训练课程与动作实践平台

1. 动作训练课程所指

针对脑瘫儿童所进行的动作训练课程是一种集动作、知觉、认知、语言、情绪和心理于一体的综合性康复教育活动。它有别于以学习动作或锻炼肌肉力量为核心的体育训练，也不同于简单的肌肉放松活动，如按摩等，更不是简单的骨科与肌肉的手术处理。脑瘫儿童的动作训练课程是依照儿童情绪心理特点，根据其学习需求，即全身异常肌肉张力分布情况，设计出恰当的动作训练计划（包括游戏活动），强调透过姿势摆位和活动控制去教育中枢神经，使失衡的肌肉张力趋于平衡，形成协调控制的、稳定的肌肉力量，最终使个体能维持姿势平衡及做出正确的动作。

这套动作训练课程又被称为神经平衡疗法，是由台湾物理治疗师叶仓甫在20世纪末21世纪初创立和完善的。该疗法以神经发育理论为基础，详细阐述了人类动作控制的组织，即神经、肌肉和骨骼所形成的关节，以及三者之间的关系，强调脑瘫儿童在稳定愉快的情绪心理状态下所获取的主动控制经验是促进神经稳定性增长的重要途径。该课程借鉴凯伯的学习理论，认为感觉通路的建立和肌肉张力的发展是人类学习的基础，提出了感官知觉与动作、认知、语言、情绪、心理之间的相互影响的关系，以及动作、认知、语言、情绪、心理等各项能力之间的协同发展，尤其强调情绪心理对动作、认知和语言发展的影响，强调动作知觉发展是认知和语言学习的基础。本学科含：动作治疗导论、动作治疗评估技术、操作技术、居家动作治疗与康复服务。

2. 动作训练课程的服务对象

神经平衡疗法并不仅仅针对脑瘫儿童的动作障碍进行处置，而是针对所有神经控制不稳定的儿童所进行的一种康复教育训练课程，其中包括会行走的智障、情障、语障和自闭症儿童，所以，神经平衡疗法所用的评估表又被称为全人疗育评估表。

动作训练课程（神经平衡疗法）将有特殊需要的所有神经控制不稳定的儿童按知觉和动作发展失衡状况分为四种类型，分别是：

第一型：知觉问题大于动作问题的儿童，通常为情绪障碍与自闭症儿童。

第二型：动作问题大于知觉问题的儿童，通常指脑瘫儿童。

第三型：知觉问题与动作问题双重轻症的儿童，通常是发育迟缓儿童。

第四型：知觉问题与动作问题双重重症的儿童，通常是多重障碍儿童。

神经平衡疗法依据人类神经发育成熟理论和常态儿童动作发展顺序与方向。将人体功能性动作发育分为了下列五个阶段，分别是头颈控制阶段→ 躯干控制阶段 →上肢控制阶段→ 骨盆控制阶段→ 下肢控制阶段。

3. 动作训练课程的特点与原则

神经平衡疗法所主张的动作训练课程遵循个体动作发展的基本顺序和方向，秉持早发现、早康复的原则，依据神经是 24 小时都在接受地心引力的影响，知觉和肌肉张力都在不断地发生变化的特点，在拿捏个体情绪心理特点的基础上每天保持最大的有效训练剂量。其特点分别包括：

①针对所有特殊需要的儿童——全人疗育；

②塑造学生的基本学习能力，同时兼顾各项能力的协同发展——训练的目的直接指向神经控制的稳定；

③需要对个案进行定期评估，以把握其学习进程——由治疗师来做；

④动作计划简单，易操作——交给家长操作。

4. 动作训练的内容

动作训练的内容主要包括日常生活和学习过程中的摆位技术，在治疗室和训练场所进行的动作知觉，以及认知语言的训练。

5.动作训练的实践经验

重庆师范大学殊教育系已于2009年在向阳儿童发展中心的鼎力支持下开始从事该疗法的课程讲授，除正式动作课程设置外，每周五动作平台评估个案并订训练方案，周六、周日，教师、家长、学生、研究生一起针对个案训练。周一至周四，特教系提供免费场地让家长、大学生动手，在有指导下对孩子进行训练。2009年至今已有丰富的教学和实践经验，毕业生中部分同学正在各自的工作岗位上为特殊要求学生的动作发展做出贡献。动作训练专业实习在理论学习基础上，以现场观摩、操作教学、反思提高、小组实践操作、独立结案为操作模式。

我校动作平台通过开展针对各种程度的脑瘫儿童及可行走智障、语障及情障儿童全人疗育评估和操作技术培训班，针对学校或机构负责人、特殊教育老师或愿意从事脑瘫儿童及可行走智障、语障及情障儿童康复的专业技术人员进行最基础的脑瘫儿童及可行走智障、语障及情障儿童康复培训，内容包括脑瘫康复的理论架构、脑瘫及其他障碍儿童的知觉与动作评估，以及相应的摆位技术、操作原则与方法，目的在于增强一线相关专业人员有关脑瘫及其他障碍儿童知觉与动作、心理与情绪、认知与语言等理论知识与实务操作能力。同时与民间机构拥有精湛技术的治疗师联手，直接深入全国各地的脑瘫及其他障碍儿童学校或机构，通过这些机构中的学生或相关的个案进行定期评估与指导，不断增强着该单位已有治疗师的业务能力。目前，这种指导方式已经开始成为一种新的有效成长治疗师的新方法。

除此之外，神经平衡疗法所主张的动作训练课程主要直接服务于脑瘫儿童及可行走智障、语障及情障儿童的动作知觉与认知、语言及情绪心理的训练活动，并透过家长进行训练，增进个案康复教育的有效剂量。到目前为止服务的个案及家庭已有上万例之多。

（三）语言训练课程与语言实践平台

1.语言训练课程所指

语言训练是指评量与治疗各类语言障碍儿童，其目标是改善及增进个体整体语言沟通能力。该课程以各类人群的言语障碍语言障碍为研究对象，是一门理论与实践紧密结合的课程。需学习语言相关学科的理论知识，同时还要学习者通过临床实践能运用这些理论 。语言训练课程让学生初步掌握特殊儿童的语言特征，以及特殊儿童语言障碍的评估与治疗等所需要的基本知识和技能，并服务于语言障碍儿童。

2. 语言训练服务对象

①无口语或低口语；

②有口语，但口齿不清；

③有口语，但词汇、句长比同龄同性别孩子较差；

④有口语，但是不愿意使用或错误使用；

⑤其他言语语言问题。

3. 课程特点

语言训练作为一门理论联系实际的课程，具有以下的特点：

①培养学生现代语言教育观；

②培养学生的语言教育素养；

③培养学生跨专业合作的能力和理念；

④理论联系实际，培养学生的语言训练操作技能。

4. 主要内容及架构

根据语言训练的特点和学生专业成长的需求，语言训练主要包括语言学、提听力学、语言病理学、特殊儿童言语障碍评估与矫治、特殊儿童语言问题评估与矫治、特殊儿童语言教育以及辅助沟通技术等方面的内容。

五、理论依据及实践

本课程的理论依据包括儿童语言习得的机制，特殊儿童语言能力的评估以及特殊儿童语言问题的矫治。

1. 普通儿童语言习得的机制

普通儿童语言习得的语言链包括听觉信息输入、大脑信息处理、言语语言信息输出。因此本课程设计的一条主线为听力学—语言学—儿童语言习得的大脑神经机制—儿童言语语言表达的机制。通过这样的教学内容，大学生可以了解普通儿童如何获得语言，以及普通儿童语言发展的基本顺序，从而帮助特殊儿童更好地习得语言。

2. 特殊儿童语言能力的评估与语言问题的矫治

在了解普通儿童语言能力的基础，大学生需要进一步了解如何评估不同类型特殊儿童的语言能力，以及如何根据特殊儿童现有的语言能力和存在的语言问题进行矫治。

针对这个问题，本课程设计了另外一条主线，即语言治疗流程：接案—评估—制定评估报告—拟订治疗方案—实施治疗—接案。从宏观上来看，大学生需要了解这一套语言治疗的流程。从微观上来看，大学生还需要掌握每一步流程中涉及到的一些具体问题，这主要包括特殊儿童可能存在的语言问题，以及如何评估这些问题和对这些问题进行处理。其中特殊儿童语言问题包括言语机转问题（呼吸问题、发声问题、共鸣问题、构音问题），语言理解问题（对声音的理解、对词汇的理解、对词组的理解、对简单句的理解、对复杂句的理解、对段篇章的理解以及阅读理解），语言表达问题（利用声音、词汇、词组、简单句、复杂句、段篇章的表达以及书写理解）和沟通问题（沟通态度、沟通意愿以及沟通方式等）。

本课程通过这样的立体架构，全方位帮助学生树立正确的语言教育观，帮助学生了解语言问题的治疗技巧以及处理的方式，处理流程，从而使得学生能更好地服务于特殊儿童，解决他们的语言问题。语言治疗专业作为教育康复专业必修课程设置。

（四）艺术训练课程与艺术平台

1.特殊儿童艺术训练课程所指

"特殊儿童艺术训练课程"是指根据特殊需求儿童身心发展特点及需求，综合艺术教育与治疗（包含音乐、绘画、戏剧、舞蹈等形式）与心理治疗、特殊教育、教育康复等多领域的交叉，通过丰富多元化的艺术教育训练与康复治疗活动，包含欣赏、儿歌、韵文、歌唱、律动、舞蹈、绘画、绘本、乐器演奏、即兴创作、造型艺术、戏剧等具体方式，发掘特殊需求儿童的艺术能力，促进其语言、认知、情感、动作和社会适应技能的发展，并促进特殊需求儿童身心和谐发展、人格的丰富圆满以及生活品质的提升。

本课程是为教育康复专业和特殊教育学专业学生大学期间开设的必修和选修课程，包括创造性音乐教学、音乐治疗、艺术治疗、戏剧治疗等系列课程。课程主要目的是为特殊教育学校和机构培养合格的艺术教育教学师资，并进而惠泽更多的特殊需求儿童。通过系统的艺术教学理论与实践的学习，促进学生的教学能力从单纯的"模仿教师"到"独立创作"。使学生不仅能在特殊教育学校教音乐、美术和戏剧，也能将这种创造性艺术教学法运用到学科教学中，进行多样化的教学活动组织。

2.特殊儿童艺术训练课程的教学目标与服务对象

艺术课程的目标是专注于特殊儿童艺术治疗与教育的教学科学研究、师资培养以及社会服务工作，为特殊教育康复专业的理论与实践发展提供更富创造性的多元化领域，为各类特殊教育机构培养复合型特教艺术教学师资，促进各类特殊需求儿童身心的和谐发展。

特殊儿童艺术训练课程的特点是创造性、综合性，以过程体验和教育训练与康复治疗的结合为原则。艺术教育训练与治疗课程涵盖三个领域，分别包括：音乐领域、绘画领域以及戏剧教育领域，目前开设的相关课程有"创造性音乐教育活动设计""戏剧教育原理及实践""艺术治疗导论""音乐治疗的基本原理及操作"等。

3. 特殊儿童艺术教育训练课程的理论与实践

本课程的教学理念和方法综合了奥尔夫音乐教学体系、融合创意舞蹈、形体戏剧、融合创意音乐剧、创造性戏剧、教育戏剧、音乐治疗、绘画治疗、戏剧治疗等多学科的实践及理论，目标是用音乐、舞蹈、绘画、戏剧等方法提升特需学生身心发展并提升其生活品质。通过课程实施前期的摸索，本课程摸索出课程实施的"基础课程体验—技能实操模拟—实践活动创造—科学研究反思"四维理论模型。

4. 课程开设与服务

透过这些课程，培养在校特殊教育专业学生在特殊儿童艺术教育与治疗领域的理论基础知识及实践教学技能。这些课程分别在大三和大四学年度开设，每门课程规划2—3学分，开设36—56学时，每周4学时。2014年，平台开设课程三门，共计168学时（36+36+36+56+4），共计学生128人次。所有课程均由团队教师共同承担，轮流教学。这样的教学方式，既是团队教学师资的培养磨合，也让参与学生感受体会不同的教学风格与教学内容。

艺术平台一直以来都在为特殊需求儿童开设音乐戏剧的团体课程，同时开展音乐治疗、艺术治疗等的个训服务等。在此基础上，平台利用更多的学生层面参与扩大对特殊儿童群体的社会服务。受江津向阳儿童中心支持，台湾艺术治疗师、台湾戏剧治疗师两位老师对平台有持续三年系统专业指导。就个案辅导、课程规划、评估工具开发等问题进入深入交流与合作。

（五）科技辅具课程与教学实践平台

1. 科技辅具课程所指

在美国辅助技术法案中，辅助技术被定义为用于帮助身心障碍者的设施和相关服务。其中，辅助技术设施指增进、维持或改善身心障碍者功能的任何事物、设备或产品。辅助技术服务指直接帮助身心障碍者选择、获取或利用辅助技术设施的服务。它包括辅助技术评估、选择、设计、调试、定制、适应、应用、维护、维修以及更换等活动；与辅助技术相关的治疗方法、干预方法、教育或者康复计划和方案等；针对身心障碍者或有关人员进行的培训或技术支持等。

残疾人辅助技术课程让学生初步掌握辅助技术评估、选择、设计和改装等所需要的基本知识和技能。

2. 课程特点

残疾人辅助技术作为一门理论联系实际的课程，具有如下特点：①树立正确的残障观；②重点培养辅助技术素养；③理论联系实际，培养操作技能。

3. 主要内容及架构

根据辅助技术的特点和专业成长的需求，残疾人辅助技术主要包含三个方面的内容：辅助技术医学基础、辅助技术工学基础和辅助技术服务。医学基础课为神经心理学、解剖学、康复功能评定等；并让学生了解人体的结构和各种功能，以及身心障碍者生理病理上的特征。主要内容包括绪论、骨和骨联结、上肢骨和下肢骨、骨关节、骨骼肌、躯干肌以及运动疗法等。

工学基础了解各种辅助技术设施的基本结构、原理、作用等方面的知识，以便学生能完成改装、维修、维护、调试等辅助技术的服务，其主要内容包括：绪论、辅助技术分类、计算机辅具（含万用表和焊接）、视障辅具、听障辅具、行动辅具、假肢和矫形器、摆位辅具、日常生活辅具、休闲娱乐辅具以及辅助沟通系统等。各章重点介绍了各类辅具的特点，常见的辅具以及其基本应用等方面的知识。

辅助技术服务需掌握辅助技术服务有关的知识，初步具备为个案提供评估、转介、设计和制作辅具、寻找辅具资源、构建辅具使用的无障碍环境等方面的辅助技术服务能力。其主要内容包括：辅助技术基础知识（包括辅助技术的基本模式、辅助技术有关的资源、辅助技术有关的研究、辅助技术的弃用及应对、辅助技术的服务伦理和从业标准等），辅助技术的环境（学校环境中的辅助技术、职场中的辅助技术和无障碍环境等），辅助技术的使用者（使用者的视觉、听觉、触觉、动作能力、认知能力、心理能力、语言能力等能力的评估以及与辅助技术的关系），辅助技术的评估及介入流程等。

4. 理论依据及实践

（1）多元模式的探索

在辅助技术领域中应用比较多的是 Cook 提出的 HAAT 模式。该模式认为辅助技术的基本架构包括人类（Human）、活动（Activity）、情境（Context）

和辅助技术（Assisstive technology）四个要素。在辅助技术领域我们把这四个要素组成的系统称为 HAAT 模式。HAAT 模式使学生能站在全局的角度，不是单纯的看到身心障碍者的不足，而是把身心障碍者的所有活动与环境结合在一起，全面为身心障碍者提供帮助。

除了 HAAT 模式外，常用的还有 SETT 模式。SETT 模式是 Diane 等根据特殊教育学生的特点，结合个别化教育计划（IEP）的拟订而提出的。这个模式适合为学龄期身心障碍者提供辅助技术服务的时候使用。SETT 的要素包括：学生（Student）、环境（Evironment）、工作任务（Tasks）和工具（Tools）。这个模式跟 HAAT 模式设计的内容差不多，其中的学生与人相对；工作任务与活动相对；工具与辅助技术相对。除此之外，在辅助技术领域中，人们还会用到 MPT（Matching Person and Technology Model，结合人与科技模式），其基本思路都类似。将这些模式的思路用于课堂教学中，可以帮助学生全面了解辅助技术涉及的相关知识，建立更为完整的知识体系。

（2）辅助技术课程开设

①特殊教育专业及教育康复专业大学生、研究生。

②以专业必修课形式开设。

③特殊教育科技辅具基本知识学习（含理论与实作）。

④进行针对个案的辅具使用个别化需求评估。

⑤运用人、技术、环境观，依需求评估结果，拟订个别化辅具适配计划并实施。

⑥在儿童实验校教育教学背景下结合各平台进行辅助技术课程开设与实施，并与康复机构联系进行见习、实习。

（六）自闭症儿童应用行为分析训练平台

自闭症儿童应用行为分析训练主要是训练未来的专业人才在普通学校、特殊教育学校以及康复机构里进行自闭症儿童相关的教育康复工作，其时间具体内容包括：运用自闭症儿童评估工具评估自闭症儿童的当前基本能力，包括沟通、认知、社会情绪、生活适应与肢体动作；在了解自闭症儿童的基本能力及缺陷的基础上，拟订儿童教育康复重点；根据自闭症儿童教育康复重点，结合儿童特征，确定儿童训练方案；根据应用行为分析，分析的基本理论与操作原理进行理论与实践的操作培训，结合自闭症儿童的能力，设计并实施不同的教育康复活动；运用应用行为分析的原理与方法，结合自闭症儿童的身心特点，进行教育康复活动训练；能在教育康复训练过程中进行反思，修订教育康复计划方案；能与自闭症儿童家长沟通，协助家长执行应用行为分析教育康复的方案；能将不同的自闭症儿童教育康复专业知识与训练方法融合在自闭症儿童应用行为分析的教育康复框架体系中；能设计个别化的课程、团体教学课程或者各种形式的教学活动，将应用行为分析方法推广运用到其他教育康复领域；能在基本的理论与实践能力基础之上，进行新老师的督导与培训。

结合自闭症儿童应用行为分析教育康复的特点，在平台分为见习、实践教学与实习三个阶段，具体如下所述。

专业见习安排在第三、四学期第16—18周，轮流进行，学习模式为现场观摩—个案分享—反思提高，学习时间为每周10学时，集中见习实践为4周，共40个学时。此阶段的教学目的是让学生在初步学习自闭症儿童理论知识的基础上，了解学习模式。由任课教师根据课程特点安排，促进学生通过见习加深对自闭症儿童应用行为分析感性的体验和理性的认识。

实践教学安排在第五到六学期的1到8周进行，结合到理论学习时数来穿插进行，一周4个学时的理论学习，4个学时的实践学习，实践学习主要是通过录影录像带的观摩，并进行演练操作，将应用行为分析的技术操作熟练，以进一步的为现场操作实践与实习打下基础。

除了上述的有学分的学习，另外每学期一到十八周安排了108个学时共216个学时的实习时间，可以安排在实践学习的后半段，学生已经演练技术比较熟练的基础下，可以到现场进行实际操作的实习。专业实习安排在第七学期和第八学期的第1到18周进行，学习模式为个案操作演练—个案视频记录—个案现场实作—案例讨论—反思提高等几个环节，实习时间是全日制，要求能独立带个案，并且能同时安排双轨制指导老师，在独立带个案的过程中，经过督导老师和实习指导教师的双重指导，来磨练实际教学能力。此阶段的教学目的是让学生系统的掌握自闭症儿童的应用行为分析教育康复的流程和方法，能独立的处理自闭症儿童的评估、课程设计、教学活动设计与课程反思与调节、团体课的设计与实施、行为问题的处理、家长培训、新进教师督导的能力的培养，以适应毕业后在有自闭症儿童的相关机构、学校等场所进行教学管理。

（七）沙盘治疗平台

沙盘治疗平台的基本目标是：使学生获得沙盘操作的实践知识，开阔眼界，丰富并活跃学生的思想，加深对沙盘及心理咨询理论知识的理解掌握，进而在实践中对理论和实践知识进行修正、拓展和创新；培养学生对特殊儿童进行沙盘咨询和治疗的基本技能和专业技术技能，使学生具有从事某一行业职业素质和能力；

增强实践情感和实践观念，培养良好的职业道德与责任意识，培养实事求是、严肃认真的科学态度和刻苦钻研、坚忍不拔的工作作风，培养探索精神和创新精神。

实践教学的内容是实践教学目标任务的具体化，将实践教学环节通过合理的配置，构建成以操作应用能力培养为主题，按基本技能、专业技能和综合技术应用能力等层次，循序渐进地安排实践教学内容，将实践教学的目标和任务具体落实到各个实践教学环节中，让学生在实践教学中掌握必备的、完整的、系统的技能和技术。具体来说，在沙盘平台的实践教学内容包括以下几个方面：

①个案的心理评估：并不是每个特殊孩子都需要沙盘治疗，也不是每个特殊孩子都适合进行沙盘治疗，因为对个案的心理评估要包含两个部分，一个是个案的基本心理状态，二是是否适合进行沙盘评估。

②个案的档案管理：这部分内容包括怎么撰写沙盘治疗的个案记录，如何分析个案治疗的档案，如何分类管理个案档案等。

③沙盘室的建设与维护：这部分实践内容包括沙盘室的构建，沙具的选择与维护，沙子的选择，沙盘室的日常维护等。

④沙盘治疗的切入：主要包括如何开始一个沙盘治疗，如何与个案及监护人协调沙盘治疗的目标与进展。这个时期一般是前四次。

⑤沙盘治疗的维持与调整：在沙盘治疗中，度过前四次后就进入沙盘治疗的中期如果维持并根据个案的情况不断调整沙盘治疗的方案，这也是沙盘治疗的一个重要内容。

⑥沙盘治疗的结束：什么时候可以结束沙盘治疗，怎么样结束沙盘治疗，这也是沙盘治疗的重要内容。

参考文献

［1］邓猛，卢茜.医教结合：特殊教育中似热实冷话题之冷思考［J］.中国特殊教育，2012（1）.

［2］杜晓新，刘巧云，黄昭鸣，等.试论教育康复学专业建设［J］.中国特殊教育，2013（6）.

［3］杜志强.对"试论医教结合中需要澄清的几个问题"的思考——与傅王倩、肖非商榷［J］.中国特殊教育，2014（9）.

［4］方俊明，周念丽."医教结合"的跨学科解读［J］.教育生物学杂志，2013（3）.

［5］傅王倩，肖非.试论医教结合中需要澄清的几个问题——与沈晓明教授商榷［J］.中国特殊教育，2014（4）.

［6］傅王倩，肖非.医教结合：现阶段我国特殊教育发展的必然选择——对路莎一文的商榷［J］.中国特殊教育，2013（7）.

［7］黄昭鸣，杜晓新，季佩玉.聋儿康复中的"医教结合"模式之探讨［J］.中国听力语言康复科学杂志，2004（2）.

［8］孙鞞郡，卢红云.医教结合"双师型"教师培训模式之初探［J］.学术探究，2012（5）.

［9］王辉.国内脑瘫学生教育康复模式的研究现状与发展趋势［J］.中国特殊教育，2010（4）.

［10］谢敬仁.以人为本，科学推进"医教结合"实验和探索［J］.现代特殊教育，2012（5）.

［11］张伟锋.残疾儿童"医教结合"综合康复的研究进展［J］.中国康复理论与实践，2014（9）.

［12］张伟锋.医教结合：特殊教育改革的可行途径——实施背景、内涵与积极作用的探析［J］.中国特殊教育，2013（11）.

［13］Chall J S, Misky A F. *Education and the Brain*［M］. Chicago: The University of Chicago Press，1978：377.

［14］Michael S G, Rechad B I, George R M. 认识神经学：关于心智的生物学［M］.周晓林，高定国，译.北京：中国轻工业出版社，2011:368-370.

［15］金容.动作障碍儿童训练新指引［M］.武汉：湖北科学技术出版社，2014.

［16］联合国教科文组织.学会生存—教育世界的今天和明天［M］.北京：教育科学出版社，2001.

［17］施良方.学习论［M］.北京：人民教育出版社，2001.

［18］萧宗六，余白，张振家.学校管理学［M］.北京：人民教育出版社，2008.

［19］心理学百科全书编辑委员.心理学百科全书［M］.杭州：浙江教育出版社，

1995.

［20］ 张文京，许家成.弱智儿童适应性功能教育课程与实践［M］.重庆：重庆出版社，2002.

［21］ 张文京.特殊儿童早期干预理论与实践［M］.重庆：重庆出版社，2010.

［22］ 张文京.特殊教育课程理论与实践［M］.重庆：重庆出版社，2014.

［23］ 周加仙.教育神经科学引论［M］.上海：华东师范大学出版社，2009.

［24］ 向阳儿童发展中心教学团队.为启智类特殊学校／机构而写——新专业整合课程(实践篇).向阳儿童发展中心，2011.

［25］ 向阳儿童发展中心教学团队.为启智类特殊学校／机构而写——新专业整合课程(专业知能篇).向阳儿童发展中心，2011.